AMÉRICA LATINA X ESTADOS UNIDOS

UMA RELAÇÃO TURBULENTA

Conselho Acadêmico
Ataliba Teixeira de Castilho
Carlos Eduardo Lins da Silva
José Luiz Fiorin
Magda Soares
Pedro Paulo Funari
Rosângela Doin de Almeida
Tania Regina de Luca

Proibida a reprodução total ou parcial em qualquer mídia
sem a autorização escrita da editora.
Os infratores estão sujeitos às penas da lei.

A Editora não é responsável pelo conteúdo da Obra,
com o qual não necessariamente concorda. O Autor conhece os fatos narrados,
pelos quais é responsável, assim como se responsabiliza pelos juízos emitidos.

Consulte nosso catálogo completo e últimos lançamentos em **www.editoracontexto.com.br**.

Joseph S. Tulchin

AMÉRICA LATINA X ESTADOS UNIDOS

UMA RELAÇÃO TURBULENTA

Tradução
Lavinia Silvares

Copyright © 2016 do Autor

Todos os direitos desta edição reservados à
Editora Contexto (Editora Pinsky Ltda.)

Montagem de capa e diagramação
Gustavo S. Vilas Boas

Consultoria para a edição brasileira
Carlos Eduardo Lins da Silva

Preparação de textos
Lilian Aquino

Revisão
Mariana Carvalho Teixeira

Dados Internacionais de Catalogação na Publicação (CIP)
Vagner Rodolfo CRB-8/9410

T887a Tulchin, Joseph S., 1939-

América Latina x Estados Unidos: uma relação turbulenta /
Joseph S. Tulchin ; traduzido por Lavinia Silvares. –
São Paulo : Editora Contexto, 2016.
272 p.

Tradução de: From Hegemony to Agency
Inclui bibliografia.
ISBN: 978-85-7244-964-9

1. América Latina. 2. Estados Unidos. 3. Relações
internacionais. 4. História. 5. Política. I. Silvares,
Lavinia. II. Título.

2016-50   CDD 327.7308
                                       CDU 327(7/8):(73)

Índices para catálogo sistemático:
1. Relações internacionais : América Latina : Estados Unidos   327.7308
2. Relações internacionais : América Latina : Estados Unidos   327(7/8):(73)

2016

EDITORA CONTEXTO
Diretor editorial: *Jaime Pinsky*
Rua Dr. José Elias, 520 – Alto da Lapa
05083-030 – São Paulo – SP
PABX: (11) 3832 5838
contexto@editoracontexto.com.br
www.editoracontexto.com.br

Em memória de Kate Heery Tulchin,
que amou a América Latina tanto quanto eu

Sumário

9.......... Apresentação à edição brasileira

13........ Do Império à Independência

27........ Consolidação dos Estados-nações
e o ímpeto imperialista

51........ Ascensão da hegemonia dos EUA
e resistência da América Latina

91........ A Guerra Fria no hemisfério

123..... Depois da Guerra Fria:
o otimismo prevalece

161...... Fim da hegemonia
e a evolução do protagonismo

191..... Protagonismo pós-hegemonia:
ordem ou desordem?

235..... Posfácio

259..... Bibliografia

271..... O autor

Apresentação à edição brasileira

As relações entre EUA e América Latina, apesar de terem começado de maneira promissora (graças à inspiração que o movimento pela independência americana ofereceu a líderes anticolonialistas abaixo do Equador, inclusive aos da Inconfidência Mineira), são marcadas predominantemente por períodos de mal-estar, às vezes intensos, e frequente menosprezo do Norte ao Sul e ressentimento no sentido inverso.

Essa situação atingiu o ápice durante a Guerra Fria e teve momentos de renovada intensidade neste século após o 11 de Setembro na administração George W. Bush e no período "bolivariano" em diversas nações da América do Sul, mas teve início no século XIX, em especial depois da Guerra

Hispano-Americana de 1898, quando os EUA anexaram Porto Rico e estabeleceram um protetorado em Cuba.

Antes disso, os EUA já haviam substituído a Inglaterra como o principal parceiro comercial dos países latino-americanos e haviam vencido o México na guerra de 1846, após a qual o Texas, além de áreas de outros atuais estados do país, foi incorporado ao seu território.

Após a Guerra Hispano-Americana, os EUA intervieram militarmente em várias nações latino-americanas (México, Honduras, Haiti, Nicarágua, Panamá, Granada), algumas delas mais de uma vez, e politicamente em muitas outras.

A análise dessas relações conturbadas e complexas se dá, na maioria das vezes, de modo maniqueísta, ideológico e simplório. Na comunidade acadêmica, as avaliações desse assunto costumam privilegiar uma perspectiva dos EUA, provavelmente por razões óbvias: a enorme disparidade de recursos materiais para a consecução desses estudos em universidades e institutos de pesquisa daquele país em comparação com os dos demais países.

Outros fatores, no entanto, podem ter causado esse desequilíbrio. Este livro trata de alguns deles, com uma abordagem inteligente e original desse tema fascinante das relações internacionais.

O autor mostra que, desde o seu surgimento como nações, os EUA e os países latino-americanos tiveram diferenças marcantes de visão sobre seu lugar na política internacional e sobre a função que sua política externa teria na luta pela estabilidade nacional.

Diferentemente dos EUA, a maioria das nações da América Latina não formularam nem praticaram de maneira intencional e constante ao longo da história (por razões diversas no tempo e no espaço), o que o autor chama de *protagonismo* (em inglês, *agency*), que é uma atuação proeminente e o exercício de autonomia consciente no campo da política externa.

O livro é uma História do protagonismo nos principais países da América Latina, um brilhante ensaio sobre como eles se engajaram menos ou mais nas relações internacionais ao longo do tempo (e recentemente cada vez mais, na medida em que a hegemonia dos EUA no mundo e na região passa por processo de relativo declínio) e por que razões isso aconteceu.

Joseph S. Tulchin é um acadêmico qualificado para esta tarefa: trata-se de um dos mais respeitados especialistas contemporâneos em América Latina, com doutorado pela Universidade Harvard e anos de docência nas Universidades Yale e Carolina do Norte (Chapel Hill), além de ter sido diretor do programa latino-americano do Woodrow Wilson International Center for Scholars, ao qual ainda está associado na condição de *global fellow*.

Carlos Eduardo Lins da Silva, editor da revista Política Externa

Do Império à Independência

Embora possa parecer uma simplificação, ainda assim é verdade que os Estados Unidos e as novas nações da América Latina inauguraram sua vida independente com uma abordagem marcadamente distinta em relação ao mundo em que viviam. Havia semelhanças, com certeza, mas as diferenças pesam mais e formam uma base para entender os dois séculos de relações hemisféricas marcados por tantas atitudes e posturas distintas nos assuntos internacionais.

É mais fácil começar com as semelhanças. Todas as nações do hemisfério foram colônias. Em algum momento depois das primeiras viagens de descobrimento no século XV e início do XVI, os britânicos, dinamarqueses, holandeses, franceses, portugueses e espanhóis fundaram colônias no que os europeus chamavam de Novo Mundo. Algumas colônias foram efêmeras ou tiveram pouca relevância na história da região; outras foram significativas durante mais tempo. As três grandes potências – Reino Unido, Espanha e Portugal – dominaram por mais tempo na região e deixaram sua marca nos territórios que ocuparam.

Desde o início de sua empreitada imperial, as três grandes potências tiveram ambições diferentes em relação ao controle dos territórios que reivindicavam, com graus distintos de sucesso. Os espanhóis foram os mais ambiciosos e expandiram seu domínio sobre o maior território. Também lidaram com a população indígena mais numerosa e organizada de todas. Tanto no norte, na área em torno do México, quanto no sul, na região do alto planalto andino da Bolívia e do Peru, os espanhóis enfrentaram e conquistaram grandes civilizações com governos hierárquicos e redes comerciais ativas cobrindo longas distâncias. Eles concentraram seus esforços em regiões no México e no altiplano onde encontraram recursos minerais de grande valor. Nessas áreas de mineração, os espanhóis firmaram seu controle sobre a terra e a mão de obra que consideravam essenciais para explorar esses recursos e transformá-los em receita para o império.

Os britânicos, ao contrário, enfrentaram comunidades relativamente pequenas de povos indígenas, algumas das quais eram seminômades e possuíam laços mais frouxos entre tribos ou nações, como chamavam a si mesmos. E, quando os britânicos no século XVIII e os norte-americanos no século XIX enfrentaram uma resistência organizada de grupos estabelecidos, como a Nação Cherokee, optaram por expulsá-los – ou extirpá-los, como disse Jefferson – em vez de subjugá-los dentro do território colonial ou nacional. O interesse dos norte-americanos como colonizadores ou como cidadãos de seu novo país era estabelecer territórios. A mão de obra da intensa atividade econômica nas plantações de algodão e arroz e nas fazendas de tabaco era formada por escravos trazidos da África ou, na minoria dos casos, por trabalhadores forçados trazidos da Grã-Bretanha.

Nas colônias espanholas, a própria terra e sua produção agrícola eram tidas como menos importantes do que a mineração, embora a estrutura administrativa que os espanhóis criaram se adaptasse a ambas. Da perspectiva imperial, a principal função da agricultura nas colônias era fornecer o alimento necessário para manter as operações de mineração, para nutrir a pequena população urbana nos portos e nos centros administrativos e a população indígena. A exportação de *commodities* agrícolas, como de cacau na Venezuela e café na América Central, e de outros excedentes que pudessem ser comercializados – com a exceção do açúcar na bacia do Caribe e no Brasil – tinha menos prioridade do que as exportações de minérios, principalmente de ouro e prata.

A relativa falta de atenção administrativa dada à agricultura levou a um comércio contrabandista tão próspero no Rio da Prata e na Venezuela que, no século XVIII, a maior parte do excedente agrícola já era exportada ilegalmente. Mesmo o lucrativo cacau da Venezuela, tido como fonte importante de renda para a companhia que detinha o monopólio comercial em Cádiz, com licença da Coroa, era exportado como contrabando, privando a companhia de seu lucro e a Coroa de sua parte no negócio. O comércio contrabandista no século XVIII gerou um efeito inesperado, ao colocar os mercadores locais em contato com comerciantes de fora da Espanha, principalmente com os britânicos e seus amigos banqueiros, tanto na Venezuela quanto no Rio da Prata.

Nesse caso, o contraste com as colonizações do Norte é nítido e tem uma duração longa e importante. Não havia instalações de minério muito valiosas no Norte. A produção agrícola excedente nos dois primeiros séculos de colonização não foi crucial para o Tesouro britânico e nunca esteve sob o domínio absoluto da administração imperial. Além disso, a empreitada colonizadora britânica nunca foi acompanhada por uma Igreja oficial, complementando o governo da metrópole. Pelo contrário, muitos dos primeiros povoamentos da América do Norte eram formados por dissidentes religiosos que buscavam escapar do domínio de uma Igreja controladora e que defendiam a tolerância como parte de sua cultura de povoamento.

Todos esses fatores contribuíram, nas colônias do Norte, para a importância relativa de um governo local e de uma ampla sensação de autonomia entre os habitantes, que acreditavam ter a capacidade e a prerrogativa de criarem suas próprias leis e aplicá-las, tanto na organização de sua atividade econômica quanto na forma de estruturar suas comunidades. É verdade que o governo local, principalmente na forma do *cabildo* ou conselho municipal, tornou-se central para as atividades econômicas e políticas nas colônias espanholas do século XVIII. Mas diferia do tipo de governo local das colônias britânicas no quanto o poder imperial reconhecia e aceitava essas instituições locais controladas pelos colonos. A autoridade administrativa da Espanha estendia-se por um enorme território, mas nas vastas áreas afastadas das minas, dos portos e dos centros administrativos, esse controle era escasso.

Ainda mais importante e decisivo para os movimentos de independência, os governos locais no Norte eram integrados a uma administração governamental dentro de unidades territoriais maiores e interligadas. Assim, os colonos britânicos ganhavam poder a partir dessas conexões, ao passo que no Sul o aumento do poder nos *cabildos* ocorreu em detrimento das tentativas da Espanha de controlá-los, principalmente no século XVIII. E, em sua maioria, os *cabildos* não podiam estender seu controle a jurisdições administrativas maiores, e não havia uma rede efetiva que interligasse vice-reinos e intendências. O isolamento relativo dos *cabildos* na América espanhola tornou-se um obstáculo, depois das guerras de independência, nas tentativas de fundar Estados nacionais coesos, com fronteiras nítidas e autoridades legítimas.

Já na metade do século XVIII, havia uma população considerável de colonos em todo o hemisfério que se sentia parte dos novos países, dedicando sua vida e seus bens para prosperar no Novo Mundo. Conforme o controle da vida cotidiana ia se tornando cada vez mais localizado nessas áreas, o colonizador tentava reforçar sua presença administrativa por meio de uma série de reformas na segunda metade do século XVIII. Essas tentativas de reforma tiveram êxito parcial, mas nunca lograram superar a força centrífuga dos agentes locais de poder e nem submeter as exportações agrícolas ao domínio imperial. Os britânicos também tentaram extrair um maior rendimento de impostos dos colonos americanos, o que provou ser extremamente problemático.

Talvez o maior erro estratégico dos britânicos em sua tentativa de controlar os territórios coloniais no hemisfério ocidental tenha sido envolver os colonos nas guerras de dinastia que tanto pertenciam à experiência europeia. Isso provou ser o elemento mais decisivo na visão de mundo do colono britânico, evidenciando que fazer parte do império britânico poderia consistir em uma terrível desvantagem. A experiência pessoal de George Washington, um grande proprietário de terras na Virgínia e um poderoso político da colônia, é um exemplo modelar da evolução do pensamento nas colônias em relação a uma nova visão de mundo e do movimento quase que inevitável em direção à independência. Em conformidade com seu *status*, Washington era chefe de uma milícia local. Nessa função, ele detinha a patente de coronel no exército britânico. Quando eclodiu a guerra entre os britânicos e os franceses em 1754 como parte da disputa imperial europeia conhecida como Guerra Franco-Indígena, a hostilidade se estendeu ao hemisfério ocidental, e cada parte tentava expandir seus domínios na América do Norte à custa da outra e de seus aliados nas tribos indígenas. Washington conduziu suas tropas até os atuais territórios de Ohio e Pensilvânia, e participou de uma série de enfrentamentos que considerava uma perda de tempo, dinheiro e sangue. Em cartas escritas para sua esposa, Martha, ele reclamava que o povo da Virgínia não fazia parte desse conflito. Para ele, as forças reais ociosas e gananciosas tratavam as colônias como marionetes, peões e posses, e não como pessoas que tinham seus próprios interesses legítimos.[1]

Washington tirou duas lições dessa experiência, as quais ele compartilhou com toda uma geração de líderes. A primeira é que o real perigo vem daqueles que não têm os mesmos interesses, mas que estão fisicamente mais perto: a lição da propinquidade, ou proximidade. A segunda é que não se podia confiar nos líderes das monarquias europeias, porque visavam no fundo o interesse da monarquia, que, por força da necessidade, não leva em consideração o interesse de seus súditos. O que é pior, esses governantes não prestavam contas a seus súditos e não lhes diziam a verdade: a lição da perfídia autoritária.[2] Somente depois dessa guerra, em 1754, é que surgiu a proposta de uma comunidade que fosse maior que as colônias e que as abarcasse. O Plano Albany de União das Colônias,* daquele mesmo ano, passou ao largo da atenção pública quando o perigo que a guerra representava foi desaparecendo.

Washington também compartilhou com sua geração a ideia de que todos os povos têm interesses, e que é legítimo defendê-los. Eles tinham uma abordagem racional sobre a atuação política e uma perspectiva realista sobre os assuntos públicos. A forma de acomodar interesses antagônicos ou conflitantes em uma comunidade maior destacava-se como ideia central para James Madison quando escreveu os *Federalist Papers*.** Seu coautor, Alexander Hamilton, era ainda mais realista e percebeu que as colônias tinham grande valor na balança de poder europeia e que deviam usar essa vantagem para potencializar os interesses da nova nação. Em seu Discurso de Despedida, Washington voltou a esse assunto e incentivou seus compatriotas a se relacionarem com outras nações, mas com cuidado. Ele aconselhou-os a evitar "alianças intrincadas". Os interesses podem ser estratégicos; as alianças devem ser efêmeras, calculadas ou táticas. Quando escreveu o esboço do que viria a ser

---

* N.T.: O Plano Albany foi proposto por Benjamin Franklin durante o Congresso de Albany, em 1754, com o objetivo de criar um governo unificado para as Treze Colônias.
** N.T.: Os *Federalist Papers* são uma reunião de ensaios publicados entre 1787 e 1788 em jornais do Estado de Nova York em defesa da ratificação da Constituição dos EUA pelos 13 Estados.

seu testamento político, Washington pediu a Madison e Hamilton para editarem essa primeira versão.

A discussão sobre política externa continuou durante e depois da guerra pela independência. Os primeiros estágios desse debate produziram dois resultados que evidenciam uma diferença em relação à América Latina contemporânea. Em primeiro lugar, o interesse pela prestação de contas ao povo e a sensação de discordância entre os líderes da nova nação levaram a um foco no processo. O processo político deve resultar de um debate transparente – uma acomodação dos interesses, nos termos de Madison – e ser transmitido ao povo e seus representantes. Era importante que a política externa não fosse improvisada. O segundo aspecto do primeiro estágio de discussão que ressoa ainda hoje é a fusão de duas visões muito distintas sobre a comunidade internacional, que os acadêmicos chamam de perspectiva idealista ou liberal e de perspectiva realista. Isso resultou em uma grande sensação de excepcionalidade, carregada de fortes implicações de convicção religiosa. A ideia de que os Estados Unidos eram um grande experimento e que deviam compartilhar sua nova visão de mundo com os outros era extremamente importante e continuou tendo sua expressão na política externa do país.[3] Esse idealismo estava presente no argumento sobre como a nova nação devia ingressar na comunidade global: se devia enfatizar seu isolamento em relação às forças corruptoras da Europa ou se continuava apostando em seu incomparável papel no âmbito dos assuntos mundiais. O Discurso de Despedida de Washington indica que essa questão estava longe de ser resolvida quando deixou a presidência, e que seu conselho foi concebido com o propósito de levar as duas perspectivas em consideração.

No Norte e no Sul, a sensação de pertencimento a uma comunidade maior produziu modos diferentes de organização na disputa pela independência, modos diferentes de atuação diplomática, estratégias internacionais diferentes e objetivos internacionais diferentes. E essas diferenças existiam, apesar do fato de que, tanto no Norte quanto no Sul, os pais da pátria ou os próceres estivessem cientes do que se discutia na Europa, principalmente sobre as revoluções inglesa e francesa e sobre o Iluminismo. As ideias relativas a questões internacionais, como alianças, tratados, poder etc. originavam-se na Europa e estavam disponíveis para os letrados na América do Sul e do Norte. No fim do século XVIII, houve um forte movimento na Espanha para promover o pensamento iluminista nas metrópoles e em suas colônias.[4] A diferença entre as colônias não residia em seu conhecimento de mundo, mas na forma como usavam esse conhecimento e aplicavam-no a suas experiências.

Não há experiência na América Latina equivalente à campanha de Washington na guerra francesa e indígena, embora as disputas dinásticas europeias certamente tenham tido consequências territoriais no Caribe. Na América do Sul, os conflitos entre espanhóis e portugueses tiveram impacto sobre as fronteiras, como no Uruguai e nas missões jesuítas no Paraguai. Diversos líderes dos movimentos de independência na América Latina tiveram experiências europeias, mas nenhum carregou consigo algo análogo ao sentimento de alienação de George Washington em relação às disputas europeias. Ainda assim, eles eram racionalistas e realistas em assuntos políticos, com diferentes níveis de idealismo, geralmente associado à Revolução Francesa. No Rio da Prata, os colonos estavam presos na disputa imperial entre Portugal e Espanha pelo controle da Banda Oriental (Uruguai), a fronteira entre a América portuguesa e a espanhola. Essa experiência depois encorajou os colonos que viviam no Uruguai e impulsionou Artigas e seus companheiros a uma independência em relação a ambos, um progresso que os britânicos facilitaram com prazer. Os argentinos também enfrentaram uma breve invasão de tropas britânicas, combatidas pela milícia local.

A maior parte do envolvimento direto dos colonizadores espanhóis nas disputas dinásticas europeias aconteceu na bacia do Caribe, principalmente nos portos de Havana, Santo Domingo e Cartagena. Os britânicos ficaram com o controle da Jamaica, e os franceses, da ilha de São Domingos. Piratas também bombardearam portos, e certamente os britânicos estavam por trás de algumas dessas empreitadas, embora o objetivo pareça não ter sido o controle territorial. Estavam atrás de espólios. Nada disso deixou uma marca permanente no internacionalismo dos próceres.

Os líderes dos movimentos de independência na América Latina iniciaram seus projetos com um nítido conhecimento da experiência dos Estados Unidos. Muitos deles, como Francisco Miranda, utilizaram o modelo norte-americano e receberam apoio de pessoas nos EUA para dar início à tentativa de fundar nações independentes do controle imperial espanhol. O próprio Bolívar recebeu apoio estrangeiro, e líderes na Argentina e no Chile também moldaram sua atuação a partir do conhecimento do sistema internacional, por meio de discussões sobre como garantir a ajuda material e diplomática de potências europeias. Com exceção desses pedidos de apoio de curto prazo, o que podemos chamar de política externa dos movimentos de independência consistiu mais em uma ideia universalista de uma irmandade de homens, oriunda da Revolução Francesa, do que em uma ideia específica de como poderiam, com apoio local, obter um lugar no sistema internacional. Os movimentos de independência tiveram início com uma declaração de lealdade à Coroa em oposição à Espanha, aproveitando a invasão napoleônica como justificativa para definir seus próprios sistemas locais de governança.[5]

Em 1810, todas as grandes cidades da América Latina já tinham governos independentes do controle espanhol. Esperava-se que a legitimidade do *cabildo* servisse de base para os novos Estados. As lutas de independência, no entanto, logo demonstraram que essas primeiras noções de comunidade não se sustentariam, e que o controle seria mais local do que haviam antecipado. Somente o movimento liderado por José Artigas no Uruguai alcançou, ao final da luta armada, uma fixação territorial compatível com as primeiras metas do movimento.[6] Talvez mais digno de nota, nenhuma reputada nação na América Latina conseguiu assinar um acordo formal com outro país na Europa ou na América para dar reforço a sua luta armada. O contraste com os EUA nessa questão de como lidar com o resto do mundo é evidente. Os EUA, mesmo enxergando a si como um país fraco e vulnerável, lograram inserir-se com vantagem estratégica na balança das políticas de poder da Europa. Nenhum movimento de independência na América do Sul, que também enxergava a si como fraca e vulnerável, chegou perto desse resultado.

As lutas por independência na América Latina também se distinguiram da experiência norte-americana na questão dos direitos e da participação da população não branca, de índios e negros. Embora os resultados variassem de região para região, ao redor da América Latina os direitos dessa população marginal eram mais amplos em consequência da luta pela independência do que nos EUA, onde a escravidão dos negros era institucionalizada na nova nação. Isso se tornaria o motivo principal do antagonismo entre os estados, levando a uma guerra civil. Os índios e os descendentes africanos na América Latina, com exceção das ilhas açucareiras do Caribe e no Brasil, embora não tivessem direitos iguais aos da elite branca e peninsular, pelo menos não eram uma minoria escravizada e sem direitos; eram incluídos no debate corrente sobre cidadania – um dos objetivos principais da independência. Nesse aspecto e em muitos outros, os precursores latino-americanos foram muito mais influenciados do que seus pares norte-americanos pelos conceitos universalistas da Revolução Francesa, como o direito dos homens, e foram esses princípios universalistas que moldaram seu pensamento sobre cidadania, direito e modernidade.[7] Também proporcionaram uma estrutura para pensar a comunidade internacional. Para quem acreditava em uma irmandade de homens, a conclusão seguinte é que deveria haver também uma irmandade coletiva de nações, em que as pessoas e os cidadãos fossem livres. Nos EUA, raça e racismo seriam parte importante do debate sobre expansão, comunidade e hegemonia.[8]

Com exceção do Congresso Anfictiônico de Bolívar no Panamá em 1826, há pouca evidência de protagonismo nas relações externas da primeira geração pós-independência. Em marcante contraste com os EUA, não era forte a ideia de que a formulação da política externa deveria ser feita de forma transparente, com prestação de contas aos cidadãos para quem era feita. Nesse aspecto, os líderes dos movimentos de independência latino-americanos não buscaram evitar as armadilhas de uma formulação autoritária do processo político. Apesar disso, a maioria deles era realista na política externa e tinha um entendimento formidável de assuntos internacionais. Da Grã-Colômbia ao Rio da Prata, todos pareciam ter um amigo no Baring Brothers, o banco britânico mais entusiasmado em dar empréstimos para as novas repúblicas. Alguns líderes demonstravam consciência de que o comércio e o investimento internacional ajudariam a estabilizar os novos países, mas que também trariam riscos de gerar dependência.

De fato, um dos motivos da escassez de uma política externa coerente dentre as novas nações é a inconstância de suas fronteiras durante todo o período da independência. A Grã-Colômbia acabou formando três países distintos: Venezuela, Colômbia e Equador. A Argentina só definiu suas fronteiras depois de sofrer uma derrota militar na tentativa de incorporar os territórios atuais da Bolívia, do Paraguai e do Uruguai. O Peru teve uma experiência semelhante, ao tentar incorporar a Bolívia e partes do norte do Chile, sem sucesso. A fronteira entre Chile e Peru foi o foco de um conflito armado no fim do século XIX, conhecido como Guerra do Pacífico. Embora o Chile tenha decisivamente vencido a guerra e incorporado as áreas do Peru que cobiçava, o limite territorial só foi finalmente definido quando o Tribunal Internacional de Justiça determinou a fronteira marítima entre os países, em janeiro de 2014.[9]

Durante os anos em que a Argentina perdeu quase a metade dos territórios que almejava, os Estados Unidos incorporaram o território da Louisiana e a Flórida, e definiram a fronteira norte com o Canadá de modo favorável. Poucos anos depois, os EUA entraram em guerra com o México e tomaram metade do território do país.[10] Essas iniciativas faziam parte de um debate sobre se deviam incorporar territórios novos à união ou firmar relações com Estados que tivessem valores centrais em comum com os EUA. Foi um debate que se iniciou com típica civilidade e sabedoria entre Jefferson e Madison, ambos aposentados, na década de 1820. Madison hesitava sobre a aquisição de novos territórios, principalmente os que pertenciam ao império espanhol. Ele não acreditava que a forma republicana de governo fosse adequada para unidades territoriais tão grandes.[11] Levando adiante o pensamento federalista na nova era, ele não via como os interesses legítimos seriam negociados e reconciliados em uma unidade que se tornara tão vasta. Porém, Madison concordava com Jefferson que os EUA tinham algo a oferecer para o resto da América. Jefferson esperava o dia em que uma liga de repúblicas se formasse no hemisfério. Madison concordava, e previu que "Uma Águia Libertária levaria a liberdade em suas garras aos novos países do hemisfério".[12]

Do outro lado da fronteira, Bolívar também imaginava uma União de Repúblicas, uma comunidade de todas as nações recém-independentes da América do Sul. Ainda hoje se discute exatamente o que ele tinha em mente.[13] Bolívar julgava os EUA agressivos e não gostava de seus ímpetos expansionistas. Também não prezava a confiança pretensiosa com que os EUA se viam como um presente que o poder divino deu para o resto da humanidade. Ainda assim, percebia que era necessário cooperar com os EUA. Houve uma conversa entre ele e Santander, seu segundo em comando, sobre se deviam ou não convidar os EUA para a conferência comunitária no Panamá, em 1826. Bolívar pensava que incluir a ex-colônia ofenderia os britânicos; Santander considerava crucial incluir qualquer país que pudesse ajudar as novas nações em sua defesa contra possíveis ataques espanhóis. Bolívar compartilhava com os pais da pátria norte-americanos uma desconfiança de governos tirânicos que não prestavam contas a seu povo, embora na prática ele não tivesse paciência para fazer essa prestação de contas. E disse que enquanto México e Brasil fossem monarquias, não poderiam integrar a federação, mas que deviam ser considerados iguais aos membros da federação das repúblicas. Embora o congresso do Panamá não tenha produzido resultados práticos, o sonho bolivariano continua sendo um conceito potente para muitos na América Latina. Há referência a ele em praticamente todos os encontros da comunidade, como inclusive houve no encontro da nova organização regional, a Celac (Comunidade de Estados Latino-americanos e Caribenhos), em Havana, em janeiro de 2014.

O debate ao longo dos anos sobre que tipo de comunidade poderia reunir as novas nações do hemisfério nunca teve a mesma força no Norte como teve no Sul, e também nunca foi usado como slogan para as metas políticas dos EUA em relação à América Latina.[14] Que estranho, portanto, que a primeira tentativa séria de formar uma instituição ou organização interamericana, com poder e mandato para decisões, tenha surgido de uma iniciativa dos EUA na década de 1880 de criar uma união aduaneira no hemisfério, a União Pan-americana.

Se o Congresso Anfictiônico do Panamá marca o fim do período de luta pela independência na América Latina – um final pouco feliz pela insuficiência de seu resultado –, nos EUA o período se conclui com a mensagem do presidente James Monroe ao Congresso em dezembro de 1823, conhecida como Doutrina Monroe. Ela marca o fim do período de luta pela independência porque se refere especificamente ao Discurso de Despedida de Washington, e porque reflete mais a política externa do século XVIII do que a do XIX. Essa Doutrina não propõe uma ação, positiva ou negativa, e não oferece apoio às nações do hemisfério que se sentiam ameaçadas pelas potências europeias. Essa postura defensiva era o máximo que a política interna dos EUA permitia ao poder executivo.[15] Trata-se, portanto, de uma ironia do destino que a mensagem de Monroe tenha se tornado o símbolo de uma pretensão agressiva dos EUA em relação à América Latina. O símbolo é tão potente que o secretário de Estado John Kerry achou necessário dizer em seu discurso na OEA, em dezembro de 2013, que a Doutrina Monroe não é mais a política dos Estados Unidos. Nenhum representante latino-americano que estava lá acreditou nele. A história das relações interamericanas nos quase 200 anos depois da mensagem de Monroe explica esse ceticismo.

NOTAS

1. Cf. Gilbert, op. cit., capítulo 4. Uma biografia recente de Washington dá ênfase a essa experiência: Robert Middlekauff, *Washington's Revolution: The Making of America's First Leader* (NY: Knopf, 2015).
2. Vale lembrar que a desconfiança em relação a governantes autoritários que não prestavam contas ao povo não impediu o contato com eles nos 200 anos seguintes quando havia em jogo algum interesse estratégico maior de curto prazo. Por exemplo, Theodore Roosevelt não teve problemas em lidar com os líderes da independência do Panamá que não tinham sido eleitos, porque considerava necessário abrir caminho para construir o canal no istmo. Depois, vários governos deixaram sua preocupação democrática de lado ao colaborar com líderes autoritários para manter a estabilidade na bacia do Caribe. Na Segunda Guerra Mundial, os empenhos de guerra superavam qualquer outro interesse. Em seguida, o anticomunismo passou por cima de todo o interesse por valores democráticos, seja ao lidar com Anastásio Somoza na Nicarágua ou com os generais argentinos que estavam fazendo seu próprio povo "sumir" em quantidade assustadora.
3. Sobre o papel da ideologia e da identidade na política externa, ver Michael H. Hunt, *Ideology and U.S. Foreign Policy*, 2d ed. (New Haven: Yale Univ. Press, 2009); e Walter L. Hixson, *The Myth of American Diplomacy: National Identity and U.S. Foreign Policy* (New Haven: Yale Univ. Press, 2008). A discussão entre estudiosos do assunto foi resumida em Michael Hogan e Thomas Paterson, eds., *Explaining the History of American Foreign Relations*, 2d ed. (NY: Cambridge Univ. Press, 2004). Sobre os aspectos religiosos da excepcionalidade norte-americana, ver Andrew Preston, *Sword of the Spirit, Shield of Faith: Religion in American War and Diplomacy* (NY: Random House, 2012). Mesmo agnósticos como Jefferson e Madison viam a presença de uma mão divina na excepcionalidade dos EUA.
4. Robert J. Shafer, *The Economic Societies in the Spanish World, 1763-1825* (Syracuse: Univ. of Syracuse Press, 1956).
5. John C. Chasteen, *Americanos* (NY: Oxford, 2008).
6. Chasteen descreve esse episódio em *Heroes on Horseback* (Albuquerque: Univ. of New Mexico Press, 1995).
7. James A. Wood, *The Society of Equality: Popular Republicanism and Democracy in Santiago de Chile, 1818-1851* (Albuquerque: Univ. of NM Press, 2011); Hilda Sabato, ed., *Ciudadania política y formación de las naciones* (Mexico: Fondo de Cultura, 1999); Sabato, "Political Citizenship", AHR, v 81, #1 (2004); Peter Guardino, *Peasants, Politics, and the Formation of Mexico's National State* (Stanford: Stanford Univ. Press, 1996); Sarah Chambers, *From Subjects to Citizens: Honor, Gender and Politics in Arequipa, Peru* (State College: PSU Press, 1999); Florencia Mallon, *Peasant and Nation: The Making of Post Colonial Mexico and Peru* (Berkeley: Univ. of CA Press, 1994).
8. Dentre vários, ver, Eric T. L. Love, *Race over Empire: Racism and U.S. Imperialism, 1865-1900* (Chapel Hill: UNC Press, 2004); Jonathan Rosenberg, *How Far the Promised Land? World Affairs and the American Civil Rights Movement from the First World War to Vietnam* (Princeton: Princeton Univ. Press, 2005); e Paul A. Kramer, *The Blood of Government: Race, Empire, the United States and the Philippines* (Chapel Hill: UNC Press, 2006).
9. A fronteira entre Bolívia e Chile, indefinida na mesma guerra, até meados de 2016 continua no Tribunal Internacional de Justiça.
10. R. A. Billington, *Western Expansion* (NY: Macmillan, 1949).
11. Madison e Bolívar viam os gregos como um modelo, mas tinham conclusões muito diferentes a respeito.
12. Correspondência de Jefferson-Madison, Jefferson a Madison, 19 de novembro de 1823, Monroe a Madison, 2 de agosto de 1824, e Wilkinson a Jefferson, 21 de março de 1824.
13. German A. de la Reza, "The Formative platform of the Congress of Panama (1810-1826): the Pan-American conjecture revisited", *Rev. Brasileira de Política Int'l*, 56(1) (2013); Francisco Cuevas Cancino, *Bolivar El Ideal Panamericano del Libertador* (México: Fondo de Cultura, 1951).
14. Arthur P. Whitaker, *The Western Hemisphere Idea Ithaca* (NY: Cornell UP, 1954).
15. E. R. May, *The Monroe Doctrine* (Harvard University Press, 1975), é um estudo completo de como a política interna e a externa se fundiram na preparação da mensagem de Monroe ao Congresso. O relato histórico mais exaustivo sobre a Doutrina Monroe é Dexter Perkins, *Hands Off! A History of The Monroe Doctrine* (Cambridge: Harvard UP, 1927).

Consolidação dos Estados-nações e o ímpeto imperialista

A narrativa dominante sobre as relações interamericanas do século XIX concentra-se na triunfante expansão dos Estados Unidos, com a definição de suas fronteiras, e na consolidação consciente e decidida de sua influência sobre o restante do hemisfério, com a ascensão da hegemonia norte-americana. Segundo a versão latino-americana dessa narrativa, os Estados Unidos impuseram uma hegemonia sobre a América Latina. As nações da região teriam sido relegadas a uma posição subordinada a partir da qual só lhes restava protestar contra a arrogância dos EUA e fazer o possível para combater ou reduzir seu domínio. Nessa narrativa, considera-se, erroneamente, que a Doutrina Monroe foi a primeira grande asserção do imperialismo norte-americano.

Embora boa parte dessa narrativa esteja correta, faltam-lhe três aspectos necessários para entender a persistente dificuldade dos governos latino-americanos em exercer protagonismo nos assuntos mundiais do século XXI. O primeiro é a origem europeia da tentativa de formar uma comunidade internacional baseada em regras. Os conceitos principais do emergente sistema internacional – poder e civilização – eram eurocêntricos. O poder, como característica do Estado-nação, era calculado em termos econômicos e militares, embora envolvesse uma dimensão não específica chamada de "cultura". Em conjunto, essas medidas formavam um indicador do nível de civilização de uma nação. Quando usado para avaliar países ou povos menos civilizados, tornava-se um código para inferioridade. Entendia-se a civilização como um fenômeno linear e progressivo, centralizado na Europa ocidental, e os países eram distribuídos ao longo de uma hierarquia, de acordo com o nível de civilização determinado majoritariamente pelo poder que detinham. Os mais civilizados arrogavam-se a tarefa de definir as regras que orientavam o comportamento dentro dos Estados, presumindo que os membros da comunidade competiriam uns com os outros por controle e, através da competição comercial e territorial, a civilização seria levada para o restante do mundo. A frase mais frequente na época era que as nações mais civilizadas "levariam a civilização para" os menos civilizados. Já no fim do século XIX, os Estados Unidos almejavam se tornar um dos membros do seleto clube das nações mais civilizadas – chamadas de Grandes Potências – que definiam as regras e formularam sua política externa para alcançar essa meta. Embora nenhuma nação da América Latina tenha manifestado tais pretensões ou ambições de forma explícita, o Brasil e a Argentina davam sinais de que mereciam um *status* semelhante, e que logo o conquistariam. Esses países vigiavam um ao outro, e desprezavam abertamente as pretensões arrogantes dos EUA, considerando-se igualmente civilizados.

O segundo ponto que torna a narrativa dominante enganosa é que, na verdade, todas as nações do hemisfério tinham o mesmo conhecimento dos hábitos predominantes do sistema internacional. Todas compreendiam o sentido do termo "poder" – poderio econômico e militar – e nenhuma condenava os conceitos de modernidade e de civilização como principais indicadores de progresso e poder. Todas as nações avaliavam a si mesmas a partir desses indicadores e reconheciam que estavam aquém dos padrões definidos na Europa. Ao mesmo tempo, não se conformavam que os EUA, como as nações europeias, expressassem abertamente sua superioridade em relação às nações menos poderosas. Constantemente, buscavam modos de condenar o controle e a influência que as potências exerciam sobre o restante do mundo. No século XX, quando os EUA manifestaram sua hegemonia de forma mais agressiva, os latino-americanos coletivamente se empenharam para instituir a não intervenção como uma norma crucial da comunidade hemisférica. De forma privada, os latino-americanos declaravam sua superioridade em relação a seus vizinhos. O conceito de civilização como parâmetro para medir o progresso e as conquistas era tão importante para eles quanto para os EUA, e a ideia de raça figurava como parte importante de seu pensamento.

O terceiro ponto que evidencia o equívoco da narrativa dominante é o fato de a Doutrina Monroe ser um documento defensivo que se referia ao passado – o Discurso de Despedida de George Washington – e não a um futuro de dominação e hegemonia sobre outras nações. O texto original e a atuação dos Estados Unidos que na época se baseava naquela política não implicavam, nem remotamente, imperialismo. Por certo, no fim do século XIX e início do XX, a Doutrina passou a ser usada para justificar o imperialismo norte-americano. Mas originalmente não era assim, e entender a transição de uma postura defensiva para uma ambição hegemônica é crucial na avaliação das relações hemisféricas.

Durante todo o século XIX, os EUA e a América Latina se distanciaram cada vez mais em sua abordagem dos assuntos internacionais. A maioria das nações latino-americanas foi inibida de exercer protagonismo nos assuntos internacionais devido a sua instabilidade interna e aos conflitos de fronteira com seus vizinhos próximos. Essa questão interna e a inabilidade de priorizar os interesses nacionais e de imaginar uma identidade nacional para além das ameaças imediatas dificultaram a fundação de instituições que promovessem investimentos nacionais e estrangeiros e que atuassem na criação e na regulação de regras comuns a todos os participantes.[1] As primeiras expressões de protagonismo, no Chile e na Argentina, surgiram depois da consolidação nacional. Em contraste, nos EUA, apesar do trauma da Guerra Civil e da escravidão, o Estado estava fortemente a serviço da atividade econômica e da expansão territorial por toda a região norte-americana. O âmbito político e as políticas públicas foram grandes aliados da expansão dos EUA, ajudando a consolidar a autoimagem da nação e seu papel nos assuntos mundiais.

A distinção das afirmações latino-americanas de superioridade, na maior parte, é que elas se direcionavam a seus vizinhos imediatos – um equivalente do princípio de propinquidade. Com poucas exceções, os latino-americanos não buscavam ampliar seu poderio para além de sua própria fronteira. Embora os EUA certamente dessem atenção a seus vizinhos imediatos, não deixavam de considerar a possibilidade de exercer influência em regiões mais distantes. Desde a independência, os líderes norte-americanos intencionalmente moldaram sua visão geopolítica dentro de um contexto global. O hemisfério ocidental, apesar das reiteradas manifestações de irmandades e de valores em comum, tinha menor relevância para os EUA. Permaneceu sendo, como já o era para Monroe e seu secretário de Estado, John Quincy Adams, nada mais que uma ameaça em potencial devido a sua instabilidade e fragilidade. O foco central da política norte-americana para a América Latina sempre foi manter as nações mais potentes fora da região.

No fim do século XIX, os EUA consolidaram sua primazia em todo o hemisfério e insistiram para que suas prerrogativas fossem levadas a sério como as de qualquer potência (civilizada) europeia. Com exceção de manifestações ocasionais e mais modestas da Argentina e do Brasil, nenhuma outra nação do hemisfério pretendeu, até a Primeira Guerra Mundial, integrar o clube das Grandes Potências. O Chile restringiu suas ambições geopolíticas a um contexto sub-regional. Brasil e Argentina testavam seu poderio geopolítico em relação um ao outro e não a uma potência europeia, embora usassem parâmetros europeus. Uma exceção a essa falta de ambição foi a exuberância expressada pelos argentinos, durante o centenário do país em 1910, de que logo superariam os EUA e se integrariam ao clube. A guerra na Europa acabou com qualquer expectativa realista de que tal transformação pudesse acontecer, embora as ambições tenham permanecido.

Ao longo do século XIX, as nações do hemisfério ocidental priorizaram a consolidação de sua independência e o alcance de uma estabilidade de governança. Ao mesmo tempo, tentavam definir as fronteiras que as separavam de seus vizinhos, como fizeram os líderes dos EUA. Todas as nações tinham uma dolorosa consciência de sua fraqueza e da vulnerabilidade a uma ameaça externa, principalmente de uma das potências imperiais e autoritárias da Europa.[2] A diferença entre Norte e Sul era que os EUA, apesar de sua fraqueza, sentiam que tinham algum poder no sistema internacional, e nunca deixaram de exercer seu protagonismo. Sua estratégia para neutralizar essa ameaça desleal e autoritária era jogar uma potência europeia contra a outra, como fizeram durante a luta pela independência. Combateram a ameaça de suas fronteiras por meio de infinitas negociações visando consolidá-las, exportando sua população. Aproveitando a fraqueza da Espanha, anexaram a Flórida através de um acordo. Usaram o crescimento demográfico para obter controle do Texas e, na resultante guerra contra o México, expandiram o território nacional ao longo do rio Grande até o Pacífico. Com a crescente confiança na eficácia do Estado em ampliar seus domínios, subsidiaram, com concessões ao capital privado – inclusive estrangeiro –, a construção de infraestrutura para garantir o controle do território continental que reivindicavam desde que Jefferson comprara o território da Louisiana. Ao longo do século seguinte à independência, governos sucessivos levaram adiante o projeto geopolítico interrompido apenas pela Guerra Civil na metade do século.

Assumindo postura defensiva, várias nações latino-americanas pediram proteção a nações mais poderosas, depois da independência, por se sentirem vulneráveis.[3] Preocupavam-se com a ameaça do país vizinho e tentavam desesperadamente proteger suas fronteiras, quase sempre sem sucesso. Na maior parte, os repetidos fracassos resultavam da falta de força do Estado e da incapacidade para alcançar um consenso interno. Nesse contexto, o sonho bolivariano de comunidade e unidade continuava sendo uma ambição fora do alcance. A Grã-Colômbia se dividiu em três partes; a confederação andina fragmentou-se; o Uruguai proclamou independência do Brasil e da Argentina; a União Centro-Americana rompeu-se em cinco partes.[4]

Apenas o Brasil teve êxito no uso da tática, tão bem-sucedida nos EUA, de promover a migração ao interior do país para fundar povoamentos, usando essas falanges de presença brasileira para consolidar o controle político na periferia. Os mexicanos tentaram superar a migração dos EUA para o Texas levando migrantes das ilhas Canárias, mas nada se comparava à onda populacional vinda do norte que logo ocupou o território texano. Na segunda metade do século, os argentinos tornaram a imigração uma política nacional – governar é povoar (*gobernar es poblar*) – e davam incentivos a grupos na Europa na tentativa de preencher seu território nacional.[5] O Brasil, sem tanto alarde público, atraiu um grande número de imigrantes no mesmo período. Desde o fim do século XIX até o fim da Segunda Guerra Mundial foram mais de quatro milhões, e o país continua recebendo quantidades significativas de imigrantes. No início do século XX, a Argentina atingiu o índice mais alto de presença de estrangeiros em todo o hemisfério, equivalendo a 30% da população. No mesmo momento histórico, os Estados Unidos atingiam seu pico de estrangeiros no país, pouco menos de 15% da população.[6]

Quando o Chile e a Argentina alcançaram estabilidade interna na metade do século XIX, começaram a pensar estrategicamente em seu território nacional. Além de estimular a imigração, os argentinos usaram uma estratégia semelhante à dos EUA de fazer concessões ao capital estrangeiro, quase todo britânico, para construir sua rede ferroviária. Mas a diferença crucial entre as duas estratégias é que os EUA usaram a ferrovia como modo de estender e consolidar a soberania nacional em territórios periféricos, enquanto a Argentina a usou para explorar com mais eficácia o território que já estava sob seu domínio. A rede ferroviária argentina estendia-se como os dedos de uma mão aberta por todo o fértil pampa até o porto de Buenos Aires, para escoar mais facilmente a produção agrícola. Uma conexão entre esses dedos surgiu apenas quando uma rede rodoviária nacional se expandiu pelo território dos pampas na década de 1930. De forma semelhante, brasileiros, chilenos e peruanos usaram capital estrangeiro para construir ferrovias que interligassem determinados centros populacionais ou, como nos casos do Brasil e do Peru, para estabelecer um elo entre regiões remotas de produção e centros comerciais. Nenhum desses investimentos chegou perto de reproduzir o raciocínio geográfico estratégico por trás das políticas públicas que promoveram a construção da infraestrutura nos EUA no século XIX.[7]

Os líderes de todos os países da América Latina leram os mesmos livros e tinham conhecimento das ideias dominantes propostas por pensadores e geopolíticos europeus, assim como seus pais e avós haviam tido conhecimento dos eventos que culminaram na guerra da independência nos Estados Unidos e na Revolução Francesa. A grande maioria foi cativada pelas noções centrais de civilização e de pureza racial, e o que chamavam de "ideias liberais".[8] Em termos culturais, a Europa era tida como paradigma das artes e da literatura.

A maior parte da elite almejava educar seus filhos e comprar peças de arte e móveis no continente, e também aprender pelo menos uma língua europeia além de português e espanhol. No caso da Argentina, embora acreditassem que a Europa era um centro cultural, tinham uma grande admiração pelo modelo educacional dos Estados Unidos, o qual Domingo F. Sarmiento tentou importar.[9] Foi seguido por Juan Bautista Alberdi e outros que queriam imitar o modelo constitucional norte-americano. Toda uma geração de especialistas na área constitucional exaltou os benefícios do modelo dos EUA, enquanto o adaptava a suas próprias convicções políticas, principalmente em relação ao poder dos Estados individuais em um sistema federativo de governo.[10] Por toda a região, havia uma forte sensação de pertencimento a uma comunidade maior de nações e consciência das regras de atuação que dominavam essa comunidade. Por outro lado, não era comum a ideia de que fosse possível participar da formulação dessas regras; nas raras vezes em que foram feitas propostas de mudança nessas regras, o objetivo era proteger a América Latina contra potências maiores.

Tanto os chilenos quanto os argentinos, assim que adquiriram certa estabilidade e um governo capaz de agir em nome dos interesses nacionais, promoveram campanhas militares para empurrar a população indígena na sua fronteira sul cada vez mais para o sul. Na ausência de maiores recursos de produtos de consumo nas regiões do sul, os chilenos investiram fortemente no cultivo da terra do lado argentino dos Andes e tiveram mais sucesso que seus vizinhos na exploração da Patagônia argentina. A Argentina só foi estabelecer um controle definitivo da região Sul de seu território na década de 1920. Mas a fronteira sul entre os dois países permaneceu indefinida, e quase levou a uma guerra em 1978. A disputa final da fronteira – um pequeno trecho no alto dos Andes – só foi resolvida na metade da década de 1990.

Vários conflitos regionais, ocasionados pela disputa por *commodities* e sua exportação, juntamente com a pressão demográfica, tiveram início em pontos diversos da América do Sul na metade do século. No lado oriental dos Andes, argentinos e brasileiros disputavam a melhor forma de exercer controle sobre o Paraguai, confinado a uma bolha isolacionista sob o controle de Francisco Solano Lopez, um ditador megalomaníaco. Em 1865, as duas potências em consolidação uniram forças e envolveram o Uruguai na tentativa de conquistar o Paraguai, em uma guerra que durou de 1865 a 1870. O Paraguai foi desmembrado e mantido como um tampão entre os dois vizinhos ambiciosos. No lado ocidental dos Andes, os chilenos se organizaram melhor que seus vizinhos do norte, Peru e Bolívia. Promoveram uma campanha militar agressiva, com apoio de capital estrangeiro, em direção a regiões pouco povoadas onde foi descoberto nitrato, para o qual aparentemente havia um mercado insaciável na Europa. Isso também levou a uma guerra, em 1879, vencida definitivamente pelo Chile, que anexou grandes porções de território dos dois países derrotados.

Na América Central, quase não houve debate sobre qual nova nação poderia ou deveria assumir um papel relevante nos assuntos mundiais. Aventou-se criar uma união que pudesse exercer essa função, mas a ideia foi logo abandonada e o projeto de criar uma União Centro-Americana entrou em colapso.[11] No restante do século XIX, em todos os países da América Central surgiram disputas entre facções regionais ou locais das elites socioeconômicas dominantes pelo controle do governo central.

Em cada um desses casos, emergia uma oligarquia dominante centrada na produção e exportação de café ou banana. Criava-se um Estado liberal que buscava potencializar a vantagem comparativa da oligarquia no mercado internacional, inclusive com a garantia de proteção e privilégios a investidores estrangeiros que financiassem a infraestrutura necessária para facilitar a exportação. Honduras foi um caso extremo do tipo de Estado que outorga concessões, nesse primeiro período; mas todos os países da região, em algum grau, conferiam privilégios especiais a investidores estrangeiros, resultando em uma redução da autonomia do Estado nacional e dando origem ao termo "República das Bananas". Na criação dos Estados liberais, as oligarquias usavam os modelos europeus de progresso e civilização para subjugar a população indígena no interior de sua fronteira, reduzindo os direitos dos índios e dos mestiços a níveis inferiores aos do período imperial. Cada país tinha uma ideia clara de que pertencia a uma comunidade mundial bem conhecida, pelo menos em termos da participação no mercado internacional; mas não havia ali uma política externa nacional, propriamente dita, que pudesse guiar uma atuação nos assuntos internacionais. É claro que não havia uma noção de processo político ou de qualquer tentativa de obrigar o Estado a prestar contas a seus cidadãos, mas apenas à facção que o controlava. Em outras palavras, quase não havia a noção de protagonismo.

Durante esse período intermediário na história da América Latina, o sonho bolivariano tinha poucos defensores. A questão imediata da luta por estabilidade interna e da proteção das fronteiras ocupava a atenção geral. Apesar de nunca dominante nas políticas da região, era persistente a conversa sobre a possibilidade de unir os povos do hemisfério. Em quase todos os países, havia pensadores e escritores conhecidos como americanistas. Nas duas gerações após a independência, o ímpeto pela formação de uma comunidade vinha de reais ameaças militares e navais que partiam da Espanha. O americanismo teve força principalmente no Chile, onde os espanhóis literalmente bloquearam e depois bombardearam o porto de Valparaíso. No contexto mais amplo de agressão externa às nações latino-americanas, os espanhóis anexaram a República Dominicana (Santo Domingo); William Walker, um corsário norte-americano, fez diversos saques na América Central; os franceses, ingleses e espanhóis invadiram o México, e depois os franceses impuseram um príncipe austríaco como imperador; Cuba promoveu uma série de guerras pela independência, provocando represálias militares da Espanha; e a Espanha ocupou as ilhas Chincha, no Peru. Essa última invasão, especificamente, enfrentou forte oposição do governo chileno, que expressou solidariedade pelo Peru por meio de proclamações, doações e recrutamento de tropas voluntárias ao país vizinho. Em 1865, a desaprovação chilena das atitudes da Espanha culminou em uma declaração de guerra.[12] Esse primeiro estágio de pensamento sobre o papel do Chile nos assuntos externos a sua fronteira foi importante para a formação da identidade nacional e para forjar o nacionalismo que impulsionaria a expansão do país na guerra contra o Peru e a Bolívia entre 1879 e 1883.[13] O americanismo no Chile esmoreceu quando os espanhóis deixaram a região; mas contribuiu para pensar o "novo" Chile que agora se via como capaz de expressar seus interesses na região. Os assuntos externos tornaram-se tema de debate público, integrando a noção de política nacional da elite dominante.

Na metade do século, uma nova ideia foi introduzida, dando lugar privilegiado à "raça" latina. Sua primeira expressão surgiu em países latino-americanos que viam a França como centro do mundo civilizado e que decidiram associar-se a essa força. Muitos autores latino-americanos publicavam seus poemas ou ensaios em revistas francesas. Poucos anos depois, os franceses valeram-se dessa ideia como justificativa para intervenções no México, e a noção de elementos unificadores da raça latina atraiu os monarquistas mexicanos, que acolheram os monarcas Habsburgo em seu trono. Os intelectuais brasileiros apreciavam a ideia de um vínculo com a França, mas nunca expressaram solidariedade ao restante das nações do hemisfério. E os argentinos não se viam particularmente como latinos, embora associassem o conceito de civilização mais amplamente com a Europa, considerando-se os mais europeus entre os latino-americanos.[14]

Nos EUA, a ideia de um "hemisfério ocidental" nunca pereceu, mas também não prosperou. Os líderes do país preocupavam-se com a divisão interna sobre a escravidão e com a guerra civil que ameaçava sua própria existência. Durante a guerra, ambos os lados seguiram as orientações realistas dos fundadores da nação e pediram o apoio das potências europeias. Em termos de comércio, o algodão no Sul superava o trigo no Norte. Mas os investimentos britânicos estavam concentrados no Norte, e o *lobby* inglês que impulsionou a política externa em direção à neutralidade ou a favor do Norte era contra a escravidão. Só depois da guerra os líderes norte-americanos começaram a pensar no papel da nação no hemisfério. Havia rumores de anexar Cuba e Hispaniola, mas nada resultou disso. A primeira tentativa séria de construir uma comunidade no hemisfério, na qual os EUA exerceriam um papel central, foi a proposta do secretário de Estado James G. Blaine de colocar em andamento uma união aduaneira através de uma Conferência Pan-americana. Em seu primeiro e curto mandato como secretário de Estado, Blaine estava ocupado com o conflito entre Chile e Peru, com a disputa de fronteira entre Chile e Argentina e com a ameaça de conflito entre o México e a Guatemala. Em todos esses casos, ele temia uma intervenção europeia. Blaine via a força britânica apoiando o Chile e o capital francês financiando os peruanos, e instruiu os embaixadores norte-americanos nos dois países a usar seus bons ofícios para resolver o conflito sem vantagens para os europeus.[15] O ministro diplomático da Guatemala em Washington solicitou a Blaine para intervir "como o protetor natural da integridade do território da América Central", e o secretário instou os mexicanos a cessar sua ação no país vizinho.[16]

O projeto foi adiado quando Blaine renunciou depois do assassinato de Garfield, e seu sucessor, Frederick Frelinghuysen, decidiu afastar-se do que considerava uma política agressiva de Blaine contra os britânicos. Quando foi nomeado novamente como secretário de Estado, em 1889, na presidência de Benjamin Harrison, Blaine retomou a ideia de uma Conferência Pan-americana, mas dessa vez seu principal interesse era uma união aduaneira que desse maior vantagem aos EUA nos crescentes mercados da América Latina. A noção de expandir o comércio a mercados estrangeiros tornava-se rapidamente uma obsessão norte-americana, embora o principal foco fosse a Ásia, e não a América Latina. Blaine também falava com frequência da história e da cultura compartilhadas pelas nações do hemisfério, e mostrava-se ciente do sonho bolivariano.[17]

No último quarto do século XIX, surgem os primeiros exemplos verdadeiros de raciocínio geopolítico e os primórdios de uma noção de protagonismo nos principais países da América Latina, sempre como reflexo do ímpeto europeu por progresso e civilização. Os brasileiros, na monarquia e na república, lhe deram o nome de "Ordem e Progresso"; os mexicanos, no governo de Porfirio Diaz, "Paz, Ordem e Progresso". Domingo F. Sarmiento, que depois viria a se tornar presidente, escreveu um livro, *Facundo: Civilização e Barbárie*, no qual instava seus conterrâneos argentinos a adotar os valores e costumes dos europeus e dos norte-americanos. Poucos anos depois, os argentinos criaram o Clube do Progresso (*El Club del Progreso*), em que discutiam de tudo, desde como atrair investimentos estrangeiros até a compra de um navio de guerra para enfrentar o crescente poder do Brasil.

Foram os chilenos que primeiro converteram o progresso em uma ideologia de civilização para justificar sua expansão econômica no deserto que se estendia pelas províncias ao norte do Chile, pela região sul do Peru e oeste da Bolívia. Era uma área rica em nitrato, cuja demanda na Europa crescia em grau vertiginoso. Os britânicos queriam pagar pelas novas minas; os norte-americanos também. Os chilenos estavam mais que satisfeitos em acolher os ávidos investidores e tentaram por certo tempo firmar um negócio em conjunto com o Peru. Quando os peruanos se mostraram muito lentos e desorganizados, os chilenos decidiram tomar o território a força. De início, tiveram que justificar a guerra internamente e qualificaram a empreitada como uma guerra cívica na qual todos os cidadãos tinham uma função – um processo político incipiente. Isso gerou uma nova virtude relacionada à democracia do povo. O próximo passo foi contrastar esse empenho cívico e republicano com a tirania e o caos tribal no Peru e na Bolívia. Na visão dos chilenos, em face da ameaça de tirania e ausência de leis, o povo democrático de seu país tinha a obrigação de entrar em guerra. Mas quando o Peru não retrocedeu, mesmo com a ocupação das tropas chilenas na zona de nitrato, o Chile teve de justificar a invasão do restante do território peruano, tomando a capital, Lima, e todas as riquezas que via pela frente. Nessa conjuntura, a Igreja Católica rapidamente declarou o conflito como uma guerra "sagrada" e "justa". Os pecados do inimigo não eram de indivíduos, mas do governo peruano por não ter mantido "respeito pelas leis internacionais, pela integridade política, moralidade e honra dos homens públicos, e nem conformidade à religião e à justiça".[18]

Conforme a guerra se alastrava e o exército chileno invadia cada vez mais o território peruano, surgiu um discurso civilizador no Chile para justificar a decisão de tomar posse de tantos territórios no Peru e na Bolívia. Parte da justificativa era a insistência em uma superioridade racial. Eles eram brancos; os peruanos e bolivianos eram uma raça mestiça. Mas também envolvia uma promessa de ordem e segurança comercial no território ocupado. O negócio internacional na zona do nitrato e a marcha contínua pela civilização seriam protegidos e ampliados. Para dar solidez a esse discurso, os chilenos empreenderam uma transformação radical de sua administração pública, para demonstrar a capacidade de assumir esse papel. Justificou-se, enfim, a agressão dos fracos pelos fortes.[19]

A política externa do Chile restringia-se geograficamente por seu desejo de expansão, no século XIX, e por sua obsessão em mantê-la, no século XX; em termos geopolíticos, o país dava as costas ao restante do mundo para proteger sua fronteira ao norte.[20] Essa política de autolimitação foi mantida tanto por governos militares quanto civis. Figura como um dos grandes sucessos da transição para a democracia, depois da década de 1989, o fato de a política externa do país conseguir gradualmente libertar-se das amarras da conquista territorial do século XIX, permitindo uma maior compreensão de seus interesses nacionais em um contexto mais amplo.[21]

No caso da Argentina, as pretensões da nação eram globais, não regionais; eram, porém, comerciais, e não territoriais. Já na última década do século, o modelo argentino de exportar *commodities* para os mercados insaciáveis da Europa, enquanto recebia grande quantidade de investimento europeu em troca, foi um sucesso estrondoso. De 1880 a 1910, a Argentina teve o maior índice de crescimento do mundo, acima até dos EUA. Os líderes do país estavam convictos da grandeza inevitável da nação. Tal grandeza teria como base a importância crucial de seus produtos agrícolas para o bem-estar da Europa, principalmente da Grã-Bretanha. A divisão internacional do trabalho provocaria o aumento dessa importância e, conforme os líderes acreditavam, determinaria o poder e a influência da Argentina nos assuntos internacionais. Para a maioria dos argentinos, o mundo era governado pela razão e a divisão internacional do trabalho era um modelo racional que garàntia o poder e o respeito internacionais de seu país.

Havia dissidentes dentro da elite dominante. Alguns comentadores propunham aproveitar a imensa bonança gerada pela venda de *commodities* para diversificar a economia e dar mais atenção à produtividade no pampa.[22] Um economista deu o alerta de que uma nação que exportava bens primários tinha grande potencial de tornar-se dependente dos centros de capital e de bens manufaturados.[23] A maioria dispensava a ideia de que o *boom* da exportação um dia chegaria ao fim e que as leis da economia clássica seriam ignoradas ou enfraquecidas. Acreditavam que o *boom* levaria a Argentina ao clube das grandes potências. Da mesma forma, dispensavam a noção de que concentrar as exportações em um único consumidor geraria uma vulnerabilidade que depois se tornaria dependência. O vínculo da Argentina com a Grã-Bretanha era extraordinário do ponto de vista histórico. De 1880 a 1940, a Argentina destinou 35% de suas exportações à Grã-Bretanha. Em troca, os britânicos lhes destinaram 40% de seu investimento estrangeiro direto no mesmo período.[24] Esses dados fortaleceram a confiança dos líderes argentinos que não queriam mudar o modelo do país de crescimento e prosperidade.

Um dissidente de dentro da elite, Estanislao Zeballos, conhecia bem a geopolítica europeia e a história dos Estados Unidos. Ele convenceu seus pares a primeiro garantir a estabilidade do território nacional expulsando os indígenas e os chilenos da Patagônia, no sul; e, depois, a demonstrar a superioridade argentina em relação aos brasileiros através da modernização do exército e da compra de equipamentos militares, de acordo com a definição europeia de poder. Durante aproximadamente uma década, houve uma corrida por armamentos entre o Brasil e a Argentina centrada na compra de grandes navios de guerra, os Dreadnaught. Essa corrida terminou abruptamente com a deflagração da guerra na Europa em 1914, quando os produtores de armamentos direcionaram toda a sua produção para os esforços de guerra. Brasil e Argentina venderam seus navios – os novos e os que estavam em construção – para países envolvidos na guerra. Zeballos foi ministro das Relações Exteriores duas vezes, e em ambas ele foi tirado do cargo pelo que seus pares consideravam uma postura exageradamente belicosa em relação ao Brasil e ao Chile.

Zeballos admirava Alfred Thayer Mahan e Theodore Roosevelt, membros centrais da elite norte-americana e defensores do fortalecimento da marinha para promover a projeção do poder nacional. Para eles, a marinha era um componente vital do comércio internacional. Zeballos, mais do que Mahan e Roosevelt, preocupava-se, sobretudo, em intimidar e competir com os vizinhos imediatos da Argentina. Mas, como eles, era racista e um darwinista social. Quando Roosevelt deixou a presidência, Zeballos outorgou-lhe um título honorário pela Universidade de Buenos Aires. Em seu discurso, disse que a Doutrina Monroe não era mais necessária na Argentina "agora que a nossa civilização foi alcançada".[25] Zeballos foi um autor altamente produtivo durante toda a sua carreira. No fim da vida, fez uma série de palestras no Williams College, explicando com muita clareza o raciocínio de um argentino que teria imitado Mahan caso lograsse persuadir seus pares a adotar sua visão de mundo.[26]

A liderança argentina via com ceticismo a leitura que Zeballos fazia do índice de poder europeu. A opinião majoritária era de que o trigo e a carne superavam o poderio militar, e que o valor dessas *commodities* era tão grande que garantiria o fornecimento constante de energia e bens industriais, os quais a Argentina não queria ou não podia produzir. E a noção de "raça" era um elemento definidor de seu lugar na hierarquia das nações civilizadas. A maioria dos argentinos acreditava em uma superioridade em relação aos brasileiros por causa de seu puro sangue europeu, em comparação ao sangue mestiço e corrompido de tantos de seus vizinhos. A Inglaterra simplesmente teria que mandar carvão para a Argentina porque dependia dos alimentos que o país exportava. Mesmo quando se descobriu petróleo na Patagônia, em 1905, a primeira reação do governo argentino foi considerar desnecessário explorá-lo, já que o suprimento de energia seria sempre garantido via comércio internacional. Essa visão dominou a formulação de políticas até o começo da guerra, quando a necessidade militar dos britânicos suspendeu o envio de carvão para a Argentina e, literalmente, apagou as luzes de Buenos Aires em agosto de 1914. A geopolítica prevaleceu sobre a divisão internacional do trabalho, e *commodities* estratégicas como petróleo se tornaram mais importantes que trigo e carne.

Ignorando a experiência do período de guerra, a divisão internacional do trabalho mostrava-se conveniente para a concepção argentina de seu caminho em direção à grandeza e ao protagonismo. Com o fim da guerra, o Congresso argentino rejeitou a legislação designada para expandir a exploração de petróleo, parte de um projeto de diversificação da economia. Argumentou-se que a divisão internacional do trabalho seria retomada, já que se tratava da ortodoxia econômica clássica que impulsionava a política comercial na Europa.[27] Isso nunca aconteceu. O protagonismo argentino em pleno momento de seu crescimento extraordinário não foi além do papel que o país tinha na comunidade internacional como um dos atores centrais na economia mundial. Eles expressavam satisfação com a divisão de trabalho que facilitava a exportação de seus produtos para os mercados europeus e com o livre fluxo de capital para construir sua infraestrutura e suprir os bens industriais que queriam. As restrições aos produtos argentinos no mercado norte-americano geravam irritação, mas não eram obstáculo para o crescimento e o desenvolvimento do país. Esse modelo entrou completamente em colapso durante a guerra mundial e, como Humpty Dumpty, nunca mais voltou a ser o que era antes.*

Dada essa perspectiva, os argentinos rejeitavam com convicção toda tentativa de criar uma comunidade americana de nações. A iniciativa bancada pelos EUA em 1889 foi tida como particularmente nociva porque o país competia com a Argentina nos negócios de *commodities* agrícolas e porque os EUA sempre foram arrogantes e por aí em diante. E, como o Brasil, os EUA eram inferiores à Argentina em termos raciais por causa do grande número de africanos na sua população. Os delegados argentinos da primeira Conferência Pan-americana de 1889-1890 foram capazes de bloquear todas as ações significativas do grupo e até de enfraquecer a nova organização criada durante o encontro.[28]

O caso do Brasil mescla elementos dos casos da Argentina e do Chile, e em alguns aspectos antecipa o debate do século XX. O Brasil foi um fruto da monarquia portuguesa. O primeiro chefe de Estado, D. Pedro I, navegou de Lisboa para a América do Sul em 1807, aos 9 anos de idade, com seus pais, D. João VI e Dona Carlota Joaquina – o rei e a rainha de Portugal –, que fugiam de uma invasão de seu país por Napoleão. Foi ideia do rei João VI governar seu império a partir do Brasil, a colônia dileta de Portugal. Quando o rei voltou a Portugal para restaurar seu trono, deixou D. Pedro no Brasil para que lidasse com a atribulada política local. D. Pedro declarou a independência do Brasil e tornou-se imperador em 1822; em 1831, abdicou do trono em favor de seu filho, com 6 anos de idade. O Brasil foi então governado por uma série de regências instáveis até

---

* N.T.: O autor alude aqui a uma figura muito popular no mundo anglófono. Humpty Dumpty, quase sempre caracterizado como um ovo, é personagem de uma canção de ninar, que narra a seguinte cena: sentado em cima de um muro, Humpty Dumpty cai, e apesar dos esforços dos cavalos e dos homens do rei, não é mais possível consertá-lo. O personagem aparece em diversas produções culturais, como no livro *Alice através do espelho*, do autor inglês Lewis Carroll (1832-1898).

que Pedro II pôde ser declarado maior de idade, em 1840, assumindo o Império em 1841. D. Pedro II governou o Brasil até 1889, quando foi deposto, e passou o resto de sua vida em Paris.

A Grã-Bretanha foi a principal influência estrangeira no Brasil, fornecendo até a escolta de navio para a corte portuguesa em sua viagem de Lisboa ao Rio de Janeiro. Os britânicos foram centrais para o comércio internacional brasileiro e para o crescente investimento do novo bem de consumo, o café, tão importante para o desenvolvimento do país. Conforme o movimento contra a escravidão na Grã-Bretanha se fortalecia, a relação se tornou bem complicada. Os britânicos tiveram um papel importante na organização da transição do poder para o filho do imperador, D. Pedro II, em 1841, que governou o Brasil até a proclamação da República em 1889. Também desempenharam uma função central no fim da escravidão, em 1888.

No século XIX, a elite brasileira era muito ciosa das prerrogativas da nova nação. Apoiou fortemente o ataque ao Paraguai e à Argentina, que granjeou o acesso do Brasil ao rio da Prata, na guerra de 1865 a 1870. Também apoiou as políticas demográficas de ocupação das terras no interior do país liderada por grupos subsidiados – conhecidos como bandeirantes –, e de expansão do controle do Estado. Mais importante, a elite cooperou com o imperador na transformação do Estado brasileiro através da modernização da administração pública, inclusive profissionalizando o serviço diplomático.[29] Havia um amplo consenso de que as outras nações da América do Sul eram caóticas e desorganizadas, além de racialmente inferiores.[30] Ademais, a elite estava dividida entre aqueles que favoreciam a Europa, como Eduardo Prado, e os que defendiam os EUA como modelo e aliado em potencial, como Joaquim Nabuco.[31] Nabuco teve a palavra final: era contrário à escravidão, mas defendia com afinco a soberania territorial brasileira. Considerava a Doutrina Monroe e a consequente ambição hegemônica dos EUA o melhor método de garantir essa soberania. Foi Nabuco que patrocinou a criação de um serviço diplomático profissionalizado e a construção do palácio no Rio que deu nome ao Ministério – Itamaraty –, que se mantém até hoje, apesar de ter sido transferido para Brasília com o restante do governo. E ele instruiu seu seguidor, o barão do Rio Branco, responsável pela junção de complexos elementos da política externa, vinculando o que chamou de aproximação aos EUA a uma expansão agressiva, embora não violenta, em direção à bacia do Amazonas. O objetivo era anexar territórios de cada um dos países vizinhos ao Brasil, por meio de tratado, arbitragem, ocupação e reivindicação.[32]

No período em que foi ministro das Relações Exteriores, o barão do Rio Branco adotou uma postura distanciada em relação às demais nações da América do Sul, mas deixou claro que via o Brasil como o país mais importante da região. Depois, o cerne da política externa brasileira no século XX seria garantir o reconhecimento dessa hegemonia sem gerar conflitos com os EUA. Nessa tentativa, a progressão da hegemonia brasileira foi profundamente afetada pelos crescentes esforços dos EUA para proteger sua própria hegemonia no hemisfério, o que será tema do próximo capítulo.

Houve outras manifestações de resistência à ambição norte-americana. Além de diversos protestos contra a interferência dos EUA em assuntos internos de outros países, muitos intelectuais na região contestavam a agressividade dos EUA e tentaram projetar a virtude de sua própria cultura. A mais famosa expressão literária disso foi *Ariel*, um ensaio escrito pelo uruguaio José Enrique Rodó, no qual se refere aos EUA como um Caliban, inferior ao mais civilizado Ariel que representava a América Latina. Os católicos ultramontanos da região ridicularizavam a sociedade dos EUA por ser mestiça e consideravam lunáticos aqueles que exaltavam a missão norte-americana de levar seus valores para o restante do hemisfério. O poeta nicaraguense Rubén Dario escreveu críticas severas aos EUA, defendendo a América Latina como uma alternativa civilizada e pacífica ao materialismo e ao militarismo dos Estados Unidos. Mesmo os admiradores das práticas políticas e da potência econômica dos EUA desdenhavam suas expressões culturais.

Carlos Calvo (1842-1902), jurista e acadêmico argentino, adotou uma postura mais combativa para conter a hegemonia dos EUA e também as ambições das potências europeias. Escreveu livros e artigos em que clamava por uma Lei Americana Internacional que protegesse a soberania das nações da região contra o intervencionismo de Estados mais fortes, mesmo no caso da defesa de interesses de seus cidadãos. Formulou uma série de proposições, conhecida na região como Doutrina Calvo, em clara referência à Doutrina Monroe. Nela, ele condenava a intervenção de Estados nos assuntos internos de outros, rejeitando particularmente a proposição comum na Europa da época de que era legítimo proteger os interesses privados de investidores ou comerciantes por meio de força militar. Especificamente, os europeus consideravam legítimo que o credor cobrasse as dívidas com uso da força, caso o devedor se recusasse a pagar. Calvo propunha um modo de resolução de disputas que usasse o Tribunal Internacional de Justiça, então em seus primórdios em Haia, e que protegesse a soberania dos Estados acusados de violar os direitos do capital privado estrangeiro.[33] Os argumentos de Calvo, embora influentes na região, só passaram a integrar a política externa argentina no século XX, quando foram apresentados pelo governo como propostas formais na 3ª e na 4ª Conferência Pan-americana (Rio, 1906; Buenos Aires, 1910) e, depois, na 6ª Conferência em Havana, 1928.

Os textos de Calvo anteciparam em quase duas décadas uma declaração do secretário de Estado norte-americano Warren Olney, em 1895. Referindo-se ao empenho britânico para resolver à força uma disputa de fronteira entre a colônia britânica da Guiana e a vizinha Venezuela, disse que os EUA "eram praticamente soberanos neste hemisfério". Lorde Salisbury, o ministro das Relações Exteriores da Grã-Bretanha, desprezava a postura de Olney, mas suas objeções nunca resultaram em ações específicas. A questão da fronteira foi decidida naquele momento, mas hoje permanece em disputa entre a Venezuela e a Guiana, agora independente.[34] O recado de Olney a Salisbury foi apenas a primeira manifestação norte-americana de hegemonia no hemisfério, cujo projeto havia sido preparado nos primeiros anos do século. Olney, como Madison e Monroe antes dele, nunca especificou as implicações dessa hegemonia.

Calvo também antecipou a onda de intervenções norte-americanas na bacia do Caribe, mas sua doutrina, sem apoio institucional ou respaldo de alguma organização, não teve o poder de impedi-la. No entanto, a não intervenção, como veio a ser chamada, era uma ideia que um dia vingaria. Continua sendo até hoje o elo mais forte que mantém as nações latino-americanas em um tipo de comunidade. Mesmo quando há discordância em relação a territórios, interesses econômicos e valores profundos, as nações do hemisfério aliam-se contra a intervenção em assuntos internos de um Estado soberano. Isso é parte do legado da hegemonia dos EUA no século XX.

NOTAS

[1] Uma boa introdução à comparação entre os EUA e a América Latina nesse período formativo é a obra de John H. Coatsworth e Douglass North. Ver, por exemplo, Coatsworth, "Structures, Endowments, Institutions and Growth in Latin American Economic History", LARR, v. 40, n. 3, 2005; e "Inequality, Institutions and Economic Growth in Latin America", JLAS, v. 40, 2008.; e North, William Summerhill e Barry R. Weingast, "Order, Disorder and Economic Change: Latin America versus North America", in Bruce Bueno de Mesquita e Hilton L. Root, eds., Governing for Prosperity (New Haven: Yale UP, 2000).

[2] Aqui, é importante o conceito de desenvolvimento da cidadania. Ver Sarah Chambers, From Subjects to Citizens: Honor, Gender, and Politics in Arequipa, Peru (University Park: Penn State UP, 1999); e Hilda Sabato, The Many and the Few: Political Participation in Republican Buenos Aires (Stanford: Stanford UP, 2001).

[3] É significativa a natureza disseminada e persistente dessa atitude, o que torna mais importante a refutação de Muñoz. Ver Muñoz, LARR, loc. cit. Para Muñoz, o que importa não é o tamanho do poder de uma nação, mas como ela explora a sua cota de poder para potencializar seus interesses nacionais.

[4] Sobre a formação de identidades nacionais na América Latina no século XIX, ver Chasteen e Sara Castro-Klaren, eds., Beyond Imagined Communities: Reading and Writing the Nation in Nineteenth-Century Latin America (Washington, DC: Woodrow Wilson Center Press, 2003).

[5] Os líderes nacionais, eles próprios na maior parte descendentes de espanhóis, julgavam haver imigrantes "bons" e "ruins", e davam incentivos à imigração nas décadas de 1850 e 1860 a fazendeiros suíços, a alemães e alguns franceses e a um grupo de pastores irlandeses, mas tiveram pouca adesão. Ao longo do tempo, a chamada onda aluvial que povoou os pampas era formada sobretudo por espanhóis e italianos, e em menor número por judeus da Europa oriental e refugiados do Império Otomano.

[6] Hoje, quando a imigração é uma das principais questões políticas nos EUA e na Europa, e a xenofobia e a diversidade são assuntos polarizados em muitos países, o índice de estrangeiros nos EUA é pouco menos de 13% da população, um aumento em comparação ao índice baixo de 4,7% em 1970. A Argentina tem hoje 4,5%, o Brasil tem 2,4%. Em comparação, a Austrália tem 27%, a Nova Zelândia tem 24% e o Canadá, 20%. O índice mais alto de estrangeiros na Europa é o caso da Suécia, com 10,6% da população.

7 Quando Walt W. Rostow foi conselheiro do presidente Lyndon Johnson na década de 1960, sugeriu o uso da Aliança pelo Progresso como mecanismo de construir infraestrutura estratégica na América Latina, mas nada resultou desse plano.
8 Ver Simon Collier, *Chile: The Making of a Republic, 1830-1865* (NY: Cambridge UP, 2003); e James A. Wood, *The Society of Equality: Popular Republicanism and Democracy in Santiago de Chile, 1818-1851* (Albuquerque: Univ. of NM Press, 2011).
9 Ver Laura Malosetti Costas, "Los primeros modernos. Arte y sociedad en la Argentina a fines del siglo XIX". Sobre Sarmiento e outros viajantes, ver David Vinas, *De Sarmiento a Dios. Viajeros argentinos a los Estados Unidos* (BA: Sudamericana, 1998).
10 Eduardo Zimmermann, "Translations of the 'American Model' in Nineteenth Century Argentina: Constitutional Culture as a Global Legal Entanglement", em Thomas Duve, ed., *Entanglements in Legal History: Conceptual approaches to Legal History* (Frankfurt: Max Planck Institute, 2014).
11 John D. Martz, "Justo Rufino Barrios and Central American Union", Univ. of Florida, *Monographs*, n. 21 (setembro de 1962).
12 Gabriel Cid descreve o caso do Chile em *La Guerra contra la Confederación: Imaginario nacionalista y memoria colectiva en el siglo XIX chileno* (2011); e também Ricardo López Muñoz em "El americanismo en Chile ante la expansión política y militar europea sobre Hispanoamerica (1861-1871)" (Tese de Doutorado, Univ. do Chile, 2011).
13 G. Cid, "En defensa de la 'Patria Grande': Guerra e imaginario en el Chile de los 1860s" (Lima, 2012). A obra decisiva sobre o nacionalismo chileno na Guerra do Pacifico é de Carmen McEvoy, *Guerreros civilizadores: Política, sociedad y cultura en Chile durante la Guerra del Pacifico* (2011). Esse livro é especialmente útil para compreender o imperialismo chileno naquela guerra, o que será discutido mais adiante neste capítulo.
14 Leslie Bethell, "Brazil and 'Latin America'", *Journal of Latin American Studies*, v. 42, 2010, pp. 457-85.
15 Herbert Millington, *American Diplomacy in the War of the Pacific* (NY: Columbia UP, 1948); V. G. Kiernan, "Foreign Intervention in the War of the Pacific," HAHR, v. 35 (1955).
16 Citado em Russell H. Bastert, "A New Approach to the Origins of Blaine's Pan American Policy", HAHR, v. 39 (1959).
17 Benjamin A. Coates, "The Pan-American Lobbyist: William Elroy Curtis and U.S. Empire, 1884-1899," *Diplomatic History*, v. 38, n. 1 (2014).
18 McEvoy, *Guerreros civilizadores*, p. 180. Nesse ponto, o clero no Peru discordava de seus irmãos no Chile.
19 Robert N. Burr, *By Reason or Force* (Berkeley: Univ. of CA Press, 1965). Embora Burr mencione a retórica da missão civilizadora adotada pelo Chile, ele enfatiza o pragmatismo político por trás das ações do país. Observa, também, os avanços do Chile em eficiência e administração pública. Burr e McEvoy complementam um ao outro. É um discurso idêntico ao usado por Theodore Roosevelt vinte anos depois quando justificou facilitar a independência do Panamá em relação à Colômbia em favor da civilização e do progresso. É um discurso que mostra uma completa assimilação dos conceitos europeus de civilização e de hierarquia da superioridade, inclusive com os termos cruciais de raça, modernidade, poderio econômico e proeza militar.
20 Carmen McEvoy, em *Guerreros*, explora em detalhe a obsessão do Chile com a superioridade em relação ao Peru e a Bolívia e como um maior grau de civilização legitimava sua conquista militar dos territórios dos países vizinhos. Robert Burr, em *By Reason or Force*, explica a geopolítica da expansão do Chile e as origens de seu regionalismo.
21 O treinamento militar chileno, até o início do século XXI, ainda lidava com cenários de ameaça que anteciparíam invasões do Peru e da Bolívia. Com essa abordagem estratégica, era inadequado manter atividades de manutenção de paz da ONU.
22 Alejandro Bunge, *El desarrollo en la Argentina* (BsAs: Banco de la nación, 1924).
23 Emilio Lahitte, *Informes y Estudios*, I (Buenos Aires: Sociedad Rural Argentina, 1914); Alejandro E. Bunge começou seus estudos durante a guerra e continuou publicando suas ideias na *Revista de Economia Argentina* durante a década de 1920. Seu pupilo, Raúl Prebisch, começou a carreira no Banco de la Nación na década de 1920 e levou adiante a tradição solitária da economia heterodoxa na Argentina nas décadas de 1930 e 1940.

24 Em comparação, hoje os três maiores parceiros comerciais da Argentina são o Brasil (20%), a União Europeia (17%) e a China (7,5%), e seu IED é diversificado de uma forma semelhante.
25 Zeballos, "Theodore Roosevelt y la política internacional americana", *Revista de Derecho, História y Letras* (dezembro de 1913).
26 Roberto Etchepareborda sobre Zeballos; Zeballos, *Las conferências en Williamstown* (BA, 1927); Mahan, *The Influence of Sea Power on History*.
27 É interessante observar que a esquerda, representada pelo socialista Juan B. Justo, previa que a economia clássica resolveria o problema argentino. Os comunistas, que começaram a atuar na Argentina depois da guerra, tinham uma visão diferente do sistema econômico internacional, e, com a Grande Depressão, toda a esquerda começara a buscar modos alternativos de organização internacional.
28 Thomas F. McGann, *Argentina, the United States and the Inter-American System, 1880-1914* (Cambridge: Harvard UP, 1957).
29 Sobre a abolição da escravatura, ver Leslie Bethell, *The abolition of the Brazilian slave trade* (Cambridge UP, 1970); sobre a Guerra do Paraguai, ver Pelham H. Box, *The origins of the Paraguayan War* (1930) e Efraim Cardozo, *El imperio del Brasil y el Rio de la Plata* (1961). Sobre a burocracia imperial, ver José Murilo de Carvalho, "Political elites and state building: the case of nineteenth century Brazil", *Comparative Studies in Society and History*, v. 24, n. 3 (1982).
30 A noção de raça permaneceria sendo uma questão importante na política externa da América Latina durante o século XX, quando autores em diversos países defenderam a virtude da miscigenação em detrimento da pureza racial e da pele branca como medidas de civilização.
31 Eduardo Prado, *A Ilusão Americana*, é um excelente exemplo da diatribe anti-EUA. De outro lado, ver Leslie Bethell, "O Brasil entre a Europa, os Estados Unidos e a América Latina no pensamento de Joaquim Nabuco", *Novos Estudos Cebrap* (Novembro de 2010).
32 José Maria da Silva Paranhos Júnior recebeu seu título de D. Pedro II pouco antes do fim do Império.
33 Ver Liliana Obregon, "Should There be an American International Law?", in René Uruena, ed., *Derecho Internacional*, (Bogotá: Univ. de los Andes, 2012). John Bassett Moore, *Collected Papers of John Bassett Moore* (New Haven: Yale UP, 1944), pode ser considerado como uma resposta dos EUA à tradição europeia de leis internacionais e também ao empenho de Calvo para enfraquecer o entusiasmo pela intervenção protetora de interesses privados.
34 A disputa esquentou em 2015, quando a Exxon Mobil, sob concessão do governo da Guiana, descobriu petróleo na bacia do Essequibo. O governo da Venezuela declarou que o território era seu e parte de uma zona de defesa militar. O governo da Guiana reivindica que a disputa seja julgada pela ONU ou pela OEA.

Ascensão da hegemonia dos EUA e resistência da América Latina

A afirmação do secretário de Estado Warren Olney em seu recado a lorde Salisbury, ministro das Relações Exteriores da Grã-Bretanha, em 1895, de que os Estados Unidos "eram praticamente soberanos nesse hemisfério" foi certamente uma bravata. Mas refletia a linha de raciocínio dos EUA naquela época de que, embora aquilo não fosse verdade, certamente deveria ser e provavelmente viria a ser no futuro. O significado dessa supremacia e como ela seria exercida seriam definidos com o tempo. Ademais, era importante pensar nas implicações dessa hegemonia antecipada para as relações dos EUA com a Europa e outras potências.[1]

Revendo o período do intervencionismo norte-americano, nota-se que pouca atenção foi dada a essas questões, pelo menos até depois da Primeira Guerra Mundial. Não havia um plano em relação à América Latina por parte dos formuladores de políticas e dos intelectuais que encorajavam o movimento dos EUA em direção a um *status* de potência mundial. Não havia consenso entre os líderes do país acerca do significado real da hegemonia no hemisfério ocidental.[2] Em parte, isso ocorreu porque o debate geopolítico nos EUA, naquele tempo, não tinha a América Latina como foco; fazia parte de um esforço mais abrangente pelo reconhecimento do país como uma potência mundial. Se tomarmos as propostas de Alfred Thayer Mahan, especialista em poderio naval, como um indicador de planejamento de políticas de longo prazo, veremos que o raciocínio nos EUA era global, não hemisférico. E que, ao seguir modelos europeus, usava-se explicitamente a capacidade comercial e militar como parâmetros de medição de força.[3] O plano de políticas de Mahan consistia em identificar pontos e mercados estratégicos aos quais os EUA naturalmente buscariam acesso como parte de seu crescimento econômico. O Departamento de Estado empenhava-se mais na abertura comercial com a Ásia do que em cogitar a possibilidade de interferências europeias no hemisfério ocidental. E, nesse estágio da discussão, acesso e controle não eram tidos como disputas de soma zero. Supunha-se geralmente que os lugares onde os EUA poderiam fazer comércio, como na China ou na Argentina, outros também fariam. Para Mahan, era crucial que os EUA desenvolvessem uma marinha oceânica moderna, capaz de operar através das águas profundas de oceanos abertos, chamada de "marinha de água azul" ("*blue water navy*", em inglês). Além da força militar, o país deveria buscar lugares adequados para o reabastecimento e o suprimento dos navios, conhecidos como estações de abastecimento com carvão.

Foi nesse contexto que os EUA entraram em disputa com a Espanha sobre o modo de solucionar a insurgência em Cuba. Não foi mero acidente que, quando o embate chegou ao ponto em que o governo dos EUA decidiu intervir, a frota estivesse pronta para atacar tanto Manila quanto Havana.⁴ Nessa atuação, o governo foi impulsionado fortemente pela opinião pública e teve um respaldo sólido do Congresso. O intenso envolvimento público deu confiança ao governo para legitimar sua agressão contra a Espanha, mas rendeu problemas na hora de restabelecer a paz. A mídia jingoísta conseguiu instigar o público a desejar a guerra, mas foi profundamente ambivalente sobre a conquista de território como parte do processo de paz. O presidente William McKinley relutou em assumir o controle das Filipinas e só o fez porque sabia que não podia devolver as ilhas para a Espanha e nem transferi-las a outra potência. Pelo menos em Cuba havia um grupo revolucionário local a quem restituir o poder, mesmo se algumas amarras tivessem de condicionar a independência do país.⁵

Este capítulo tem início com a independência do Panamá em relação à Colômbia, e engloba as duas guerras mundiais para descrever o modo como os EUA definiram sua hegemonia no hemisfério. Houve vários ímpetos anti-imperialistas e frequentes expressões de hostilidade dos latino-americanos a essa imposição de hegemonia. Mas não houve uma oposição estratégica, nenhuma acusação ou protesto oficial de um Estado contra outro, e nem uma organização de um movimento contra as ambições hegemônicas. Hipólito Yrigoyen, presidente da Argentina de 1916 a 1922 e novamente de 1928 a 1930, declarava frequentemente sua oposição à hegemonia dos EUA por meio de sua política externa moralista, a qual chamava de *principismo*. Ele expressou solidariedade ao governo mexicano quando os EUA enviaram tropas fronteira adentro na perseguição de Pancho Villa. E quando enviou um navio de guerra argentino para a Nicarágua para buscar o corpo do poeta Rubén Darío – um severo crítico do imperialismo norte-americano que havia sido cônsul nicaraguense em Buenos Aires e correspondente do jornal *La Nación* –, Yrigoyen ordenou que a embarcação aportasse em Santo Domingo para saudar a bandeira dominicana. Foi uma demonstração pública de oposição à ocupação norte-americana do país. Para além desses gestos, ele nada fez para que outras nações da região apoiassem seu posicionamento. Mas instruiu o representante argentino na Conferência Pan-americana de 1928, em Havana, a aliar-se com outros representantes na recriminação das intervenções norte-americanas.[6]

Embora o antiamericanismo tenha tomado muitas formas, a única maneira em que alcançava coesão política era na defesa da soberania nacional como barreira para a intervenção. Houve muitos clamores por uma política hemisférica de não intervenção, fundamentada basicamente na Doutrina Calvo; mas não havia uma percepção de comunidade na América Latina que oferecesse alternativa à hegemonia norte-americana. As únicas manifestações oficiais de oposição ocorreram nas reuniões periódicas da União Pan-americana, ela própria uma criação dos Estados Unidos. O consenso latino-americano sobre a não intervenção tornou-se tão poderoso que uma maioria logrou convencer o governo de Franklin D. Roosevelt a aceitá-la como um princípio da comunidade hemisférica durante uma votação na Conferência Pan-americana de 1936, em Buenos Aires.[7]

A imposição da hegemonia foi um processo gradual. Teve início na virada do século XX com dois episódios nos quais os EUA declararam sua primazia no avanço do progresso e da civilização globais no hemisfério e seu direito de fazer cumprir as regras da comunidade internacional em sua área de influência.[8] Na guerra contra a Espanha, os EUA obtiveram controle dos canais de Windward e Mona, dois dos três pontos de acesso para a bacia do Caribe, os quais Mahan havia definido como importantes. Um canal ístmico era um complemento lógico para esse progresso. Mesmo antes do fim da guerra, o presidente Theodore Roosevelt havia aberto negociações com o governo da Colômbia para garantir o território necessário à construção de um canal que atravessasse a província do Panamá. Enquanto o Legislativo colombiano discutia o acordo que o Executivo fizera com os EUA, Roosevelt perdeu a paciência. Em uma invectiva, recriminou os colombianos chamando-os de "um bando de macacos" e jurou que os interesses da civilização não seriam prejudicados por pessoas tão retrógradas e falidas. Agentes dos EUA iniciaram um movimento de oposição no Panamá, fizeram o grupo declarar independência em relação à Colômbia e forçaram a assinatura de um acordo com os EUA permitindo a construção do canal. Os EUA reconheceram a nova república com inacreditável rapidez e enviaram navios de guerra para impedir o acesso da Marinha colombiana à região, evitando assim que o governo colombiano retomasse o controle da província rebelde.⁹

A construção do canal do Panamá era parte crucial da estratégia de Mahan para projetar a força dos EUA tanto no Atlântico quanto no Pacífico. Além dos evidentes benefícios militares para os Estados Unidos, o canal teve também um papel decisivo no desenvolvimento econômico do país até o fim da Segunda Guerra Mundial. Depois da guerra, quando a importância estratégica do canal diminuiu, ficou mais fácil transferi-lo ao controle do Panamá, o que ocorreu após um período de protestos violentos no país nas décadas de 1960 e 1970.¹⁰

Quase que na mesma época do episódio no Panamá, houve uma série de acontecimentos na bacia do Caribe que definiria a lógica da hegemonia dos EUA até o início da Guerra Fria.¹¹ Essa lógica envolvia persuasão e imposição de uma vontade nacional sobre o país mais fraco, com uso de força como último recurso. O processo teve início na Venezuela, onde o governo de Cipriano Castro não havia conseguido honrar parte de seus títulos. Seguindo a diplomacia das canhoneiras típica da época, os acionistas elegeram um comitê para representá-los e pediram ao governo alemão que protegesse seus direitos, precisamente o caso combatido por Carlos Calvo quando pleiteou uma Lei Internacional Latino-Americana. Longe de recriminar a intervenção, o rumor público contemporâneo na Argentina, no Brasil e no Chile mostrava-se solidário aos interesses dos acionistas credores. Uma exceção à regra foi uma nota escrita por Luis M. Drago, um oficial do Ministério das Relações Exteriores da Argentina, para o secretário de Estado Elihu Root, usando o argumento de Calvo para condenar o uso da força na cobrança de dívidas.¹²

O serviço diplomático alemão relatou seu plano de entrada no Caribe ao Departamento de Estado, solicitando que os EUA reconhecessem a validade de sua ação. Roosevelt assentiu. Poucos dias depois, porém, ele arrependeu-se de ter sancionado uma invasão armada ao hemisfério ocidental por um governo europeu em nome de acionistas europeus. Onde estava a Doutrina Monroe? Pior ainda, quando os alemães aportaram em La Guaíra, na Venezuela, para cobrar impostos aduaneiros em nome dos acionistas, eles privilegiaram os acionistas de países que haviam contribuído para a incursão naval. O Tribunal Internacional aprovou esse tratamento discriminatório, efetivamente ignorando a Doutrina Calvo.[13]

Enquanto corria o debate sobre o episódio na Venezuela, outro incidente veio à tona, dessa vez na República Dominicana. O comitê de acionistas nesse caso solicitou ao governo italiano o envio de força naval para Santo Domingo a fim de recolher a dívida que lhe era devida. Quando os italianos consultaram o Departamento de Estado, a resposta foi uma recusa imediata. Mas Roosevelt acreditava que algo precisava ser feito para garantir que as regras do jogo fossem cumpridas. Além disso, havia fortes interesses dos EUA em Santo Domingo, de modo que os acionistas europeus eram tidos como concorrentes dos empreendedores norte-americanos. Esses últimos, na Santo Domingo Improvement Company, tentavam promover o desenvolvimento econômico do país.[14] Roosevelt decidiu que os EUA deveriam fazer cumprir as regras em prol de "outras nações civilizadas". O país enviou uma esquadra naval para cobrar dívidas no porto de Santo Domingo e pagar todos os acionistas igualmente (*pari passu*), sem privilegiar as nações que tiveram a iniciativa. Assim que a dívida foi paga, os coletores deixaram Santo Domingo. Eles regressariam alguns anos depois levando muita companhia.

Já no fim de 1903, Roosevelt estava pronto para tornar pública a sua nova política. Ele optou pelo mesmo mecanismo que Monroe usara oito anos antes, deixando isso claro em sua mensagem ao Congresso em dezembro. Em consequência do momento e do conteúdo da mensagem, ela veio a ser conhecida como Corolário Roosevelt à Doutrina Monroe. Embora deixasse claro que os EUA se tornariam a polícia no Caribe em prol das nações civilizadas do mundo, o Corolário Roosevelt não definia que tipo de infração na região obrigaria essa polícia a agir, além da falta de pagamento de títulos que já havia ocasionado as crises na Venezuela e na República Dominicana. O que aconteceria caso os coletores de dívidas fizessem seu trabalho e partissem, e em seguida o país considerado infrator reproduzisse o padrão de inadimplência? Os coletores deveriam permanecer ali indefinidamente? O governo infrator deveria ser deposto e outro melhor colocado em seu lugar?

Foi muito complicado responder a essas questões. No momento da entrada na Primeira Guerra Mundial, os EUA já haviam enviado tropas para Costa Rica, Nicarágua, Honduras, México, República Dominicana e Haiti na tentativa de lidar com as implicações de sua hegemonia. Roosevelt começou com a meta de manter a Europa fora do hemisfério. Depois de alguns episódios, a meta da política externa dos EUA passou a ser a eliminação de infrações. William Howard Taft, sucessor de Roosevelt, considerou a premissa do corolário muito ampla e fez com que o Departamento de Estado seguisse metas mais delimitadas, como reescrever constituições para que os governos fossem menos instáveis e formular leis que obrigassem os governos da região a pagar suas dívidas. Essa abordagem resultou no envio de conselheiros para vários países, no intuito de ajudar seus governantes a obedecer as próprias regras ou a criar outras melhores e mais adequadas às práticas das potências dominantes. Não por acaso que esses conselheiros também proviam acesso a banqueiros de Nova York que deveriam ajudar os governos a fechar o balanço e a adquirir empréstimos nos EUA, o que pelo menos resolveria o problema da ameaça do uso de força por credores europeus. O secretário de Estado de Taft, Philander Knox, propôs "definir o capital norte-americano como o instrumento de garantia de estabilidade financeira e, consequentemente, de prosperidade e paz, nas repúblicas mais atrasadas da região do canal do Panamá".[15] Tratava-se da Diplomacia do Dólar.

Quando Woodrow Wilson se tornou presidente em março de 1913, ele e seu secretário de Estado, William Jennings Bryan, julgaram a abordagem de Taft muito parcial em relação aos banqueiros e às empresas, aumentando a chance de corrupção, e que a Diplomacia do Dólar não resolvia o problema central, que eram os maus governos. Wilson queria aperfeiçoar a qualidade da democracia para que os governos tivessem que prestar contas – não apenas a seu povo, mas também a toda comunidade internacional. O Departamento de Estado, sob Bryan e seu sucessor, Robert Lansing, enviou conselheiros políticos a diversos países da região. A abordagem wilsoniana provou-se escorregadia, pois supunha que a elite e os povos dos países sob intervenção concordassem com a ideia que Wilson tinha de boa governança. Em uma série de crises no México, em 1913, no Haiti, em 1914, e na República Dominicana, em 1915, os Estados Unidos intervieram com força armada na tentativa de cessar o derramamento de sangue e restabelecer um governo legítimo.

No caso do México, os EUA tentaram interromper uma guerra civil. Em 1910, o que parecia ser uma revolução realmente popular derrubou o longo governo do ditador Porfirio Díaz. O líder da revolução, Francisco I. Madero, foi por sua vez deposto e morto por capangas de Victoriano Huerta. Isso gerou levantes armados conduzidos por três diferentes líderes, em três regiões distintas. Em um período razoavelmente curto, o mais poderoso dos três, Venustiano Carranza, reuniu suas tropas em 1914 para um ataque à capital. Nessa conjuntura, Wilson tentou fazer uma mediação entre as facções rivais para restabelecer a ordem. Carranza rejeitou todo o auxílio e conselho dos EUA. Enquanto Wilson considerava suas opções, as tropas norte-americanas aportadas em Veracruz foram detidas pelas tropas de Carranza. Wilson exigiu que fossem libertadas. Quando isso foi feito, ele exigiu que os mexicanos prestassem continência à bandeira dos EUA nos navios do porto. Quando Carranza se recusou, Wilson ordenou que a Marinha desembarcasse em Veracruz, pensando que isso fosse ajudar a restabelecer a ordem. Quando suas tropas foram atingidas, Wilson ficou perplexo. Não conseguia entender por que Carranza, ou os outros líderes revolucionários, Emiliano Zapata e Pancho Villa, não percebiam que os EUA estavam do lado da democracia. Em uma conversa sobre a política de Wilson no México com o ministro das Relações Exteriores da Grã-Bretanha, o embaixador dos EUA em Londres teria dito que o presidente queria "impor um autogoverno por meio de tiros" (em inglês, "*shoot men into self government*").[16] Embora essas palavras possam ser apócrifas, elas expressam bem a crença wilsoniana na virtude de levar a democracia mesmo a quem não a deseje, e também as objeções de um povo a quem a boa governança foi imposta por força militar.

Nos dois outros casos, do Haiti e da República Dominicana, Wilson percebeu que era complicado usar a intervenção para criar um governo legítimo e democrático onde tais coisas não existiam. Não havia um comitê de boas-vindas para receber os representantes norte-americanos. Nos dois casos, a intervenção teve início com a chegada de um pequeno número de tropas visando restaurar a ordem a um país em que o presidente fora assassinado, gerando revoltas, e de transferir o controle a um governante legítimo. Quando não encontrou um governante à altura, Wilson mandou mais tropas e alguns conselheiros políticos. Ele supunha que a classe política fosse conversar com os conselheiros norte-americanos e chegar pacificamente a um acordo sobre os procedimentos para restaurar a ordem e a estabilidade. Isso não aconteceu. Os líderes dos países na bacia do Caribe não tinham nenhuma intenção de ouvir o conselho dos EUA ou de cumprir as ordens vindas de Washington a menos que achassem que fosse de seu interesse.[17]

Os atores políticos e seus bandos armados logo aprenderam a usar os oficiais dos EUA em seu meio para benefícios políticos e a manipular os representantes norte-americanos para ganhar vantagem em relação a seus concorrentes ao poder. Rapidamente, todas as facções enviaram seus próprios representantes a Washington para advogar a sua causa e convencer o governo dos EUA de que eles, e não seus oponentes, mereciam beneficiar-se da presença da força norte-americana para tomar o controle de seu país. Dentro de dois anos, tanto no Haiti quanto na República Dominicana, os EUA haviam enviado centenas de conselheiros que dominaram o governo, a alfândega, o Tesouro, a polícia e, finalmente, até o sistema escolar. Preparando a retirada das tropas norte-americanas depois de décadas de frustração e de sensação de fracasso, eles criaram uma nova força policial para manter a ordem depois de sua partida. Representou a expansão final da lógica wilsoniana de criar democracia em países que nunca foram democráticos. Nos dois casos – e em Cuba e na Nicarágua, em que políticas semelhantes foram praticadas nas décadas de 1920 e 1930 –, quando as tropas norte-americanas partiram, a nova força policial tomou o poder e conduziu seu superintendente à presidência do país. Cada um desses superintendentes – Rafael Trujillo na República Dominicana, Anastasio Somoza na Nicarágua, Fulgenio Batista em Cuba – rapidamente consolidou seu controle e governou como ditador por muitos anos, até ser assassinado ou deposto. No Haiti, o resultado foi praticamente o mesmo, embora o ditador, François Duvalier, não tenha emergido diretamente da nova força policial.

Com o tempo, ficou claro para uma sucessão de governantes em Washington que o sonho wilsoniano de criar democracia onde nunca houve governo democrático não seria alcançado, independentemente de quanta força os EUA exercessem ou por quanto tempo. No Departamento de Estado, tornou-se preferível manter no poder um governo menos que democrático do que enfrentar as incertezas da intervenção na tentativa de impor a democracia por uso da força. Na intervenção, poder ou dominância total não significava controle total. Na ausência de ameaças externas à segurança dos EUA, embora fosse menos desejável, a estabilidade tornou-se uma alternativa aceitável à instabilidade, e muito preferível a uma intervenção total e eterna. O resultado foi um padrão triangular de política ao redor da bacia do Caribe, na qual a política local era penetrada pela influência norte-americana. Nesses sistemas políticos penetrados, a reivindicação de poder era feita mais por uso da força, de ameaças e da influência de Washington do que por meio de eleições ou de instituições de governos constitucionais.

Em tal situação, o governo em questão tinha pouca percepção de seu lugar em uma comunidade global mais ampla. Sua política externa era agradar os EUA e garantir a influência de Washington para manter-se no poder. Com o avanço da hegemonia norte-americana, tornou-se comum referir-se à América Central como o "quintal" dos Estados Unidos. Mesmo depois da Guerra Fria, manteve-se a ideia de que a proximidade geográfica seria a base da doutrina militar e que os países poderosos deveriam "policiar seu quintal".[18]

Ao longo do século XX, os Estados Unidos intervieram nos assuntos de todos os países da bacia do Caribe, mais frequentemente por meio de conselhos, estímulos e do envio de especialistas que ajudavam a fazer o balanço das contas da nação, a redigir um contrato coerente com um banco norte-americano, a organizar a coleta de impostos aduaneiros ou a redigir uma constituição e supervisionar eleições.[19] Em geral, essa interferência consistia em uma tentativa diplomática para manter a estabilidade e algum vestígio de governança democrática em lugares que os EUA consideravam subdesenvolvidos, fracos e até inferiores.[20] Quando a diplomacia fracassava, os EUA intervinham com tropas ou delegações em praticamente todos os casos, em algumas ocasiões mais de uma vez. O motivo alegado pelo governo em Washington era que a instabilidade levaria a conflitos armados que colocariam em risco a vida de civis; ou até pior, abriria caminho para a intervenção de uma potência inimiga. Isto é, inimiga dos Estados Unidos.[21]

O exercício da hegemonia tornava-se mais complicado quando havia opiniões divergentes entre atores importantes nos Estados Unidos, como aconteceu em relação à Costa Rica em 1919, à Nicarágua em 1927, a Honduras em 1962, a El Salvador em 1985 e novamente a Honduras em 2009. Quando a discordância vinha a público, a eficácia do domínio norte-americano esmorecia. Em nenhum desses casos, que juntos se estenderam por quase um século, houve uma ameaça externa séria, direta ou indireta, à segurança dos EUA, embora em diversas ocasiões um ou outro grupo dominante usasse a Doutrina Monroe para justificar seu posicionamento. E em todos os casos, fica claro que nenhum governo com sistemas políticos penetrados seguia as instruções dos EUA, a não ser para ganhar poder. Exercer influência norte-americana em um regime colocado no poder via influência norte-americana era algo problemático, e sempre gerava ocasião para manipulações mútuas. Sempre houve certo espaço de manobra dentro da hegemonia dos Estados Unidos.

Da perspectiva latino-americana, a ameaça da hegemonia dos EUA trouxe alguns benefícios de curto prazo porque eliminou a intimidação da diplomacia europeia das canhoneiras. Promoveu também o início de uma modernização política em todos os Estados pequenos pela imposição de certas regras de atuação política. Houve eleições; partidos políticos foram formados – ou ao menos facções políticas tomaram o nome de partidos –; e, em alguns casos, constituições ou leis foram promulgadas. Nada disso teria satisfeito um reformista wilsoniano que queria ver o desenvolvimento de uma governança democrática, mas pelo menos angariou a aprovação relutante de muitas pessoas nos países maiores da América do Sul e na Europa. Até o fim da Primeira Guerra Mundial, a ambição hegemônica dos EUA teve o efeito de dividir a América Latina em dois campos geográficos, sendo que o campo do sul se considerava imune a essas pretensões. O funcionamento dos sistemas políticos penetrados pode ser expresso por uma vinheta histórica relativa à Nicarágua, capaz de ser repetida em outros países e que, de fato, se repetiu de forma quase idêntica um século depois, em Honduras.[22]

Em um dia agradável de primavera, em 1909, quando as cerejeiras ainda floresciam belamente pela cidade, Chandler P. Anderson deixou seu escritório na rua G, Northwest, para caminhar até o Departamento de Estado, logo a oeste da Casa Branca. Anderson estava em uma missão para um cliente, Emiliano Chamorro, latifundiário de renome em León, autoproclamado general e líder do Partido Conservador na Nicarágua. Sua meta era convencer o Departamento de Estado a olhar com bons olhos as tentativas de Chamorro de derrubar José Santos Zelaya, há muito tempo no poder. O plano de Chamorro era ameaçar o uso da força e eleger-se como *Primer Designado*. Daí, com auxílio do Departamento de Estado, convencer Zelaya a renunciar, dando lugar ao *Primer Designado*, Chamorro, como estipulava a constituição.

Anderson era especialista em Direito Internacional. Formado pela Faculdade de Direito de Yale, tinha vasta experiência em firmar e mediar acordos e conhecia intimamente cada membro da hierarquia do Departamento de Estado – o que se manteria em todos os governos até Franklin Roosevelt. Pelos próximos vinte anos, Anderson alternaria cargos privados e públicos, começando apenas um ano depois desse episódio, quando o secretário Knox o nomeou para o cargo de Conselheiro do Departamento. Durante esse período de vinte anos, a maioria das pessoas centrais na formulação de políticas para a América Latina eram homens de Harvard ou Yale, como Leland "Summy" Harrison e Frank Polk, ou seus colegas da área de Direito Internacional, como Robert "Bert" Lansing. A única pessoa de fora foi Dana G. Munro, formado em Princeton, que integrou o departamento na década de 1920.

Anderson convenceu o Departamento de Estado a fazer sua parte. O departamento ameaçou retirar seu reconhecimento do governo de Zelaya e o encorajou a renunciar. Zelaya protestou e recusou-se a sair, um lembrete de que hegemonia não implica que a parte fraca não tenha poder e espaço para manipulações; como também não implica que os caprichos e as vontades da força hegemônica sempre serão atendidos. Zelaya no fim cedeu às pressões, principalmente porque Chamorro contratou um bando de mercenários que aportou em Bluefields na costa caribenha. O departamento ordenou que a Marinha impedisse o desembarque de tropas leais ao governo no porto, e não deu legitimidade ao capacho de Zelaya, Madriz. Mas Chamorro não conseguiu imediatamente o que queria, embora Anderson tenha feito seu trabalho, e bem. Chamorro levou quase três anos para unir os rixosos conservadores no apoio à sua candidatura.

Quase vinte anos depois, Chamorro voltou exatamente à mesma situação. Ele queria derrubar o presidente, Sacasa, e ocupar seu lugar. Então, telefonou para seu lobista, Chandler P. Anderson, pedindo que entrasse em ação. Mas dessa vez não foi tão fácil. Anderson disse ao secretário de Estado Charles Evans Hughes que Chamorro era pró-EUA e que seu oponente favorecia os investimentos britânicos. Hughes não se convenceu. Seu sucessor, Frank Kellogg, era mais suscetível porque temia uma subversão da Internacional Comunista vinda do México para a América Central. Anderson passou horas com Kellogg e todos os agentes públicos de interesse, principalmente com Harrison e o novo homem da Divisão da América Latina, também de Harvard, Sumner Welles. De novo, Anderson embolsou seus honorários e desta vez Chamorro estava pronto para agir. Mas seu sucesso teve vida curta. O mundo havia mudado, a Nicarágua também. O próprio êxito da jogada de Anderson e Chamorro para mobilizar a influência norte-americana na política nicaraguense ajudou a impulsionar a subida de Augusto Sandino ao poder.[23]

A questão da assimetria de poder entre os Estados Unidos e o resto das nações do hemisfério, principalmente as menores na América Central, afeta o nosso entendimento das relações hemisféricas. Os países que operavam dentro da estrutura delimitada da hegemonia norte-americana e que deliberadamente usavam os EUA como ator nas lutas internas por poder não podem fingir que têm uma política externa autônoma. Nesses casos, há uma manipulação recíproca, embora assimétrica, e as manobras da parte menos poderosa são evidências de sua limitada autonomia. Quando isso ocorre, é preciso buscar evidências de tentativas conscientes de protagonismo. Quais são as condições para que um determinado governante veja o país que controla como exercendo protagonismo na comunidade mundial? Na maior parte das pequenas nações da bacia do Caribe, a política externa ao longo do século XX consistiu em manter a aprovação do Departamento de Estado norte-americano, usando outras nações como cartas para jogar em um cenário negativo. Na América do Sul, onde a assimetria de poder era menos acentuada e a ambição hegemônica dos Estados Unidos muito mais fraca, a capacidade para o protagonismo era correspondentemente maior.

O grau pequeno, mas real de autonomia e a capacidade de protagonismo entre os Estados da bacia do Caribe tornam-se claros quando se considera a reação das nações da América do Sul ao avanço da hegemonia dos EUA. Obviamente, tanto a Venezuela quanto a Colômbia sentiram o nível da ambição norte-americana e os efeitos de seu poder no início do século. Os governantes em toda a América do Sul ficaram furiosos com a arrogância das afirmações dos EUA justificando suas intervenções. Ao mesmo tempo, muitos escritores e líderes assumiam que o comportamento das nações da região do Caribe era mau – incivilizado – e que algo precisava ser feito a respeito para que o sistema internacional funcionasse de forma adequada. A visão que mais se expressava era a de que a *sua* nação, por ser simplesmente mais civilizada, não cometeria tais transgressões e nunca se sujeitaria a tais sanções vindas de uma força externa. E o fato é que os Estados Unidos não consideraram intervir nos assuntos internos das nações da América do Sul depois dos dois episódios envolvendo a Colômbia e a Venezuela no início do século até ingressarem na Primeira Guerra Mundial.

Quando a guerra foi deflagrada na Europa, todas as nações do hemisfério ocidental declararam neutralidade. Alguns argentinos tinham dúvidas porque favoreciam a Grã-Bretanha, mas a visão dominante era a de que a divisão internacional do trabalho garantiria seu comércio, inclusive o suprimento de bens estratégicos que importavam da Europa. Estavam enganados. Dentro de seis meses, os britânicos já tinham destinado todas as suas remessas para esforços de guerra e direcionado todos os recursos disponíveis de carvão para a Marinha. A campanha militar alemã com submarinos era incômoda e economicamente dolorosa, mas nenhuma nação latino-americana sofreu perdas que chegassem perto da magnitude daquelas sofridas pelos EUA. Os advogados da área internacional no hemisfério tinham quase todos a mesma opinião de que os combatentes na guerra não podiam desrespeitar seus direitos, mas não houve um acordo mútuo entre eles para impor sua perspectiva. O que mais se aproximou disso foi uma solicitação do Peru para que os emissários latino-americanos a Washington se aliassem na proteção de seus direitos como neutros. A União Pan-americana criou um comitê da neutralidade para estudar o assunto, mas a declaração de guerra dos EUA suspendeu a tentativa antes que fosse concluída.

Com o afundamento de navios e outras violações da lei internacional, declarações foram apresentadas aos britânicos e aos alemães e respostas foram dadas, com a repetição desse processo toda vez que se subvertiam os acordos de paz. Os argentinos ameaçaram declarar guerra contra os alemães em 1915 quando o navio Toro foi afundado, e os alemães se retrataram. Um episódio semelhante ocorreu em 1917 com o navio peruano Lorton, o que levou o Peru a exigir uma retratação, mas os alemães procrastinaram, prometendo avaliar o incidente. Quando os EUA declararam guerra, os peruanos apoiaram, declarando a necessidade de uma "solidariedade americana" e reiterando o compromisso do país com os princípios da lei internacional.[24] O presidente do Uruguai, Baltasár Brum, aplaudiu a postura dos EUA e clamou por uma "união americana de atuação". Ele observou que "embora no passado a sua política [dos EUA] possa ter sido injusta e dura com alguns países latino-americanos, esse fato não deve agora constituir obstáculo para uma amizade mais próxima [...]. Deve-se reconhecer que as nações, assim como os homens, usufruem o direito da evolução para o bem".[25] Lucio M. Moreno Quintana, um argentino que trabalhava para o novo presidente, Hipólito Yrigoyen, pensou que Brum havia ido longe demais, propondo, ao contrário, uma liga de nações latino-americanas que defendesse a região contra os EUA.[26] Ao mesmo tempo, porém, o ex-ministro das Relações Exteriores, Drago, afirmou que "a guerra entre a Alemanha e os Estados Unidos é uma luta da democracia contra o absolutismo, e nenhuma nação americana pode manter a neutralidade sem negar o seu passado e comprometer seu futuro".[27] E quando os EUA declararam guerra, o embaixador de Yrigoyen em Washington, Rómulo Naón, observou que seu governo reconhecia "a justiça dessa decisão" e que todas as nações do hemisfério eram afetadas pela guerra do mesmo modo.[28] No México, os líderes revolucionários abordaram os emissários alemães com o intuito de abalar os EUA e forçar o governo de Wilson a ter mais respeito à soberania mexicana. A manipulação foi mútua, causando inquietação em Washington. Considerando tudo, a opinião dominante na América Latina era de que havia valores centrais no hemisfério e que eles pendiam para o lado dos EUA, embora muitos preferissem manter-se fora da guerra e outros não quisessem ser levados a ela pelos norte-americanos.

Com o desdobramento da guerra, os dois lados estavam cada vez mais desesperados. Os britânicos não tinham mais dinheiro nem carvão para abastecer seus navios, e pediram apoio ao setor privado nos EUA. Os alemães tinham uma situação mais complicada para resolver. Tinham de interromper a entrega de suprimentos aos britânicos sempre que possível, e isso significava provocar cada vez mais o governo dos EUA. Como parte dos preparativos de Wilson para entrar na guerra, ele começou a arregimentar amigos na América Latina para demonstrar solidariedade à postura dos EUA contra a violação dos direitos de neutralidade. Quando os EUA finalmente entraram no conflito, o Brasil declarou guerra, além dos Estados dependentes da bacia do Caribe. O Peru entrou um pouco depois. Em seu empenho de guerra, os EUA ampliaram suas estratégias geograficamente e incluíram pela primeira vez a América do Sul, com o intuito de debilitar o comércio alemão com a América Latina e enfraquecer a força comercial do país depois da guerra. O principal instrumento para essa iniciativa foi a lista negra, uma extensão da beligerância para nações que se consideravam neutras. Isso causou mais danos na Argentina e no Chile, onde o comércio alemão era expressivo e onde havia muitos cidadãos de ascendência alemã. A enorme expansão da burocracia nos tempos de guerra nos EUA e sua projeção internacional geraram tensão com as nações da América do Sul. Elas resistiam, mas não conseguiam segurar o ímpeto norte-americano de expansão de seu poder. O alcance da hegemonia dos EUA foi ampliado, embora de forma imperfeita.

Em termos mais gerais, a guerra foi um choque para os sistemas econômicos latino-americanos, principalmente para os exportadores de *commodities*. Embora ninguém tenha penado mais do que a Argentina em 1914, todos os países da região sofreram uma queda em suas atividades econômicas e uma diminuição radical de sua capacidade de influenciar o preço das *commodities* que exportavam. Nem podiam garantir a entrada de bens de produção para manter suas pequenas indústrias de manufatura em operação. Pouco fizeram para aumentar sua fabricação interna porque todos acreditavam que o sistema internacional voltaria, com o fim da guerra, aos padrões estabelecidos na segunda metade do século XIX e na primeira década do século XX. Estavam enganados, e sofreriam as consequências disso na década de 1920. O que parecia ser uma decisão racional em 1918 provou-se equivocada quando os tempos mudaram. A Grande Depressão foi um choque ainda maior e levou a maioria dos países a buscar uma forma alternativa de importação como medida de autopreservação.[29] Como na concorrência comercial antes da guerra, a criação de uma base industrial era uma decisão nacional. Apenas com o fim da Segunda Guerra Mundial uma abordagem regional ao desenvolvimento tornou-se pauta do debate político.

Yrigoyen e a Argentina constituem um caso à parte. Yrigoyen foi o primeiro presidente eleito sob a nova lei reformista de Saenz Peña e ele levou seu Partido Radical ao poder pela primeira vez em nível nacional. Sua política externa, a qual chamava de *principismo*, aliava valores morais – ou "*soft power*" – a uma crítica explícita dos Estados Unidos. Mas sempre trabalhou isoladamente. Apesar de sua forte oposição à intervenção dos EUA no México, na Nicarágua e na República Dominicana, Yrigoyen propôs, em 1920, em resposta a uma tentativa de golpe na Bolívia, que as nações da América Latina deveriam reconhecer apenas governos eleitos democrática e constitucionalmente, o que se parecia muito com a política de não reconhecimento de Woodrow Wilson. A proposta de Yrigoyen provocou uma série de protestos de professores e especialistas da área do Direito, mas recebeu apenas silêncio dos governos da região.

A Argentina não entrou na guerra e, portanto, não foi convidada a participar da conferência de paz. Yrigoyen instruiu o embaixador nos

EUA a reclamar de sua exclusão da conferência. Enviou um representante para a primeira reunião da Liga das Nações em Genebra, em 1921, com a orientação de propor que a Assembleia democratizasse a Liga, eliminando as distinções entre as nações que participaram ou não da guerra. Quando a proposta foi submetida, o representante, Honorio Pueyrredón, ex-ministro das Relações Exteriores, foi ordenado a deixar Genebra e voltar para seu país.[30] Yrigoyen pautava-se no princípio de Calvo do *pari passu*, de que todas as nações deveriam ser tratadas como iguais e que a participação na guerra não devia conferir a nações uma posição privilegiada na nova organização mundial. Era uma ideia cuja hora ainda não havia chegado. O Brasil, que havia entrado na guerra e que se achava importante o suficiente para ocupar uma cadeira no Conselho de Segurança, retirou-se quando não recebeu essa honra. Não houve tentativa de reunir as nações latino-americanas em um bloco para reestruturar a nova organização; ao contrário, algumas nações, como Peru e Bolívia, tentaram individualmente envolver a nova organização na solução de disputas locais ou sub-regionais de fronteiras. A Liga não aceitou essa tarefa.

Embora a rejeição da Liga das Nações pelo Congresso dos EUA aparentemente indicasse uma forte abdicação do envolvimento nos assuntos mundiais em favor de uma introspecção ou isolacionismo, os EUA nunca reduziram suas atividades internacionais depois do período da guerra. Comércio, investimento no exterior, participação em reuniões internacionais: tudo isso foi mantido. E os EUA ocuparam cadeiras nas reuniões internacionais como um dos líderes mundiais. Em relação ao hemisfério, o período pós-guerra representou duas mudanças importantes na política norte-americana. Em primeiro lugar, pôs fim aos temores reais de interposição militar e controle imperial por países de fora do hemisfério. Isso levou a um crescente ceticismo por parte de sucessivos governos em Washington em relação às intervenções norte-americanas e gerou uma gradual perda de força das diversas ocupações feitas no governo de Wilson. Em segundo lugar, a guerra pôs em evidência não apenas que a divisão internacional do trabalho fora suspensa, mas também que a segurança nacional ia além da força militar e da capacidade econômica de um país, e que incluía acesso a bens estratégicos, principalmente combustível, à comunicação e a recursos financeiros. A ausência do primeiro item quase levou os britânicos à bancarrota em 1915. A falta de controle do segundo item dificultou os esforços dos EUA na guerra. E o fracasso no domínio do terceiro item enfraqueceu os esforços de guerra das Potências Centrais. O âmago do planejamento estratégico dos EUA durante a guerra consistiu em assegurar o acesso a suprimentos adequados de petróleo, em estabelecer redes internacionais de comunicação controladas pelos EUA e em garantir que a instabilidade financeira não colocasse a segurança do país em risco. Tratava-se de uma política global, mantida depois da guerra. A Política de Portas Abertas ampliou-se para além do comércio, incluindo uma definição mais abrangente de recursos estratégicos do que Mahan havia imaginado. Dentro do hemisfério, os EUA não tinham certeza de que queriam portas abertas.[31]

Em sua postura em relação à América Latina, isso significava dar apoio diplomático constante e intenso a empresas privadas nos setores de energia, comunicações e finanças. Em alguns casos, significava motivar uma empresa privada a entrar em um mercado específico considerado de importância estratégica. A meta era garantir que nenhuma potência estrangeira tivesse o monopólio de recursos estratégicos. Companhias públicas de petróleo ou de telefonia não eram preferíveis, mas não causavam tanto problema quanto as companhias holandesas de petróleo, as companhias britânicas de televisão ou as francesas de telefonia. A guerra ensinou que em tempos de crise essas companhias atendiam o interesse nacional em detrimento dos interesses dos EUA e que as nações locais que recebiam esses serviços não tinham poder de controle.

Os argentinos certamente entenderam esse cenário quando os britânicos suspenderam o envio de carvão para eles durante a guerra, embora precisassem dos bens alimentícios argentinos. Começando com Yrigoyen, os governos da Argentina passaram a financiar a companhia nacional de petróleo e criaram leis com vistas a garantir que as empresas estrangeiras atendessem as demandas nacionais (locais) em tempos de emergência. O raciocínio estratégico da Argentina era semelhante ao dos EUA, mas menos robusto na capacidade de fazer as políticas funcionarem. Quando Marcelo T. Alvear sucedeu Yrigoyen em 1922, restringiu o financiamento da companhia nacional de petróleo, a YPF. Na maior parte, os outros países da América do Sul contentavam-se em permitir que a energia fosse fornecida por empresas estrangeiras, que as comunicações fossem providas por multinacionais e que bancos estrangeiros tivessem atuação importante em seus mercados. Esse cenário começou a mudar depois que a Depressão transformou o livre-comércio em ilusão.

Em termos políticos, embora os governos norte-americanos da década de 1920 expressassem explicitamente sua preferência por estabilidade política, relutavam em intervir militarmente nos assuntos internos das nações da região, e começaram um processo de retirada das ocupações militares nas quais os EUA haviam se envolvido. O Departamento de Estado chegou ao ponto de esboçar um memorando político em 1928 apresentando motivos para que as intervenções fossem evitadas no futuro.[32] As revoluções, porém, eram consideradas desestabilizadoras e, com poucas exceções, foram combatidas por todos os meios que não a intervenção militar.[33]

O México, é claro, foi um caso à parte. No período posterior à guerra, o governo mexicano batalhou para restaurar a força do Estado e ao mesmo tempo criar uma relação bilateral com os EUA que desse ao México algum senso de autonomia como uma nação soberana. Nas duas décadas entre as guerras mundiais, a meta dupla da política externa mexicana foi usar as nações de fora do hemisfério como alavancas em suas relações com os EUA e ao mesmo tempo buscar estabelecer uma defesa contra as agressões norte-americanas, principalmente em favor de seus interesses econômicos.[34] Durante esse período, sucessivos governos tentaram obter as mesmas vantagens estratégicas dentro de suas próprias fronteiras que os EUA tinham em todo o hemisfério. O petróleo tornou-se a principal causa de tensão entre EUA e México no período entre guerras. Ironicamente, depois da crise gerada pela nacionalização dos polos petroleiros pertencentes a grupos estrangeiros, em 1938, no governo de Lázaro Cárdenas, as intensas negociações bilaterais destinadas a acalmar a crise acabaram produzindo uma parceria estratégica construtiva, que concretizou as principais metas das duas nações.[35]

A remoção da presença interventiva sempre foi complicada, em parte porque era difícil para os responsáveis em Washington sentirem que estavam deixando no lugar um governo estável. No princípio, na República Dominicana, em Cuba e na Nicarágua, a meta era estabelecer um regime democrático no poder. Já no fim da década de 1930, evidenciou-se que a democracia era uma meta muito vaga e que o objetivo das políticas era deixar no lugar um governo estável que pudesse tornar-se democrático no futuro. Um caso clássico da criação de governos estáveis, porém não democráticos, foi a Nicarágua de Anastasio Somoza (1936-1956).

O sonho wilsoniano de promover a democracia para gerar estabilidade e assim proteger os EUA provou ser um mito. Apesar disso, a influência norte-americana em muitos dos governos com sistemas políticos penetrados na América Central impulsionou a formação de Estados modernos, embora não em todos os casos. Talvez essa tenha sido a maior realização do grupo de Somoza. Ele permaneceu no poder porque foi capaz de negociar com a crescente elite comercial e providenciar uma estrutura para o sucesso dessa elite. A existência de um Estado eficaz seria um dos fatores necessários à criação de uma oposição viável para os sucessores de Anastasio Somoza na década de 1970.[36]

Nas décadas do entreguerras, o antiamericanismo alastrou-se por todo o hemisfério, embora tenha surgido em formas diversas e não necessariamente compatíveis umas com as outras.[37] Uma das maiores mudanças na forma em que os latino-americanos viam a si mesmos foi na compreensão que tinham de raça e de relações raciais. Todos os países da região haviam se formado na ortodoxia racial da superioridade europeia no século XIX. Mesmo em países como México e Brasil, em que a maioria da população não era branca e sim composta por uma etnia de mestiços e mulatos, as imagens de civilização e modernidade relacionavam-se intimamente com a pureza da raça europeia. Isso mudou radicalmente no período que se seguiu à Primeira Guerra Mundial. Todas as expressões de mistura racial ajudaram a fortalecer a identidade nacional, uma identidade capaz de se distinguir legitimamente e com autonomia das influências europeias e norte-americanas que tratavam a América Latina de uma forma colonial. Nesse sentido, todos esses movimentos representam aspectos da criação de um protagonismo nacional em um mundo mais abrangente.

No México, houve um forte movimento para reconhecer o valor da população indígena e transformar a mistura racial em virtude. José Vasconcelos referiu-se aos benefícios da miscigenação no México como a criação de uma nova "raça cósmica".[38] Nos Andes, Victor Raúl Haya de la Torre deu início a um movimento político, a Apra, que enaltecia o valor da população indígena e as virtudes da miscigenação. O intelectual venezuelano Arturo Uslar Pietri, como Mariátegui e Haya de la Torre, tomou a mestiçagem como sinal da identidade nacional e como um elemento participante na criação de um movimento progressista e inclusivo, o Partido Acción Democrática, o qual ele esperava que conseguisse lidar com as novas riquezas nacionais do petróleo. Arturo Uslar Pietri era ligado politicamente a Rómulo Gallegos e Rómulo Betancourt.[39] No Brasil, o antropólogo Gilberto Freyre celebrou um Novo Mundo nos Trópicos que resultava da mistura da raça africana e europeia. Seu compatriota, Oswald de Andrade, condenava o que chamava de ímpeto colonial brasileiro de devorar a cultura europeia e clamava pela materialização de uma cultura brasileira moderna.[40] Em Cuba, o sociólogo Fernando Ortiz falava de uma Cultura Sincrética, produzida pela mistura de povos de raças diferentes; era uma raça nova e dinâmica, e uma cultura mais potente do que suas partes constitutivas originais.

A discriminação racial se manteve em todos os países, e a população não europeia, seja de origem africana, indígena ou mestiça, continuava ocupando um lugar inferior na hierarquia social. Mas já em 1930, a mistura racial e a cultura indígena haviam se tornado fonte de orgulho nacional e de força cultural em muitos países.[41] Também representavam – como ainda hoje representam – uma força legitimadora do nacionalismo e de políticas nacionalistas, de forma mais palatável politicamente e mais inclusiva do que as noções românticas de nação, predominantes na região durante o século XIX e início do XX, que evidentemente acomodavam a história das nações latino-americanas a um tipo de sistema mítico europeu. Com o tempo, o indigenismo constituiu uma força centrípeta que reuniria os países da região e os separaria coletivamente dos Estados Unidos, onde a segregação racial manteve-se firme até a segunda metade do século XX.

A nova ênfase no nativismo relacionava-se geralmente a movimentos progressistas anti-imperialistas baseados em visões marxistas do sistema internacional.[42] Também servia, como até hoje acontece, para justificar posturas nativistas em referência a recursos naturais – "Esse lítio é nosso!", como disse o presidente boliviano Evo Morales em 2010 – e a políticas de inclusão social, principalmente nos Andes. Depois da Guerra Fria, também seria usado para proteger os direitos de cidadãos que haviam migrado de outros países da região. O México passou a defender os direitos dos mexicanos nos Estados Unidos só depois da Guerra Fria; os bolivianos começaram a fazer protestos sobre a condição de seus conterrâneos na Argentina. Já os peruanos têm aproveitado protestos semelhantes sobre as condições de imigrantes no Chile como instrumento de política externa para angariar apoio para políticas nacionalistas que exigem a retomada de questões territoriais e marítimas resultantes da Guerra do Pacífico. Em todos os casos, os povos cujos direitos estavam sob ameaça eram indígenas ou mestiços em sociedades dominadas por elites políticas mais europeias ou mais brancas.

Outros tipos de antiamericanismo no período tinham o efeito contrário: exerciam uma força centrífuga que separava as nações da região, principalmente em relação aos EUA. Por exemplo, os católicos ultramontanos na Argentina e no Chile consideravam-se superiores a seus pares nos EUA. Declaravam-se de raça europeia mais pura do que os norte-americanos ou qualquer outro povo latino-americano. Isso incorporou um elemento racial ao impulso econômico em direção à autossuficiência na década de 1930 e serviu para justificar a inclinação ao fascismo na Argentina, no Brasil, no Chile e no Uruguai.[43] Não era um tema que atraísse muitos na região de fora do Cone Sul. Mais abrangente foi o movimento de intelectuais chamado de *Arielismo* – em referência ao ensaio do uruguaio José E. Rodó –, em que os latino-americanos consideravam-se superiores aos norte-americanos porque privilegiavam o espiritual e não a crueza materialista dos EUA. A crítica ao imperialismo norte-americano era algo que os progressistas e os grupos mais conservadores de vários países tinham em comum.

O argumento mais significativo e mais usado do antiamericanismo era a oposição à intervenção de um Estado nos assuntos internos de outro. Ironicamente, o fórum mais usado para expressar sua hostilidade foi a série de reuniões hemisféricas patrocinada pela União Pan-americana em Washington, o que representava o empenho dos EUA de institucionalizar sua hegemonia por todo o hemisfério. Eram nessas reuniões que os representantes das nações do hemisfério discutiam entre si se davam ou não apoio às regras que governavam sua comunidade. As nações da América do Sul desprezavam os governos manipulados da América Central e do Caribe; mas não eram capazes de formular regras para excluí-los sem enfraquecer o princípio da não intervenção que os unia – na pouca união que havia. A não intervenção continua sendo uma força de coesão regional até hoje.

A Grande Depressão teve um forte impacto sobre todas as nações latino-americanas. Em primeiro lugar, o comércio internacional implodiu e colocou todos os exportadores de bens primários em desvantagem. Em segundo lugar, os fluxos internacionais de capital praticamente desapareceram, levando a quantidades absurdas de calotes, tanto na dívida pública quanto na privada. Em terceiro lugar, os bens de capital importados pelos produtores de bens primários para dar conta da demanda interna tornaram-se escassos e cada vez mais caros. Os efeitos certamente foram traumáticos, não apenas em termos econômicos. Ao buscar soluções para os problemas extraordinários que enfrentavam, os governantes latino-americanos tomaram como modelos possíveis as respostas europeias à crise. Ficaram particularmente impressionados com a ascensão de partidos ditatoriais e autoritários em vários países. O fascismo e o nacional-socialismo eram atraentes porque aparentemente simplificavam o processo de tomada de decisão e facilitavam a atuação política eliminando a necessidade de consultar o eleitorado e lidar pacientemente com partidos políticos e legislatura. Também ofereciam soluções simplificadas para problemas econômicos intratáveis por meio da organização de possíveis atores econômicos e políticos em grupos diretamente responsáveis pelo Estado, enquanto celebravam tudo que era nacional. Mesmo as artes foram influenciadas por tendências na Europa que exaltavam uma noção romântica de nacionalismo e buscavam modelos em um clássico passado mítico. O realismo social nas artes plásticas e na arte patrocinada pelo governo teve enorme apelo popular em toda a década de 1930.[44]

Essa década foi importante na evolução da autonomia na região em parte devido ao trabalho de Raúl Prebisch e outros na busca de um modelo econômico que permitisse que os países, integrados ao sistema internacional como exportadores de produtos primários, se defendessem quando o mercado congelava. Era também crucial defender-se quando a diferença de preço entre os produtos primários e os bens de capital aumentava a ponto de o desequilíbrio comercial gerar a falência dos latino-americanos ou uma situação em que seriam permanentemente dependentes dos países que supriam o capital e as manufaturas.

As teorias de desenvolvimento desde Adam Smith e David Ricardo até a Primeira Guerra Mundial concebiam o processo como algo análogo à evolução biológica, em que os países considerados subdesenvolvidos tinham de passar pelos mesmos estágios ou processos que os países desenvolvidos haviam enfrentado no passado. Essa progressão linear, quando associada à evolução dos sistemas políticos e da inclusão social, veio a ser chamada de teoria da modernização. Embora Prebisch aceitasse o pressuposto basilar da linearidade no desenvolvimento, ele seguiu John Maynard Keynes ao rejeitar uma abordagem passiva a ela, argumentando que os países menos desenvolvidos deveriam acelerar ou alterar o caminho do processo, passando à frente dos países desenvolvidos para criar suas próprias indústrias. Esse seria o papel do Estado, não do mercado ou de uma mão invisível. Com a substituição de importações, como era chamada, cada país ou grupo de países teria sua própria indústria de aço, sua própria indústria automotiva e controlaria seus próprios recursos naturais. O modelo econômico de cada um por si – tão diferente do modelo de David Ricardo da vantagem comparativa internacional em mercados abertos, dominante antes da depressão – gerou uma força inerte que conduziu as tomadas de decisão à autonomia nacional em relação ao mercado internacional e ao controle da economia pelo Estado. Em seus primeiros preceitos de políticas, Prebisch não tratava da questão do tamanho do mercado e nem de como lidar com a concorrência entre países em desenvolvimento. Em alguns casos, como o de Perón na Argentina e o de Vargas no Brasil, o planejamento de políticas inclinava-se em direção a uma forma de autarquia. Em suas formas mais extremas, criava economias de semicomando nas quais o Estado tentava controlar a produção e os preços e fornecer o capital para investimento interno, sem, contudo, gerar fluxos de rendimentos que compensassem tais atividades. Esperava-se que esses fluxos viessem da demanda interna e do mercado internacional. O primeiro, com frequência, era inadequado e o segundo não podia ser controlado. Com o tempo, a ineficácia dessa economia, juntamente a níveis exorbitantes de corrupção, ao protecionismo sindical e a tomadas de decisão políticas de curto prazo, tornou-a não competitiva e provocou períodos de inflação e estagnação incontroláveis, recebendo o nome de "estagflação".

Vários alunos de Prebisch, que se reuniram com o mestre depois da Segunda Guerra Mundial para formar a nova Comissão Econômica para a América Latina (Cepal) na novata ONU, preocupavam-se com as relações assimétricas e a deteriorante disparidade de preços entre produtos primários e bens de capital. Temiam que fossem características perenes de uma estrutura econômica injusta e desigual, em que o mercado aparecia como algo instável, nada semelhante à mão invisível neutra prevista pelos economistas clássicos. Enxergavam uma estrutura rígida e injusta que desejavam mudar. Em outras palavras, queriam mudar as regras da comunidade econômica de nações da qual se viam obrigados a participar. Também se mostravam céticos em relação à capacidade que as economias de comando tinham de sustentar a competitividade, e preferiam promover uma reformulação da forma dominante da economia de mercado. Nas mãos de cientistas políticos e sociólogos, esse raciocínio foi sintetizado como "teoria da dependência".[45]

Esse modelo autocentrado de desenvolvimento econômico – a Industrialização por Substituição de Importações (ISI, na sigla em inglês) – dominou o modo de pensar na região por quase cinquenta anos. Só perdeu força porque ficou evidente que a grande ineficiência da produção industrial em um mercado restrito e semiautárquico não poderia ser sustentada e que, perversamente, perpetuava a desigualdade no sistema internacional, a qual pretendia superar. Além disso, os economistas progressistas da Cepal temiam que, no mercado nacional, as decisões econômicas fossem deixadas nas mãos de políticos cujo projeto principal era permanecer no poder, o que sempre geraria crises econômicas. No fim, a premissa basilar da ISI – de que cada nação determinaria suas próprias políticas para se proteger de uma vulnerabilidade em relação ao mercado internacional e às pressões de países mais ricos e poderosos – não era sustentável. Como parte de uma tentativa de aperfeiçoar o modelo, a Cepal começou a promover o regionalismo como uma solução para o problema do tamanho do mercado. Os cepalinos – como eram chamados os economistas da Cepal – assumiam que haveria uma convergência de interesses entre países que compartilhavam a experiência do subdesenvolvimento.

Os derradeiros fatores do declínio da ISI e do modelo original da Cepal foram, primeiramente, as ineficiências de muitas economias nacionais que geravam quantidades inviáveis de dívida, conforme os governos emitem moeda e vendem títulos para cobrir os gastos de seus programas internos. A dívida pública da década de 1980 afastou muitos países da ISI, que buscaram mercados mais abertos. Em segundo lugar, no fim da década de 1980, houve um surto no desenvolvimento de instituições econômicas internacionais e um impulso prolongado pelo comércio mais aberto, juntamente com a revolução tecnológica que baixou os custos dos bens manufaturados. A abertura do comércio global foi acompanhada de uma alta cíclica no preço internacional das *commodities*, impulsionada pela demanda voraz da China. Isso reverteu as condições comerciais que pareciam tão desfavoráveis para os produtores de *commodities* na década de 1930. Por quase duas décadas depois de 1990, a exportação de bens primários novamente aparentou ser uma forma de vantagem comparativa.

A longa crise da década de 1930 levou governantes de muitas nações a pensar sobre sua autonomia dentro do sistema internacional e a buscar modos de amortecer ou diminuir a vulnerabilidade que sofreram em momentos de crise internacional. Assim, o período entre guerras pode ser considerado uma incubadora para o pensamento sobre protagonismo e para experimentos de política externa que visavam aumentar a autonomia nacional e tornar os países mais proativos na proteção dos interesses nacionais. Apesar de suas fraquezas como uma política macroeconômica, a ISI expandiu o escopo do pensamento sobre política externa em todos os países da América Latina.

A Argentina representou uma grande exceção a essas tendências na América Latina e à resposta dada pela região à guerra na Europa. Embora a Grande Guerra tenha sido um profundo choque para o sistema argentino, quando terminou houve um amplo consenso de que o mercado internacional logo voltaria a sua velha normalidade. E isso aconteceu – por um tempo. Quando a Grande Depressão teve início, os argentinos de novo tiveram a expectativa de serem poupados das piores consequências, e, até certo ponto, realmente foram. Só para garantir, o governo argentino fez um acordo com os britânicos para manter o comércio lucrativo entre os dois países, inclusive o fluxo de capital para a Argentina para expandir sua infraestrutura e seus prédios públicos. Na verdade, a Argentina deliberadamente se inseriu no império informal da Grã-Bretanha, esperando que isso prolongasse o período de seu extraordinário crescimento econômico que havia iniciado no fim do século XIX. Fizeram isso a despeito do fato de que os benefícios dessa relação eram usufruídos por uma oligarquia latifundiária cada vez menor e por seus amigos banqueiros; de que o capital britânico tornava-se menos disponível ao longo da década; e de que os Estados Unidos rapidamente se tornaram os principais parceiros econômicos da maior parte do hemisfério.[46]

Um dos motivos para que o governo argentino pudesse continuar essa política externa retrógrada foi o fato de a oligarquia conservadora ampliar o controle que tinha do país com ajuda dos militares. Gradualmente, essa elite fechou o espaço político aberto a vozes dissidentes, mesmo a de escritores como Raúl Prebisch. Muitas dessas figuras militares eram solidárias aos países totalitários da Europa e uma parte significativa da liderança política simpatizava com o estilo político e o modo de organização dos regimes alemão, italiano e espanhol. Esses governantes desprezavam a democracia liberal. Manifestavam preferência por modos de organização mais vigorosos, másculos e orgânicos. Demonstravam cada vez mais hostilidade às tentativas dos Estados Unidos de reunir o hemisfério nas reuniões regulares da União Pan-americana e explicitamente se opunham a todos os esforços norte-americanos para expandir sua zona de segurança do Caribe para a América Latina no fim da década.

Quando as hostilidades tiveram início na Europa, os EUA redobraram seus esforços para criar uma postura de segurança comum no hemisfério. Curiosamente, isso ocorreu bem quando Roberto Ortiz foi eleito presidente na Argentina e nomeou José Maria Cantilo como ministro das Relações Exteriores. Esses homens, juntamente com Felipe Espil – o embaixador argentino em Washington – representavam uma facção mais liberal na liderança política. Com o intuito de usar sua relação com os EUA como vantagem contra os grupos internos que favoreciam os países do Eixo, Cantilo propôs que o governo de Washington criasse, de uma maneira compartilhada, uma zona de não beligerância para manter as Américas fora da guerra. Profundamente imerso em suas próprias manobras complexas com os britânicos e com o Congresso, Roosevelt rejeitou a oferta; Cantilo foi demitido do cargo; Ortiz, bastante doente, tirou uma licença e foi substituído pelo vice-presidente, Ramon Castillo, que era explicitamente pró-alemães e mais próximo dos militares.[47]

A década de 1930 testemunhou a ascensão dos militares ao poder, ou quase isso, em vários países além da Argentina: Chile, Peru, Bolívia, Brasil, Venezuela e Paraguai. Na América Central, eles nunca estiveram distantes do poder. A militarização da política reduziu o espaço para a governança democrática, levou o nacionalismo ao centro do debate e providenciou uma justificativa para o controle do Estado sobre a economia em uma época em que a comunidade internacional rendia-se a esse tipo de regime em toda parte.[48] O nacionalismo exacerbado não apenas produziu regimes com pretensões ao controle autoritário, mas também afirmativas de grandeza nacional e reivindicações de territórios considerados, por direito, posses legítimas. Aqui, o legado colonial de indeterminação das fronteiras voltou a assombrar os governantes no século XX. Houve duas grandes conflagrações na América do Sul nos anos anteriores à Segunda Guerra Mundial: a Guerra do Chaco, entre Paraguai e Bolívia, e as disputas de fronteira na cidade de Letícia e nas margens do rio Marañon, a primeira entre Peru e Equador e a segunda entre Peru e Colômbia.[49] Os EUA foram chamados pelos participantes a mediar todos esses conflitos, com resultados muito diferentes. A Liga das Nações desempenhou um papel construtivo no apaziguamento das duas disputas de fronteira, sem, contudo, resolvê-las. Cada conflito produziu uma série de atividades diplomáticas entre vizinhos. Na ausência de uma estrutura institucional em que se pudesse promover a paz – a União Pan-americana não estava à altura da tarefa –, os países formaram grupos *ad hoc* de "amigos" para articular a negociação entre antagonistas.[50]

A crescente tensão na Europa e na Ásia, além do ambiente combativo na economia internacional, convenceram os líderes nos EUA de que seria positivo unir os membros do hemisfério. A premonição de um iminente conflito foi um dos motivos que levaram Roosevelt a aprovar o voto pela não intervenção na conferência de Buenos Aires em 1936.[51] Nos anos seguintes, houve uma série de reuniões especiais nas quais se discutiu a questão da segurança hemisférica e se definiu um conjunto de mecanismos de consulta. Na reunião de Havana, em 1941, preocupados com as colônias insulares europeias no Caribe, os membros decidiram por consenso que não haveria transferências de território de uma potência europeia à outra em consequência dos combates. Pode-se considerar esse evento uma reafirmação da Doutrina Monroe em que todos os países do hemisfério tiveram voz. Os responsáveis pelo planejamento estratégico nos EUA percebiam o advento da guerra na Europa e formaram grupos para refletir sobre o hemisfério ocidental. Até 1942 ou 1943, o planejamento militar foi impulsionado pelo modelo histórico de Mahan acrescido de algumas questões da Doutrina Monroe sobre a intervenção europeia, como prevenção. A concentração de ativos militares norte-americanos deveria ser na bacia do Caribe, com foco nas ilhas mais distantes, ou a leste, e com atenção especial às colônias europeias na região.[52]

Pela primeira vez, os geopolíticos norte-americanos consideravam que a zona de segurança se estendia para além do Caribe, incluindo a costeira norte do Brasil, o ponto mais próximo da África no hemisfério ocidental. Por um lado, poderia servir como uma ponte para a invasão do hemisfério pelas forças do Eixo; por outro, possibilitaria um movimento de entrada dos Aliados via África.[53] Já em 1942, estava claro que essa nova zona de segurança deveria ser parte de um esforço coletivo. Os EUA promoveram um encontro no Rio para coordenar uma estratégia de defesa comum para o hemisfério. Novamente, como haviam feito cinquenta anos antes na primeira reunião da União Pan-americana, os argentinos conseguiram enfraquecer o texto no documento final, de forma que não se concretizou como uma declaração de ação coletiva. Não evitou a ação unilateral dos EUA e nem os tratados bilaterais com países em lugares estratégicos, como o Brasil.[54]

Em sua maioria, as nações da América Latina tentavam manter-se fora do alcance da guerra, o que se provou difícil, senão impossível. Para angariar influência na região, os alemães faziam ameaças de restrições comerciais, usavam submarinos e demonstravam com cuidado seu poderio naval, mesmo limitado, no Atlântico. Quando os EUA entraram na guerra, o acesso a materiais estratégicos no hemisfério, principalmente os metais que vinham da costa oeste, tornou-se algo muito importante. O Chile lutou para preservar sua neutralidade contra a pressão dos Aliados, argumentando que eles não poderiam proteger a comprida costa chilena de ataques alemães e japoneses, caso o país decidisse se aliar abertamente. Por quase dois anos depois de Pearl Harbor, a política dos EUA consistia em promessas de proteção do hemisfério e de auxílios financeiros necessários para compensar a perda de comércio ou de investimento resultante da declaração de guerra contra o Eixo. Tais promessas provaram-se vazias, mas não impediram que os EUA aumentassem sua pressão sobre os vizinhos do hemisfério. Tinham poder suficiente para forçá-los a uma determinada atuação, mas não recursos – ou vontade – para de fato prover suas necessidades, o que potencializou a hostilidade na região.

A hegemonia dos EUA no hemisfério intensificou-se durante a guerra, como ocorrera durante a Primeira Guerra Mundial, com o forte emprego de programas como a Lista Negra de Alemães e Empresas Alemãs, do controle financeiro do sistema bancário da região e do monopólio eficaz do mercado de *commodities* estratégicas, o que dava aos EUA um poder extraordinário sobre o bem-estar econômico de países exportadores desses produtos, como Argentina, Chile, Peru, Bolívia e Equador. A Argentina conseguiu evitar em parte essa pressão porque os britânicos cobiçavam seus bens alimentícios. Uma crescente indisposição por todo o hemisfério acompanhou a expansão geográfica da hegemonia dos EUA e a penetração de seus programas de guerra. Os agentes norte-americanos adentravam os países da região de uma forma nunca antes vista, forçando os governos a confiscar as propriedades de cidadãos de países do Eixo e de firmas que supostamente faziam negócios com eles e, em alguns casos, a aprisionar suspeitos de simpatizar com o Eixo. Tal pressão gerou ressentimentos, principalmente nos países do Cone Sul onde as afinidades políticas estavam divididas e onde havia uma grande quantidade de descendentes de italianos e alemães na população. Depois da guerra, esses países desafiaram os EUA abrindo a fronteira para uma grande quantidade de líderes nazistas e oficiais das Forças Armadas da Alemanha que podiam pagar caro por vistos especiais. A entrada na América do Sul nesse período foi um presságio do pesadelo que viria a ser o domínio norte-americano durante a Guerra Fria, com a constante oscilação dos EUA em sua definição de segurança e com uma depreciação da soberania latino-americana que aparentemente não conhecia limites.

O Brasil e o México representaram uma grande exceção a esse padrão. Ambos mantinham relações próximas com os países do Eixo antes da guerra e o México usou a proximidade com os alemães como ameaça contra os EUA durante as tensas negociações sobre a expropriação de companhias de petróleo estrangeiras. Mas nos dois casos, por motivos bem diferentes, os governos fizeram barganhas mútuas vantajosas com os EUA e desempenharam papéis importantes na guerra ao lado dos Aliados. No Brasil, o processo fez parte de um plano estratégico do governo de Getúlio Vargas para alcançar a diversificação econômica necessária para dar condição a uma autonomia nacional. Essencialmente, Vargas negociou com o governo Roosevelt a construção de uma base para a industrialização brasileira. Em troca, Vargas permitiu aos EUA usar o território brasileiro na preparação de uma invasão da África, comprometeu-se a enviar tropas brasileiras para o cenário de guerra na Europa e abriu caminho na Amazônia para a exploração de borracha natural, tão importante para os esforços de guerra. A chave para o sucesso dessas negociações foi a relação pessoal extraordinária entre Sumner Welles, subsecretário de Estado dos EUA, e o ministro das Relações Exteriores do Brasil, Osvaldo Aranha.[55]

O acordo mexicano com os EUA resultou de um lento processo em Washington que concluiu que a verdadeira segurança na guerra iminente só seria garantida com a presença de um vizinho na fronteira sul que tivesse estabilidade, confiança e certa satisfação. Sem uma conciliação, a posição de segurança dos EUA no hemisfério seria inatingível. Além disso, com a maior sofisticação do planejamento para garantir as *commodities* estratégicas, ficou claro que o petróleo mexicano seria crucial para os esforços de guerra e que um fornecimento seguro de combustível era mais importante do que o lucro de algumas companhias multinacionais de petróleo. A parceria estratégica entre o governo e as empresas tinha que beneficiar o Estado ou então não perduraria. Nesse caso, as companhias petroleiras teriam de buscar o lucro em outro lugar.

O planejamento pós-guerra teve início antes mesmo de a onda de hostilidades virar-se a favor dos Aliados. Dessa vez, Roosevelt certificou-se de que os EUA seriam um membro fundador da nova organização global, a Organização das Nações Unidas. Novos atores globais como a União Soviética e a China participaram da distribuição dos espólios da guerra. Os Aliados estavam exaustos e tinham grande necessidade de ajuda econômica. Novamente, as nações da América Latina eram apenas atores menores nas negociações do mundo pós-guerra. As relações entre os Estados Unidos e o restante do hemisfério não se beneficiaram da guerra. As nações que produziam *commodities* estratégicas, como Chile e Peru, ficaram sem uma compensação adequada e foram muito enfraquecidos pelo conflito. Na bacia do Caribe, os ditadores tiveram permissão para consolidar seu poder em nome dos interesses da segurança hemisférica. O Brasil foi o país que provavelmente mais se beneficiou da guerra, em grande parte devido aos acordos que Vargas fizera antes do início dos combates.

No caso da Argentina, que havia resistido à pressão norte-americana para aliar-se nos esforços de guerra, os EUA estavam determinados a puni-la com a exclusão da ONU. Mas na conferência preliminar das nações hemisféricas ocorrida no Castelo de Chapultepec, na Cidade do México, em 1945, os latino-americanos juntaram forças para persuadir os EUA de que era fundamental haver uma organização regional, sem a exclusão de nenhuma nação. Os EUA assentiram à postura de união latino-americana e chegaram até a criar dentro da ONU o reconhecimento de organizações regionais, supostamente tendo em mente a União Pan-americana.[56] Afinal, as nações latino-americanas, reunidas, representavam o bloco único de maior número de votos na nova organização, e os EUA esperavam que elas participassem do empenho de proteger os valores declarados como metas dos esforços de guerra. Os otimistas em Washington tinham certeza de que as nações no hemisfério aceitariam facilmente a liderança dos EUA (hegemonia sem coerção) em tempos de paz e cooperação. Ignoraram completamente o fato de que na depressão e na guerra todas as nações latino-americanas haviam desempenhado um papel maior nos assuntos mundiais, e que sua nova percepção de protagonismo não se reconciliaria facilmente com o controle dos EUA.

A reunião no Castelo de Chapultepec foi notável não apenas pelo amplo consenso entre as nações latino-americanas de que a Argentina não podia ficar de fora da ONU, mas também por ser um catalisador do apoio latino-americano para uma comunidade hemisférica com regras, e pela crença de que a União Pan-americana teria de ser reformada, caso fosse atuar como a instituição organizadora da comunidade. Elas tentaram se proteger das intervenções de potências maiores por meio da Liga das Nações e fracassaram. Agora consideravam a ONU uma oportunidade de proteger sua independência, os princípios da não intervenção e a igualdade legal entre Estados soberanos por meio de uma instituição internacional sancionada pela própria ONU. Esperavam que assim pudessem desempenhar um papel mais expressivo na formulação de regras para sua comunidade.

Muitas nações queriam que a União Pan-americana expandisse sua agenda para incluir questões econômicas e sociais. Animados pela retórica triunfante que celebrava a vitória dos Aliados, os otimistas na América Latina acharam que o momento de realizar o sonho bolivariano havia chegado, inclusive com a cooperação dos Estados Unidos. Quando a Guerra Fria começou para valer, esse sonho tornou-se um pesadelo.

NOTAS

1. Archibald C. Coolidge, *The United States as a World Power* (NY: Macmillan, 1908) é um exemplo típico de uma análise autocentrada sobre o novo *status* dos EUA no mundo.
2. O estudo mais completo sobre a abordagem norte-americana do imperialismo é o livro de E. R. May, *American Imperialism: A Speculative Essay* (NY: Atheneum, 1968). A América Latina quase não aparece nas conversas que levaram às ações do governo dos EUA.
3. Sobre a dimensão econômica da expansão dos EUA, ver W. A. Williams, "Brooks Adams and American Expansion", *The New England Quarterly* (março de 1952). O raciocínio sobre a necessidade de uma expansão norte-americana era intensamente darwinista. A obra clássica de Mahan, *The Influence of Sea Power upon History, 1660-1783*, foi publicada pela primeira vez em 1890. Para uma abordagem mais abrangente da economia do imperialismo, ver Parker T. Moon, *Imperialism and World Politics* (NY: Macmillan, 1926).
4. Sobre a guerra contra a Espanha, ver E. R. May, *Imperial Democracy* (NY: Harcourt, Brace, 1961); Pablo de Azcarate, *La Guerra del 98* (Madrid: Alianza Editorial, 1968); e David F. Trask, *The War with Spain in 1898* (NY: Macmillan, 1981).
5. Considerando o papel da raça nas discussões do século XIX sobre imperialismo e civilização, é interessante notar que as forças anti-imperialistas nos EUA estavam numericamente divididas entre grupos progressistas e conservadores, e que ambos se indispunham a acolher raças "inferiores" na república. Ver Tulchin, "Edward Atkinson, The Reformer Who Would Not Succeed", *The Essex Institute Historical Collections*, v. CX, n. 2 (abril de 1969).
6. Maximiliano G. Gregorio-Cernadas, "Vestigios conceptuales del idealismo Kantiano en las ideas e instituciones que configuraron la política de seguridad eternal del gobierno de Alfonsin", artigo ainda não publicado em posse do autor.
7. Esse voto é frequentemente tido como um marco importante da política da Boa Vizinhança. Ver Bryce Wood, *The Making of the Good Neighbor Policy* (NY: Columbia UP, 1961).
8. Segundo Hedley Bull, *The Anarchical Society: A Study of Order in World Politics* (NY: Columbia UP, 1977), dominância é o alcance, por parte de um Estado, de uma superioridade militar, política e econômica em relação a outros Estados, com uso rotineiro de força contra potências mais fracas e com habitual desapreço em relação aos direitos e a soberania de Estados mais fracos. Hegemonia implica em menos controle e não envolve necessariamente o uso de força militar.
9. O episódio do Panamá é bem documentado. O acesso de raiva de Roosevelt pode ser lido em E. E. Morison, ed., *The Letters of Theodore Roosevelt* (Cambridge: Harvard UP, 1951).
10. Noel Maurer e Carlos Yu, *The Big Ditch How America Took, Built, Ran, and Ultimately Gave Away the Panama Canal* (Princeton: Princeton UP, 2011).
11. Esse episódio e os acontecimentos narrados nos parágrafos seguintes são contados da perspectiva dos EUA com grande detalhe por Dana G. Munro, *Intervention and Dollar Diplomacy in the Caribbean, 1900-1921* (Princeton: Princeton UP, 1964).

12 Root aceitou essa linha de raciocínio, e os delegados dos EUA na Conferência do Rio, em 1906, foram instruídos a seguir a orientação de Drago. Ver Alberto B. Hart, *The Monroe Doctrine: An Interpretation* (Boston: Little, Brown, 1916), pp. 265-68.
13 Em consequência desse episódio, a maioria dos contratos de dívida soberana agora detém uma cláusula afirmando que todos os acionistas devem ser tratados de forma igualitária, *pari passu*. Isso vem gerando complicações até hoje para a reestruturação de dívidas onde houve calote (*default*), mas já é outra história.
14 Cyrus Veeser, *A World Safe for Capitalism. Dollar Diplomacy and America's Rise to Global Power* (NY: Columbia UP, 2002).
15 Munro, op. cit., pp. 235-6.
16 O episódio encontra-se em Arthur S Link, *Wilson*, v. 3, *The Struggle for Neutrality* (Princeton: Princeton UP, 1960). A citação está em Arthur Wolworth, *Woodrow Wilson*, 2 vols. (NY: Longmans, 1958). Essa insistência wilsoniana em forçar a democracia goela abaixo de governos indispostos foi retomada quase um século depois quando George W. Bush e seus conselheiros neo-wilsonianos prometeram impor a democracia no Iraque por meio de força militar. Eles supunham que o povo iraquiano fosse aderir em massa à causa da democracia.
17 O embaixador de Wilson em Buenos Aires, Charles H. Sherrill, tentou estender a visão wilsoniana a um Triângulo de Paz Pan-Americano, em que as nações sul-americanas, tidas como democracias consolidadas e estáveis, trabalhariam com os EUA para manter a paz. Ver Sherrill, *Modernizing the Monroe Doctrine* (Boston: Houghton Mifflin, 1916).
18 Greg Grandin, "The Pentagon's New Monroe Doctrine," *The Nation* (8 de fevereiro de 2010); *New York Times*, 24 de abril de 2011, "Halfway in With Obama", wk, 1,5. Essa ideia surgiu em março de 2014, quando os russos tomaram o controle da Crimeia.
19 Houve alguns casos em que os EUA enviaram consultores financeiros, conhecidos como "Doutores do Dinheiro" ("*Money Doctors*", em inglês) para países fora da bacia do Caribe. Ver Paul Drake, *The Money Doctors in the Andes* (Durham: Duke UP, 1989). Depois da Segunda Guerra Mundial, os representantes do Banco Mundial e do FMI exerceriam essa função.
20 Michael H. Hunt, *The American Ascendency: How The United States Gained and Wielded Global Dominance* (Chapel Hill: UNC Press, 2007); Lars Schoultz, "Latin America in the United States", em Eric Hershberg e Fred Rosen, eds., *Latin America After Neo-Liberalism: turning the Tide in the 21st Century* (NY: Norton, 2006); Schoultz, *Beneath the United States: a history of U.S. policy toward Latin America* (Cambridge: Harvard Univ. Press, 1998); e Brian Loveman, *No Higher Law American Foreign Policy and the Western Hemisphere since 1776* (Chapel Hill: UNC Press, 2010).
21 A literatura sobre as intervenções dos EUA na América Central é vasta. Para uma introdução, ver Tulchin, *The Aftermath of War* (NY: NYU Press, 1971) e Dana G. Munro, *Intervention in the Caribbean* (Princeton: Princeton UP, 1964).
22 Ver a seguir, capítulo "Protagonismo pós-hegemonia: ordem ou desordem?". Depois da Guerra Fria, os Estados que foram levados à democracia por pressão internacional e de seu próprio povo eram chamados de "regimes autoritários competitivos". Ver Steven Levitsky e Lucan A. Way, *Competitive Authoritarianism* (Cambridge: Cambridge UP, 2010). Levitsky e Way tratam do aspecto internacional desse fenômeno em "International Linkage and Democratization," *Journal of Democracy*, v. 16, n. 3 (2005); e "Linkage versus Leverage", *Comparative Politics*, v. 38, n. 4 (2006).
23 Todo esse material foi obtido do Diário de Chandler P. Anderson, disponível na Biblioteca do Congresso em Washington. Há uma biografia parcial de Anderson, em Benjamin T. Harrison, *Dollar Diplomat: Chandler Anderson and American Diplomacy in Mexico and Nicaragua, 1913-1928* (Pullman: Washington State University Press, 1988). Sobre as políticas latino-americanas de Hughes e Kellogg, ver Danelski e Tulchin, eds., *The Autobiographical Notes of Charles Evans Hughes* (Cambridge: Harvard UP, 1973); L. Ethan Ellis, *Frank B. Kellogg and American Foreign Policy* (New Brunswick: Rutgers UP, 1961); e William Kamman, *A Search for Stability: United States Diplomacy Toward Nicaragua, 1925-1933* (South Bend: Univ. of Notre Dame, 1968).
24 Juan Bautista de Lavalle, *El Perú y la Gran Guerra* (Lima, 1919). Sobre a neutralidade chilena, ver Enrique Recuant y Figueroa, *The Neutrality of Chile* (Valparaíso, 1919).
25 Baltasár Brum, *American Solidarity* (Montevideo, 1920).

[26] L. M. Moreno Quintana, *Política Americana* (BA, 1922).
[27] Citação em Martin, *Latin America and the War*, pp. 13-5. Yrigoyen expressou essa ideia muitas vezes durante seu governo e não obteve resposta.
[28] Naon, reproduzido em "International Conciliation", *Bulletin*, n. 20 (abril de 1919). Ibid.
[29] Rosemary Thorp, *Latin America in the 1930s: The Role of the Periphery in World Crisis* (London: St. Martins, 1984).
[30] Esse episódio é narrado em Tulchin, *Argentina and The United States: a Conflicted Relationship*. Para uma discussão de várias doutrinas de reconhecimento na América Latina, ver J. Irizarry y Puente, "The Doctrines of Recognition and Intervention in Latin America", *Tulane Law Review*, v. XXVIII, n. 3 (1954).
[31] Tulchin, *Aftermath of War*. Para uma discussão contemporânea da importância do petróleo, ver Pierre de la Tramerye, *The world Struggle for Oil* (NY: Knopf, 1924).
[32] Conhecido como Memorando Clark; discutido em Tulchin, *Aftermath*.
[33] Lloyd Gardner, *Safe for Democracy. The Anglo-American Response to Revolution, 1913-1923* (1984).
[34] George Beelen, "The Harding Administration and Mexico. Diplomacy by Economic Persuasion", *The Americas*, v. XVI, n. 2 (1984). Os pontos de vista do secretário Hughes encontram-se em *Autobiographical Notes*.
[35] Daniela Spenser, "Forjando una nación posrevolucionaria," in Jorge Schiavon, D. Spenser e M. Vázques Olivera, eds., *En busca de una nación soberana* (CIDE, 2006); Friedrich Schuler, *Mexico Between Hitler and Roosevelt* (1998).
[36] Knut Walter, *The Regime of Anastasio Somoza* (Chapel Hill: UNC Press, 1993); Michel Gobat, *Confronting the American Dream: Nicaragua under U.S. Imperial Rule* (Durham: Duke Univ. Press, 2005).
[37] A. McPherson, *Yankee No! Anti-Americanism in Latin America* (2006); Richard V. Salisbury, *Anti-Imperialism and International Competition in Central America, 1920-1929* (Wilmington, DE: SR Books, 1989). Em um livro recente, *Rethinking Anti-Americanism: The History of an Exceptional Concept in American Foreign Relations* (NY: Cambridge UP, 2013), Max Paul Friedman dedica-se ao comportamento norte-americano em relação às críticas, considerando-o uma reação injustificável fundamentada na ideia de excepcionalidade e na oposição a movimentos reformistas.
[38] José Vasconcelos, *La raza cósmica* (México: Espasa Calpe, 1925).
[39] Arturo Uslar Pietri, *De una a otra Venezuela* (Caracas: Monte Ávila, 1949).
[40] Oswald de Andrade, "Manifesto Antropófago", *Revista de Antropofagia*, n. 1 (1928).
[41] H. Hoetink, *The Two Variants in Caribbean Race Relations* (NY: Oxford University Press, 1967).
[42] Por exemplo, ver José Carlos Mariátegui, *Siete Ensayos* (1928). Mariátegui vinculava o nativismo ao anti-imperialismo marxista, mas movimentos trabalhistas na região eram na maior parte ambivalentes sobre a questão da raça, e a composição racial da força de trabalho foi motivo de conflitos internos dentro de movimentos progressistas e sindicalistas na maioria dos países até a Segunda Guerra Mundial.
[43] Federico Finchelstein, *Transatlantic Fascism* (Durham, NC: Duke UP, 2010).
[44] Para a ascensão do realismo social e da função da propaganda nas artes durante a depressão na Argentina, ver *The Journal of Decorative and Propaganda Arts*, v. 18 (1992). O México exaltava a arte patrocinada pelo governo na década de 1930, mas teve a felicidade de contar com uma geração de pintores de murais cujas obras foram além de seu tempo.
[45] O texto clássico é *Dependencia y Desarrollo* (1969), de Fernando Henrique Cardoso e Enzo Faletto. Cardoso herdou suas ideias principais de seu mentor, Raúl Prebisch, que primeiro as desenvolveu no período em que assumiu o Banco Central da Argentina na década de 1930. Prebisch depois ampliou seu pensamento com o auxílio de um grupo extraordinário de colegas mais novos, inclusive Cardoso, Celso Furtado, Osvaldo Sunkel e Aníbal Pinto. O primeiro artigo de Prebisch foi publicado em inglês pela ONU, *The Economic Development of Latin America and its Principal Problems* (1950), baseado em sua apresentação na conferência da ONU em Havana no ano anterior. No mesmo ano, o economista Hans Singer publicou seu artigo tratando do mesmo assunto, "The Distribution of Gains...", *American Economic Review, Papers and Proceedings* (maio de 1950). A obra deles é hoje conhecida como a Tese de Prebisch-Singer, sobre a deterioração das condições de comércio entre produtos primários e bens manufaturados e as diferenças de preço que fazem parte dessa troca desigual. Os economistas marxistas ortodoxos preferiam as economias de comando e desconfiavam dos capitalistas; ver Paul Baran, *The Political Economy of Growth* (1957).

46 Tulchin, "Decolonizing an Informal Empire: Argentina, Great Britain and the United States, 1930-1943", *International Interactions*, v. I, n. 3 (1974).
47 Tulchin, "The Argentine Proposal for Non Belligerency, April 1940", *The Journal of Interamerican Studies*, v. XI, n. 4 (1969).
48 Os governos controlados por figuras militares carismáticas que promoviam uma agenda nacionalista agressiva passaram a ser chamados de regimes nasseristas, em referência ao governante egípcio Gamal Nasser.
49 Bryce Wood, *The United States and Latin American Wars, 1932-1943* (1966); David H. Zook, *The Conduct of the Chaco War* (1960).
50 Wood considera esses esforços como sinal de uma crescente comunidade no hemisfério e um resultado positivo da política da Boa Vizinhança. Ver Norman A. Bailey, "The Inter-American System for the Maintenance of Peace and Security in the Western Hemisphere" (Tese de Doutorado, Columbia University, 1962), em que argumenta que houve uma repetição do uso latino-americano das potências estrangeiras para proteger as nações da região de agressões externas. Acredito que seja mais isso; mas há evidências de uma sensação crescente de comunidade, mesmo que resulte apenas do avanço da tecnologia nas comunicações.
51 Carlos Marichal S., et al., *Mexico y las conferéncias panamericanas, 1889-1938* (Mexico, DF: SRE, 2002). Trata-se de uma investigação pioneira em materiais de arquivos mexicanos sobre o tema.
52 Stetson Conn e Byron Fairchild, *The Western Hemisphere, The Framework of Hemispheric Defense*, 2 vols. (Washington, DC: Office of the Chief of Military History, Dept of the Army, 1960).
53 Essa nova zona de segurança é descrita em Conn e Fairchild, op. cit.
54 Foi nessa reunião que o representante argentino, Enrique Ruiz Guiñazú, disse ao subsecretário de Estado Sumner Welles que achava que o Eixo ganharia a guerra e que os nazistas representavam o verdadeiro futuro da democracia política. Ver Welles, *Time for Decision* (1944).
55 Frank D. McCann, Jr., *The Brazilian-American Alliance, 1937-1945* (Princeton: Princeton Univ. Press, 1973); Stanley Hilton, *Brazil and the Great Powers* (Austin: Univ. of Texas Press, 1976) e *German Military Espionage and Allied Counter Espionage in Brazil* (Baton Rouge: LSU Press, 1981); John D. Wirth, *The Politics of Brazilian Development, 1930-1954* (Stanford: Stanford UP, 1970).
56 O Departamento de Estado manteve sua campanha contra a Argentina por vários anos. A autonomia demonstrada por Juan D. Perón, o novo líder da nação, não gerou uma maior solidariedade do governo norte-americano em relação às ambições da Argentina por um protagonismo global. Em menos de vinte anos, quando a Guerra Fria estava a todo vapor, os EUA ignoraram os pleitos latino-americanos para que Cuba não fosse expulsa da OEA.

A Guerra Fria no hemisfério

Várias datas são usadas para marcar o início da Guerra Fria. O presidente Harry Truman empregou o termo em um discurso direcionado ao Congresso, em 12 de março de 1947, pedindo apoio no envio de dinheiro e armas ao governo grego para o combate a uma ameaça de golpe comunista. O uso mais famoso do termo foi feito em uma dura afirmação de Winston Churchill um ano antes, em 5 de março de 1946, no discurso de formatura que proferiu no Westminster College, em

Fulton, Missouri. Mas, na visão do governo dos Estados Unidos, a luta contra a subversão promovida por agentes da União Soviética no hemisfério ocidental teve início muito antes, gerando consequências para os tipos de ambição hegemônica dos EUA durante a Guerra Fria.

O período da Guerra Fria foi caracterizado por uma abordagem cada vez mais maniqueísta por parte dos EUA na tentativa de proteger sua segurança no hemisfério. A instabilidade na América Latina fora considerada uma ameaça indireta aos EUA porque poderia permitir a intervenção de uma potência estrangeira na região. Já durante a Segunda Guerra Mundial, o foco na segurança norte-americana passou a ser mais forte, com o temor de ataques por nações beligerantes. Ao mesmo tempo, porém, enraizou-se a ideia de que a segurança dos EUA também poderia ser ameaçada por agentes inimigos que, operando no interior de um país latino-americano, fossem capazes de subverter o governo em favor dos interesses de uma potência estrangeira. Quando a Guerra Fria se intensificou, o conceito de subversão adquiriu uma proeminência cada vez maior, na avaliação tanto das nações latino-americanas quanto dos Estados Unidos. Quem teria o direito ou o poder de determinar o que era considerado subversivo a um governo e como essa suposta subversão poderia ameaçar os Estados Unidos? A caça por subversivos corroeu a fibra moral da política e da sociedade nos Estados Unidos durante a Guerra Fria. Corroeu as relações hemisféricas por muito mais tempo.

A indiferença ou a tolerância em relação ao Partido Comunista ou a conhecidos agentes da Internacional Comunista na América Latina foi motivo de preocupação para o governo dos EUA. O secretário de Estado Frank Kellogg já reclamava de tais agentes operando junto às forças de Sandino na Nicarágua. Kellogg também não gostara da influência mexicana no conflito civil da Nicarágua e confessou ao Congresso que não entendia se o governo do México, que se autodenominava Movimento Nacional Revolucionário (MNR), era um ator independente ou se uma marionete da União Soviética para fomentar a discórdia no hemisfério.[1]

Houve pouco desdobramento das advertências de Kellogg, sobretudo porque a subversão era algo simplesmente muito vago e subjetivo para um Departamento de Estado que tentava dar fim às intervenções na região e reduzir o escopo das interferências dos EUA. A subversão não tinha nenhum dos aspectos concretos dos navios de guerra e das tropas de países estrangeiros. Além disso, a União Soviética não era um inimigo declarado dos EUA, então sua influência ou potencial de influência não se ajustava dentro do sistema de raciocínio estratégico da Doutrina Monroe. Apesar da hesitação do Departamento de Estado em épocas de paz, durante as duas guerras mundiais o governo norte-americano não teve dificuldade em identificar os agentes das potências beligerantes e atacar a subversão em qualquer lugar que ela surgisse, independentemente da resistência do país que a abrigava.

O conceito de subversão durante as duas guerras tornou-se uma senha para que os oficiais do governo norte-americano interviessem nos assuntos internos de outras nações ao redor do hemisfério. Durante a Guerra Fria, qualquer preocupação relacionada à subversão anulava todas as inibições de uma invasão hegemônica em termos de geografia ou causa provável. A subversão estava nos olhos de quem via e podia ser denunciada antes mesmo de haver qualquer ação que pudesse ser verificada. Quando a Guerra Fria expandiu seu domínio sobre a política e o pensamento estratégico dos EUA, as tensões com as nações latino-americanas cresceram exponencialmente e enfraqueceram qualquer sensação comum de boa vontade que tivesse resultado da política da Boa Vizinhança e da luta compartilhada contra os países do Eixo.

Durante a Guerra Fria, a subversão adquiriu uma dimensão ideológica que não havia tido durante as guerras mundiais. A luta contra a União Soviética era sistêmica. O anticomunismo tornou-se o cerne da ambição hegemônica dos EUA, superando outros fatores como as questões preocupantes da governança democrática, do desenvolvimento econômico e daquilo que se consideravam os valores centrais que uniam as nações da comunidade hemisférica. No século XIX, houve debates entre Jefferson e Madison, e, antes da Primeira Guerra Mundial, entre wilsonianos e construtivistas estritos. Da mesma forma, também houve debates durante a Guerra Fria entre aqueles que acreditavam que a força dos EUA residia no compartilhamento de seus valores centrais – seu *"soft power"* e respeito pelos direitos humanos e pela democracia – e os que insistiam que a ameaça de uma subversão comunista era tão terrível que não se podia usar o respeito pelos valores norte-americanos como justificativa para permitir que o mal triunfasse em algum ponto do hemisfério ou em qualquer lugar do mundo. Não era suficiente que os latino-americanos se declarassem democratas. Tinham de provar que eram anticomunistas o bastante e que estavam determinados a se proteger – e, por extensão, proteger os EUA – da subversão comunista. As forças democráticas estiveram presentes no hemisfério durante toda a Guerra Fria, mas quase sempre sua voz foi abafada por aqueles que alardeavam listas de subversivos. Houve programas de fortalecimento democrático no arsenal norte-americano de armas contra o comunismo, mas quase sempre eram preteridos em favor de programas de treinamento militar e de capacitação de policiais para erradicar a subversão.[2]

A confiança daqueles que insistiam nas prerrogativas da hegemonia norte-americana no hemisfério era fortalecida pelo fato de que, ao fim da Segunda Guerra Mundial, os EUA tinham o exército mais poderoso do mundo, seu PIB representava a metade do total da produção mundial e o dólar havia se tornado a principal moeda de troca no mundo. O que distingue o período da Guerra Fria em relação ao passado e ao futuro foi o cálculo de soma zero e maniqueísta feito pelo governo dos EUA de seus interesses no hemisfério, com a imposição, sobre as nações da região, de uma rígida camisa de força ideológica que avaliava a segurança. Com a exceção de poucos períodos e episódios, o governo norte-americano relegou a segundo plano todas as conversas sobre desenvolvimento, governança democrática e direitos humanos. Quando havia provas de subversão ou de ameaça dela, a política externa dos EUA repetidamente sacrificava as questões de governança democrática, direitos humanos, direitos civis, contestação política e desenvolvimento econômico e social, justo no momento em que adquiriam maior importância para cada vez mais pessoas na América Latina.

É impossível exagerar o prejuízo causado por esse cálculo míope, de soma zero e ideológico dos interesses da segurança nacional dos EUA para os povos do hemisfério e para as relações entre América Latina e Estados Unidos. As Forças Armadas de diversos países da região revestiram-se da ideologia do anticomunismo, criaram Estados de segurança nacional e assassinaram milhares e milhares de seus cidadãos com o intuito de extirpar a subversão. O avanço da governança democrática e do Estado de Direito foi interrompido por décadas. Muitos na região que antes simpatizavam com os EUA e adotavam seus valores centrais como modelo em seus países logo passaram a ver o governo em Washington como inimigo de sua luta por democracia, por desenvolvimento e por progresso social. Na América Central, onde o Exército não tomou o poder, as oligarquias civis lutavam contra seus próprios conterrâneos, usando o combate à subversão comunista como justificativa para seus atos. Isso gerou praticamente uma guerra civil na Guatemala, na qual mais de duzentos mil indígenas foram mortos e precipitou um conflito civil em El Salvador e na Nicarágua. O sonho bolivariano tornava-se um pesadelo.

O fim da guerra mundial foi um momento de otimismo em relação à evolução da comunidade hemisférica. Muitos na América Latina viam a supremacia dos EUA no mundo como uma oportunidade de consolidar suas frágeis democracias e de trabalhar ao lado dos EUA para ampliar o desenvolvimento de suas economias, que haviam sido muito deterioradas durante a guerra. Em Chapultepec, e depois em São Francisco no encontro que estruturou a ONU, os líderes latino-americanos lograram inserir no estatuto da ONU um reconhecimento privilegiado de organizações regionais. Isso significava que a União Pan-americana tinha de ser fortalecida e ampliada. Os latino-americanos queriam incluir questões econômicas na pauta do sistema hemisférico. A nova ONU teria uma Comissão Econômica para a América Latina, chefiada por Raúl Prebisch, um latino-americano, e queriam que sua organização hemisférica lidasse com as mesmas questões. A grande maioria dos líderes hemisféricos, ou por não ver alternativa ou por realmente acreditar nessa forma de comunidade hemisférica, adotou a nova Organização dos Estados Americanos como o mecanismo de alcançar metas nacionais e da comunidade. Era o único mecanismo que tinham de pressão coletiva contra os EUA. Durante a Guerra Fria, na perseguição de sua agenda anticomunista, os EUA enfraqueceram a OEA e subestimaram sua utilidade como um instrumento de protagonismo latino-americano.

Antes de a União Pan-americana conseguir ser reorganizada, os EUA insistiram em um acordo regional de segurança para proteger o hemisfério contra um ataque comunista. No Rio de Janeiro, em 1947, o acordo foi feito. No ano seguinte, a comunidade se encontrou em Bogotá e criou a Organização dos Estados Americanos, que adquiriu poder para lidar com questões sociais e econômicas, além dos assuntos usuais de política e segurança. Enquanto se encontravam, em abril de 1948, o líder carismático e populista do Partido Liberal, Jorge Eliécer Gaitán, foi assassinado. Gaitán estava reivindicando precisamente o tipo de reforma social e econômica que a nova OEA deveria contemplar para impedir o surto de rebeliões violentas. O assassinato de Gaitán provocou enormes revoltas na cidade, o que ficou conhecido como *Bogotazo*. Essas revoltas logo impulsionaram a criação de um grupo de guerrilha, as Forças Armadas Revolucionárias da Colômbia (Farc), que tomou a selva e foi em busca das mudanças reivindicadas por Gaitán. Na década seguinte ao *Bogotazo*, mais de 250 mil colombianos foram mortos, em um episódio que ficou conhecido como *La Violencia*.[3] Mais de 50 anos depois, as Farc continuam lutando no interior do país, embora em 2012 eles tenham iniciado negociações de paz em Havana com o governo colombiano. Diz-se que Fidel Castro estava em Bogotá nesse período de revoltas e protestos, embora não se tenha provas. Ainda assim, o mito fornece uma ligação simbólica entre as revoltas populares em Bogotá e a revolução em Cuba, em 1959, a qual foi a derradeira luta por mudanças sociais e um enfrentamento da hegemonia norte-americana.

O episódio mais relevante de criação de um regime de cunho esquerdista foi a eleição em 1945 de Juan José Arévalo na Guatemala, que destituiu o ditador Jorge Ubico, que estava havia anos no poder. O governo era apoiado por um crescente movimento operário que canalizava os antigos rancores contra as empresas estrangeiras exportadoras de banana, e também por uma crescente classe média urbana. O novo governo prometia reformas agrárias e proteção dos direitos da maioria indígena e mestiça do país, mas Arévalo era um tímido reformista. Foi sucedido por Jacobo Arbenz, que liderou o exército contra aqueles que, nos anos de 1944 e 1945, queriam colocar um novo ditador no lugar de Ubico. Como presidente, Jacobo Arbenz levou alguns comunistas para dentro do governo e combateu a United Fruit Company, que dominara a economia por metade de um século.[4] O governo Eisenhower combateu agressivamente o governo de Arbenz e, em 1954, a CIA providenciou que o coronel Carlos Castillo Armas abrisse mão de sua aposentadoria para liderar o golpe que derrubou Arbenz.

O episódio da Guatemala é digno de nota porque levou os EUA a cometer abusos na relativamente nova OEA, a ponto de quase impossibilitar o seu bom funcionamento por décadas. Também é digno de nota por colocar em evidência o fato de que todos os reformistas progressistas estavam sujeitos a ataques da direita. A justificativa era de que seus governos não passavam de um pretexto para a subversão comunista ou que enfraqueceriam o sistema político a ponto de deixá-lo suscetível a um controle comunista. Esse episódio mostra como os EUA haviam se tornado intolerantes em relação a programas nacionais de países que queriam reformar sociedades desiguais e sem liberdade. A força simbólica desse episódio tornou-se – e continua sendo – um argumento potente contra a confiança nos EUA em termos da proteção dos valores centrais de democracia e direitos humanos.

A democracia social, no fim da guerra, aparentava pela primeira vez ser uma alternativa viável aos regimes reacionários e oligárquicos. Espelhando-se no New Deal norte-americano como esperança e modelo, reformistas em diversas partes da região se uniram para criar a Legião do Caribe, como foi chamada, com o intuito de promover uma agenda progressista para o futuro da região. Receberam ajuda também dos republicanos espanhóis que vieram para a América Latina quando Franco tomou o poder. Eles foram fundamentais para a formação do governo da Frente Popular no Chile, em 1938-1941, para a evolução do movimento operário argentino, para o apoio do regime de Cárdenas no México, em 1934-1940, e para projetar uma voz de oposição à ditadura de Trujillo.[5] Uma ponte política entre o New Deal e a bacia do Caribe foi feita por Rexford Tugwell, um dos "assessores cerebrais, ou acadêmicos" ("*brain trusts*", em inglês) originais de Franklin Roosevelt. Tugwell foi nomeado governador de Porto Rico em 1941 e trabalhou de perto com Luis Muñoz Marin, então presidente do Senado, para promover programas sociais viáveis na ilha. Arévalo foi um dos membros fundadores da Legião do Caribe, ao lado de Rómulo Betancourt, então exilado da Venezuela, e Juan Bosch, exilado pela ditadura de Trujillo na República Dominicana. Alguns anos depois, juntou-se a eles José Figueres, que havia liderado uma revolta armada contra os militares na Costa Rica, tornando-se presidente do país em 1949. Todos tinham como ponto de referência a Constituição cubana de 1940, redigida com o conhecimento dos representantes de Roosevelt. Os empenhos desses reformistas foram impulsionados por programas de apoio a sindicatos dos trabalhadores e à democracia social coordenados, depois da guerra mundial, pelo Departamento de Estado norte-americano e pela Agência dos Estados Unidos pelo Desenvolvimento Internacional.[6]

Na década seguinte à formação da OEA, os latino-americanos sentiam que os Estados Unidos não davam atenção a seus interesses ou a suas necessidades, forçando-os repetidamente a apoiar uma defesa hemisférica contra a subversão. A resposta violenta à visita do vice-presidente Richard M. Nixon ocorrida em maio de 1958 à Venezuela, um dos países mais próximos aos EUA e governado por um social democrata que apoiava o "*soft power*" norte-americano, representou um sinal de alerta aos EUA. Em uma extraordinária ação conjunta de protagonismo, os presidentes da Colômbia, Alberto Lleras Camargo, e do Brasil, Juscelino Kubitschek, articularam juntos um modelo de progresso social, com certa ajuda de simpatizantes acadêmicos nos EUA, e apresentaram-no ao governo norte-americano. No momento em que o presidente Dwight D. Eisenhower deixou o cargo, em 1961, ele já tinha conseguido fazer a burocracia produzir um programa maciço de ajuda econômica, o Fundo Fiduciário de Progresso Social (SPTF, na sigla em inglês), com o intuito de acalmar os protestos latino-americanos por não terem recebido algo análogo ao Plano Marshall depois da guerra. O SPTF metamorfoseou-se no Banco Interamericano de Desenvolvimento e em uma apropriação do Congresso para um programa de auxílio substancial, que se tornou a Aliança pelo Progresso durante o breve mandato de John F. Kennedy.[7]

Esses passos representavam uma nova tentativa dos EUA de alcançar sua meta de segurança por meio da junção de uma promoção da democracia no estilo wilsoniano com uma versão atualizada da Diplomacia do Dólar. Nela, o Estado fornecia a maior parte do capital, e não os bancos privados ou investidores, e os líderes locais tinham de definir as metas de desenvolvimento de suas nações e negociar normas para o uso do auxílio ao desenvolvimento. Apesar desses empenhos de reforma, a tendência principal no hemisfério nas primeiras décadas da Guerra Fria inclinava-se a uma definição sufocante e totalizadora de segurança. O debate sobre a Aliança para o Progresso incluía a noção de que a fome e o subdesenvolvimento geravam instabilidade social e levavam ao comunismo, enquanto que o desenvolvimento econômico fortaleceria a capacidade dos Estados de enfrentar as pressões subversivas. A falta de capacidade ou de vontade dos EUA de reconhecer a diferença entre reformistas sociais e radicais subversivos, com algumas notáveis exceções, atribuiu às oligarquias conservadoras da região um benefício duradouro. A liderança norte-americana proporcionava uma forma perversa de legitimidade, ao redor do hemisfério, para que os governos reduzissem o espaço político aberto a contestações, reprimissem as organizações que exigiam justiça social e fechassem as instituições capazes de promover o debate ou a dissidência. A política em todo o hemisfério nas primeiras três décadas da Guerra Fria foi instável e polarizada, com uma forte tendência à erosão da democracia. Nos lugares onde as Forças Armadas alcançaram um *status* institucional, essa tendência culminou em algo chamado de autoritarismo burocrático e Estado de segurança nacional, em que as Forças Armadas e seus aliados civis tomavam o poder em nome da nação, da segurança e do anticomunismo.[8]

O desejo por desenvolvimento econômico, e não a ideologia, impulsionava a visão de mundo da maioria dos países latino-americanos durante a Guerra Fria. O colapso econômico da Grande Depressão levou muitos regimes na região a sentir uma forte pressão. A contestação política e econômica tornou-se mais agressiva e os episódios de violência social ocorriam com maior frequência. Pode-se considerar que ocorreram episódios pré-revolucionários em El Salvador, Cuba, Honduras, Brasil, Argentina e Peru. O exército foi acionado em vários países para restabelecer a ordem e, em alguns casos, a reorganizar a orientação nacional. Na maioria das vezes, esse cenário produziu regimes autoritários de direita, com ou sem respaldo militar. Mesmo nessa época, cogitavam-se os modelos europeus. O general Juan Carlos Onganía, que assumiu o poder na Argentina em 1966, supostamente disse na primeira reunião de seu gabinete que seu amigo Francisco Franco, o ditador espanhol, havia lhe ensinado que as "coisas" tinham de ser "amarradas, e bem amarradas".[9]

A experiência econômica da depressão colocou em brutal evidência que o dilema principal dos países menos desenvolvidos era a falta de capital. Se, no século XIX, a divisão internacional do trabalho prometia o suprimento de capital em troca de produtos primários, agora essa lógica não servia mais. Seguindo Prebisch e outros críticos do que veio a chamar-se "intercâmbio desigual", os governantes na região agora enfatizavam a necessidade de um controle maior dos recursos nacionais e de uma produção interna que reduzisse a vulnerabilidade do país em um mercado internacional do qual tinham pouco ou nenhum controle.

Essa atuação produziu uma série de políticas que foram seguidas por governos civis e militares, por governos que assumiam visões progressistas ou conservadoras. Os elementos comuns dessas políticas eram o nacionalismo e um papel privilegiado do Estado.

Uma das realizações mais significativas dos sociais democratas na Venezuela foi a criação da Organização dos Países Exportadores de Petróleo (OPEP), o cartel de países produtores de petróleo, para combater a imposição internacional do preço do petróleo por multinacionais que dominavam o mercado. A figura central desse episódio foi Juan Pablo Pérez Alfonzo, o ministro de Minas e Hidrocarbonetos de Betancourt e membro fundador do partido social democrata Acción Democrática, que reuniu o Irã, Iraque, Kuwait e a Arábia Saudita em Bagdá para juntarem-se à Venezuela na criação da OPEP. Fundada em 1960, exatamente no mesmo ano em que Eisenhower constituiu o Fundo Fiduciário de Progresso Social, a OPEP representou a primeira iniciativa bem-sucedida de um país latino-americano de influenciar o preço de seu produto principal de exportação. Sua meta original era "o direito inalienável de todos os países de exercer uma soberania permanente sobre seus recursos naturais segundo o interesse do desenvolvimento nacional". A experiência da OPEP levou o governo da Venezuela a criar a companhia nacional de petróleo, PDVSA, colocando o país ao lado da Argentina, do Brasil, da Bolívia e do México na tentativa de exercer o controle nacional sobre a extração, produção e exportação de seu petróleo.[10] Esse foi um passo importante na criação do protagonismo da Venezuela no sistema internacional, pois consistiu em uma expansão para além do hemisfério e proporcionou uma nova vantagem aos países em desenvolvimento para assumir o controle de seu destino econômico. O governo de Betancourt na Venezuela, unindo a OPEP com sua democracia, exerceu um protagonismo inédito nos assuntos hemisféricos, um protagonismo que a Venezuela manteria por décadas.

Houve um caso de regime militar progressista, no Peru, liderado pelo general Juan Francisco Velasco Alvarado, 1968-1975, que uniu as políticas de desenvolvimento nacional com iniciativas para melhorar o destino da maioria indígena e mestiça do país. A expropriação de uma companhia de petróleo pertencente à Standard Oil (atualmente Exxon) provocou um conflito entre o regime e os Estados Unidos. As iniciativas de incluir grupos indígenas rurais no processo político gerou um grande atrito dentro do Exército e das elites civis. Velasco Alvarado foi substituído por um general mais conservador em 1975.[11]

Mas o Peru não era tão excepcional assim. O Exército em todos os países tinha suas facções mais desenvolvimentistas, algumas mais proeminentes que outras em seu processo de políticas. Em diversos países, os líderes militares introduziram os estudos estratégicos no currículo das academias militares. Na América do Sul, os militares sentiam que tinham um grande papel para desempenhar nesse sentido, e para justificar sua postura contundente no debate político, referiam-se ao sucesso do general Gamal Nasser no Egito. Alguns militares referiam-se a si mesmos como "nasseristas", querendo dizer que fariam intervenções no processo político, usando o Estado de uma maneira disciplinada para proteger os interesses nacionais, principalmente as fontes dos recursos nacionais, as quais acreditavam que deviam ser utilizadas para o avanço do país e não simplesmente jogadas ao mercado internacional. Os militares no Brasil fizeram o melhor que podiam para manter uma atuação na África lusófona e tiveram um enorme empenho para fincar sua presença no Atlântico Sul. Orientavam-se por seu próprio estrategista, o general Golbery do Couto e Silva, que insistia para o país potencializar seu protagonismo por meio de sua influência geográfica.[12] Golbery adaptou esquemas geopolíticos tradicionais da Europa à realidade brasileira e instigava os militares e o governo a dar atenção especial ao vasto território do país. Brasília era um de seus projetos favoritos. E, como chefe da Casa Civil do presidente militar em 1964, Golbery defendeu uma série de políticas para promover o desenvolvimento nacional.

Golbery gerou imitadores entre os militares na Argentina, onde o general Juan E. Guglialmelli fundou o jornal intitulado *Estrategia*, o qual editou de 1969 até sua morte em 1983. Guglialmelli usou o jornal para advertir os argentinos contra as pretensões hegemônicas do Brasil na América do Sul, e uniu forças com políticos civis para encorajar os governos argentinos a promover políticas de infraestrutura, como rodovias, represas e a exploração dos recursos naturais de energia do país, como forma de rechaçar a hegemonia brasileira na região.

Com exceção do Brasil e da Argentina nas décadas de 1970, esses Estados de segurança nacional abandonaram a pretensão de buscar uma política externa autônoma. Seus objetivos principais eram a consolidação do poder em uma aliança aberta com os EUA e a eliminação de subversão interna, real ou imaginária. As instituições democráticas, que já não eram muito robustas, foram enfraquecidas, subestimadas ou simplesmente eliminadas. Liberdade de imprensa estava fora de cogitação. A política de desenvolvimento, caso implicasse em diversificação e mobilidade social, foi deixada de lado. Os argentinos estavam contentes em seguir à risca a linha anticomunista e anti-União Soviética até o governo de Carter manifestar seu descontentamento com o histórico de direitos humanos dos generais. Isso os levou a demonstrar um súbito interesse por uma relação econômica e diplomática com a União Soviética. A ditadura chilena, sob comando do general Augusto Pinochet, empregava uma abordagem desenvolvimentista de atribuir o controle da exploração dos recursos naturais da nação ao Exército e ao Estado, unindo isso a uma política macroeconômica fundamentalista, neoliberal (isto é, conservadora) e de livre-mercado.

No geral, a abordagem conservadora que privilegiava os interesses da segurança nacional dominava o debate nos EUA. Quando a CIA liderou o golpe contra Arbenz na Guatemala, o secretário de Estado John F. Dulles foi persuadido a ir à reunião prevista da Organização dos Estados Americanos em Caracas, em 1954. Dulles chegou no momento da plenária e fez um discurso rápido justificando a intervenção na Guatemala. Em seguida, deixou Caracas, antes que qualquer assunto da pauta de interesse dos Estados membros pudesse ser considerado. Seu comportamento depreciou o valor da OEA de tal forma que marcou a organização para sempre como uma marionete dos Estados Unidos, sem nenhuma importância para o país exceto para disfarçar suas ações unilaterais no hemisfério com um leve verniz de legitimidade coletiva. Porém, até o fim da Guerra Fria, não havia uma alternativa viável à OEA, e ela se manteve limitada, mas ativa, enquanto os Estados membros buscavam modos de torná-la útil para eles. Depois da Guerra Fria, os latino-americanos passaram a criar suas próprias organizações regionais. Uma primeira expressão de comunidade regional, com apoio de intelectuais nos movimentos de reforma da região, foi a criação da Faculdade Latino-Americana de Ciências Sociais (FLACSO), que permanece sendo uma expressão de cooperação intelectual e de identidade latino-americana.

Embora a linha conservadora predominasse na política externa norte-americana para a região, o debate interno continuava existindo, e a alternativa progressista ou liberal não estava calada. Na década de 1980, ela se consolidou, e a tese de uma preservação da democracia novamente adquiriu proeminência na política externa dos EUA para a América Latina. Até esse momento, nos anos seguintes ao golpe da CIA na Guatemala, os EUA deram atenção especial a essa nação, oferecendo uma ampla gama de programas de apoio ao exército e ao governo. Em uma discussão sobre o programa de treinamento da polícia, o Departamento de Estado objetou-se ao fato de que polícia e o exército enviados à Guatemala para treinar a polícia local no combate a insurgências estavam encorajando táticas indiscriminadas e brutais. O representante do Departamento de Estado, Viron "Pete" Vaky, fez a seguinte indagação: "É concebível que estejamos tão obcecados com as insurgências a ponto de racionalizar os assassinatos [e torturas] como armas no combate a essas insurreições?"[13] A resposta nessa reunião, como em muitas outras, foi "sim".

O secretário de Estado Henry Kissinger e o presidente Nixon usaram a CIA para instigar o Exército a promover um golpe contra o presidente Salvador Allende em 1973, e mostraram-se compreensivos em relação aos subsequentes assassinatos e tortura.[14] Alguns anos mais tarde, quando o Exército argentino depôs o governo da viúva de Juan

Perón, a junta enviou um representante a Washington para coordenar suas políticas com o governo de Nixon. Henry Kissinger teria dito ao general em sua visita para "executar rapidamente a matança" ("*get the killing done quickly*", no original, em inglês). Diante desse evidente sinal, o debate corrente sobre democracia e valores criou um espaço viável dentro da estrutura burocrática para permitir que oficiais do serviço diplomático na Argentina desafiassem abertamente os generais, preservando vidas, muitas vidas.[15] É possível imaginar a confusão e a raiva em Buenos Aires quando, apenas dois anos depois, já com Jimmy Carter na Casa Branca e Patricia Derian como oficial responsável pela América Latina no Departamento de Estado, os Estados Unidos deixaram claro que as violações dos direitos humanos pelos regimes militares eram um assunto sério, e cortaram a cooperação militar com a Argentina! Com essa reviravolta na política dos EUA, os diplomatas de carreira em Buenos Aires podiam usar abertamente seus bons ofícios para salvar as vidas dos argentinos que eram suspeitos pelo regime militar.[16]

De todos os progressistas da América Latina, Figueres parece ter percebido a necessidade de angariar o apoio dos EUA para manter-se no poder na Costa Rica, compreendendo que as categorias de debate em seu país teriam que se adequar pelo menos em parte aos termos dos interesses estratégicos dos EUA. Não significa que Figueres tenha iniciado sua carreira como estudioso de teoria das relações internacionais. Mas sugere que ele, no combate honesto ao anticomunismo, tenha percebido que a estabilidade da Costa Rica só seria possível se seus objetivos estratégicos fossem realistas em um mundo bipolar no qual os EUA dominavam o hemisfério ocidental. Sugere também que Figueres tenha percebido que o espaço possível de ocupação para a Costa Rica no sistema internacional – seu protagonismo – era uma função de sua capacidade de criar uma justaposição entre os interesses de seu país e os dos Estados Unidos. Após uma década de governo, Figueres formulou uma política externa para a Costa Rica que potencializava sua autonomia no sistema internacional de forma ampla. Simultaneamente, essa política distanciava a Costa Rica das pressões oligárquicas e da perigosa instabilidade dos países vizinhos e mantinha suas credenciais anticomunistas com os EUA. Para isso, Figueres deu início a uma cultura estratégica que enfatizava uma pauta progressista, a estabilidade democrática e uma neutralidade semelhante à da Suíça em relação aos conflitos regionais. A consistência dessa cultura estratégica tornou-se com o tempo a essência do protagonismo da Costa Rica durante o restante da Guerra Fria até hoje, fazendo com que o país tenha uma influência hemisférica e global muito além de seu tamanho e poderio econômico. A independência em relação ao Exército é um dos aspectos centrais desse protagonismo nos assuntos mundiais. Esse êxito singular demanda uma discussão sobre como a cultura estratégica da Costa Rica foi estabelecida.

Para avaliar a vontade da Costa Rica de ter protagonismo nos assuntos mundiais, é necessário considerar diversos fatores que frequentemente não são levados a sério por teóricos das Relações Internacionais. Em primeiro lugar figura o conceito dos pesadelos de uma nação e de como contribuem para gerar um consenso sobre política externa e para dar continuidade a ela. Isso é entendido como cultura estratégica. Em segundo lugar está o papel da liderança individual na criação de uma base para a política externa da nação. Em terceiro lugar está a noção de que o protagonismo pode ser alcançado por meio de uma concessão deliberada em relação à autonomia na comunidade mundial para acomodar as pressões da hegemonia norte-americana no hemisfério. Os três casos de sucesso em adquirir protagonismo mesmo diante da hegemonia dos EUA – o do Chile, da Costa Rica e de Cuba – mostram três abordagens diferentes com resultados parecidos. Todos os três apoiam a existência de uma comunidade internacional baseada em regras, na qual as variantes de uma abordagem realista tradicional têm peso, mas ficam subordinadas a outras variantes, como "*soft power*", o papel da sociedade civil internacional e a necessidade de expressar resistência à hegemonia dos EUA. Esse sucesso é crucial para entender a evolução da oposição ao controle dos EUA e a capacidade que as nações latino-americanas têm para alcançar alguma forma de identidade regional.

A cultura estratégica da Costa Rica fundamenta-se solidamente na crença generalizada de que a nação é fundamentalmente diferente das demais nações do istmo. Sua história pré-colombiana foi diferente; sua experiência colonial com a Espanha foi diferente e sua história nacional tem sido diferente. Claro que se pode argumentar que essas diferenças são pequenas, até mesmo triviais, e que não impediram que a Costa Rica desenvolvesse uma economia de exportação de café com as mesmas características essenciais que as economias desenvolvidas pelas elites liberais em outros países da região no século XIX. Aqueles que se concentram nas estruturas econômicas tendem a defender um argumento muito semelhante ao daqueles que se concentram na estrutura do poder social, embora seja certamente verdade que a Costa Rica não tenha as mesmas porcentagens de povos indígenas e afro-caribenhos que outras nações da região. Há uma hierarquia, há uma elite, e o café, juntamente com as atividades financeiras e comerciais ligadas a ele, é central para a formação da elite e para a distribuição do poder.

Essa explicação para a distinção da Costa Rica já foi dominante, mas hoje sofre ataques ou revisões, principalmente de uma nova geração de pesquisadores que se voltaram à América Central para estudar a violência civil nas décadas de 1970 e 1980. Para esses pesquisadores, a presença de povos afro-caribenhos na costa caribenha é um fenômeno importante que tem sido negligenciado. Ao mesmo tempo, a economia do café é a economia do café. E, se isso for prova de alguma coisa, a elite costa-riquenha é considerada por essa nova geração como tão coesa e excludente quanto as elites de outros países da região. Os revisionistas têm bons argumentos. No entanto, ainda há um amplo consenso dentro da Costa Rica sobre a segurança da nação e a política externa necessária para garantir sua proteção. Em outros termos, há uma cultura estratégica evidente na Costa Rica e ela tem um número evidente de seguidores.

O consenso sobre a cultura estratégica da nação fundamenta-se em três eventos traumáticos ocorridos no século passado. A cultura estratégica da nação pode ser entendida como uma evolução gradual de uma resposta coletiva a esses pesadelos. O primeiro consistiu na única rebelião militar contra um governo civil, liderada por Joaquin e Federico Tinoco nos anos que antecederam a Primeira Guerra Mundial. Os irmãos Tinoco estavam cansados do aspecto fracionado da oligarquia e particularmente temerosos em relação a um grupo que se aliava à Alemanha. Federico Tinoco tomou o poder em janeiro de 1917 e declarou que seu governo apoiaria a causa dos Aliados na Grande Guerra. Apesar dessa declaração, o presidente Woodrow Wilson decidiu não reconhecer o governo de Tinoco e manteve sua oposição bem depois do fim da guerra. No dia 11 de agosto de 1919, Joaquin Tinoco, chefe do Exército, foi assassinado nas ruas de San José. Federico deixou o país no dia seguinte. Um novo governo "legítimo" foi eleito em dezembro e apenas devido a uma doença o reconhecimento de Wilson foi adiado para agosto de 1920.

Um dos motivos que dificultaram a forma de lidar com Federico Tinoco foi o fato de que Emiliano Chamorro, da Nicarágua, com suas estreitas conexões no Departamento de Estado, deu abrigo a oponentes do governo e permitiu que preparassem invasões à Costa Rica. A fraqueza produzida por esse conflito mortífero deixou sua marca na elite costa-riquenha, principalmente porque as disputas não resolvidas geraram uma vulnerabilidade no país em relação a ataques da Nicarágua.[17]

O segundo episódio também resultou de uma revolta armada, uma revolução vinda da direita, liderada por um grupo de reformistas que temia que o governo estivesse inclinado para a esquerda, o que enfraqueceria o modo de vida democrático da nação e a deixaria exposta a intervenções dos Estados Unidos. A revolta foi liderada por um fazendeiro de café, José Figueres, um dos fundadores do Partido Liberación Nacional.[18] A ascensão de Figueres ao poder notabilizou-se por inaugurar novos precedentes, como a abolição do Exército.

É importante ressaltar a ironia de se fazer uma revolução para impedir uma mudança radical e a percepção absolutamente clara de protagonismo que "Don Pepe", como Figueres era conhecido, tinha.[19] Embora ainda não se empregasse o conceito na época, Don

Pepe queria usar o *"soft power"* da Costa Rica. Figueres percebia que no combate contra a antidemocracia, a da União Soviética e a do Partido Comunista na esquerda ou a dos ditadores autocráticos na direita, era indispensável formar uma aliança estreita com os Estados Unidos. Ele trabalhou arduamente para criar laços com líderes nos Estados Unidos que entendiam o impulso latino-americano reformista e nacionalista. Foi uma figura central na organização da Legião do Caribe, que opunha as ditaduras na região, e conquistou amigos nos EUA para apoiar suas atividades.[20]

O terceiro e último episódio que contribuiu para a cultura estratégica da Costa Rica foi a experiência de conflitos civis na Guatemala, Nicarágua, em El Salvador e Honduras durante as décadas de 1970 e 1980 e a militarização da região, que começou a invadir o território costa-riquenho. Esse cenário levou o governo da Costa Rica a procurar ajuda na região para resolver os conflitos, reduzir a intervenção norte-americana e o poder do exército. Fazer isso por conta própria não daria certo. Era claro para aqueles que governavam a Costa Rica que a sensação de não pertencimento ao restante da região continuaria a se enfraquecer, e que, para os Estados Unidos, durante a presidência de Reagan, com a predominância da ala direitista do Partido Republicano nos assuntos estratégicos, a distinção costa-riquenha importava menos do que a ameaça de revolução ou subversão na região. O desafio era encontrar uma forma de resolver os conflitos civis na região sem provocar um avanço da militarização com intervenções norte-americanas. A solução era uma ação coletiva. Na construção dessa ação coletiva, percebe-se a primeira manifestação concreta e bem-sucedida de protagonismo coletivo na região. Provaria ser uma parte constitutiva da transição da Guerra Fria para o mundo pós-Guerra Fria.

O México e a Colômbia, os dois extremos geográficos que fecham o istmo, estavam tão aflitos quanto os costa-riquenhos com a situação flamejante na América Central. Com apoio do Brasil, que atuou como observador, e com encorajamento dos governos social-democratas da Espanha, Alemanha e França, o governo do México organizou um encontro em janeiro de 1983 na ilha colombiana de Contadora, contando com a participação de Colômbia, Panamá e Venezuela. O primeiro passo foi enviar uma missão de observação para a fronteira entre Costa Rica e Nicarágua. O próximo foi organizar um encontro conferencial dos líderes dos governos em Cancun, México, em julho. A essa altura, as nações da América Latina, já não mais governadas por regimes militares – exceto o Chile –, perceberam a vantagem dessa abordagem e formaram o Grupo de Lima, com Peru, Argentina, Brasil e Uruguai, para oferecer apoio aos centro-americanos na busca de soluções pacíficas para seus conflitos civis.[21] Tratava-se de um protagonismo de comunidade sem precedentes.

Os EUA foram pegos em uma saia justa. No início, o governo Reagan irritou-se, mas não podia rejeitar publicamente a paz ou a possibilidade de dar fim aos conflitos. A primeira resposta de Washington ao encontro em Contadora foi exigir um grau mais alto de verificação no processo de paz e indicar a Comissão de Kissinger para acompanhar a situação. Embora os centro-americanos e seus aliados tivessem se unido em um trabalho conjunto devido à percepção de que o tempo estava contra eles, agora o cenário se inverteu, e o tempo estava a favor. À medida que os conflitos civis na Nicarágua, em El Salvador e na Guatemala se arrastavam, sem que nenhum dos lados fosse capaz de vencer o outro, o governo Reagan, agora em seu segundo mandato, começou a perceber uma virada a seu favor na disputa bipolar com a União Soviética. Isso fez com que o apoio à democracia voltasse à tona, com declarações públicas de amparo aos direitos humanos e civis. A oposição política no Congresso ocorreu ao mesmo tempo, dificultando uma ação executiva unilateral. Esse cenário impeliu a ala conservadora dos militares a recuar, e o governo foi em busca de reforçar sua relação com os aliados europeus, revitalizar sua reputação como defensor dos valores morais contra o "império do mal" e restabelecer seu abalado relacionamento com as nações do hemisfério.[22]

O tempo também havia mudado o cenário político e estratégico da América Latina. A estrutura de segurança da Guerra Fria reduziu o escopo da autonomia da política externa na maioria dos países.

Na América do Sul, as ditaduras militares, com seu foco no Estado de segurança nacional, só conseguiam defender sua legitimidade declarando lealdade aos EUA e à causa da guerra contra o comunismo ateu. Se houvesse divergências com os EUA, como houve no caso da Argentina durante o governo de Jimmy Carter (1976-1980), os militares reforçavam as políticas internas de extremo nacionalismo para legitimar-se em seu país. Os generais argentinos até tentaram vingar-se dos EUA durante o governo Carter por meio de aproximações com Cuba e a União Soviética. Em seu desespero para restaurar a legitimidade, os militares argentinos invadiram as ilhas Malvinas, alegando depois que foram levados a crer que os EUA os apoiariam, e que achavam que se beneficiariam do sentimento mundial contra o colonialismo. Estavam fatalmente equivocados nas duas suposições.[23]

Depois da desastrosa guerra contra a Grã-Bretanha, os militares afastaram-se do poder e conduziram eleições, vencidas por Raúl Alfonsín, um vigoroso defensor dos direitos humanos e da democracia como valores centrais. Ele tinha amplo apoio na Europa e no Movimento dos Países Não Alinhados, e pediu assistência ao governo dos Estados Unidos em sua primeira viagem internacional depois das eleições. Enquanto Alfonsín tornava-se presidente na Argentina, os brasileiros faziam sua própria transição para a democracia, assim como o Uruguai. Apenas os chilenos mantiveram uma ditadura militar na região e rapidamente adquiriram o *status* de párias, como ocorrera com os argentinos depois da invasão das Malvinas.[24]

À medida que se acumulavam evidências de que a União Soviética recuaria de um confronto com os EUA, e que havia pouca ou nenhuma ameaça à segurança do Chile na América Latina, o governo Reagan deu às costas a Pinochet e chegou até a financiar a campanha contra ele, resultando no plebiscito vencido pelas forças democráticas, em 1988. O embaixador dos EUA no Chile, Harry Barnes, deixou claro a Pinochet que haveria uma oposição ativa contra ele em Washington caso decidisse contestar os resultados do voto popular. A mudança de orientação política foi marcada com grande ênfase em uma formal

"Declaração de apoio à democracia no Chile", emitida em 17 de dezembro de 1987. Essa declaração foi esboçada originalmente em novembro pelo oficial responsável pelo Chile no Departamento de Estado, e aprovada em todas as instâncias, inclusive pelo secretário George Schultz. Como ênfase, o secretário-assistente Elliott Abrams providenciou ao secretário uma nota que justificava a declaração, para acompanhá-la no momento de entrega ao presidente para aprovação.[25] Pouco tempo depois, a aprovação foi dada e incluída junto com a declaração no comunicado à imprensa. Para mostrar a Pinochet que não se tratava de uma declaração trivial ou cerimonial, o Departamento de Estado transferiu a verba de US$1,2 milhão, que já havia sido aprovada, para o Centro de Asesoria y Promoción Electoral (Capel) na Costa Rica para financiar a Cruzada por la Participación Ciudadana (Civitas) em Santiago. A verba foi crucial na campanha que resultou no plebiscito, principalmente ao levar mais de um milhão de eleitores registrados às urnas.[26] A Câmara dos Representantes deu seguimento à atuação do Departamento de Estado, com uma resolução apoiando a declaração. Que diferença no debate político sobre democracia no Chile em relação ao que houve vinte anos antes, quando a questão era ensinar a polícia da Guatemala a torturar seus conterrâneos.

No Chile e em outros países da região, a transição para a democracia levou os novos governos civis democráticos a um dilema. Por conta de sua declaração de apoio aos direitos humanos e civis, eles se alinhavam com os EUA, um modelo mais do que superficialmente maculado. Ao mesmo tempo, tentavam usar seu *"soft power"* para expandir sua autonomia em relação aos EUA. De certa forma, identificavam-se com os EUA quando o país assumiu o papel de vencedor na Guerra Fria, uma vitória alardeada como resultado tanto de seu *"soft power"* e das virtudes de seu sistema econômico quanto de sua superioridade de poderio militar. Os EUA insistiam que não se tratava de uma vitória conquistada militarmente, embora o governo Reagan houvesse aumentado de tal modo o gasto com o setor militar a ponto de virtualmente levar a União Soviética à falência em sua tentativa de se manter na competição. Isso quase provocou o colapso da economia norte-americana, mas as pazes com a América Latina não seriam feitas facilmente em pouco tempo.

Na América Central, a vontade de assumir o protagonismo no processo de paz foi impulsionada pela liderança do novo presidente da Costa Rica, Óscar Arias, que incluiu tanto a ONU quanto a OEA na discussão para que a União Soviética e Cuba tivessem seus interesses representados. Na década de 1970, ele trabalhou para Pepe Figueres, que retornou à presidência da Costa Rica em 1972. Arias foi eleito presidente para o mandato de 1986-1990. Ele recebeu o plano de paz apresentado pelo grupo de Contadora e o alterou para que ficasse mais adequado aos interesses de vários atores nas guerras civis da região, além de reunir os presidentes dos quatro países, dando início ao que veio a ser chamado de Processo de Esquipulas.

Nesse momento, até os regimes reacionários e oligárquicos da América Central começaram a aceitar a inevitabilidade do processo de paz e o fato de que ele envolveria uma forte atuação de forças externas para além dos EUA, como a ONU, a OEA e a crescente sociedade civil internacional liderada por grandes organizações de direitos humanos. Embora esses conservadores tenham sempre atuado parcialmente com vistas aos EUA, na década de 1980 começaram a entender que o intervencionismo unilateral do governo Reagan os destruiria, como também a obsessão com a militarização dos esforços de eliminar aqueles que o governo norte-americano considerava como comunistas subversivos. Essa situação levou os líderes da Guatemala, de El Salvador, Honduras e da Nicarágua a aceitar o processo de paz e a atuação de forças estrangeiras. O elemento final da mudança de orientação da política norte-americana foi a crescente oposição do Congresso ao governo de Reagan. Nesse novo cenário, os EUA mantiveram sua voz, mas sua capacidade de ação foi seriamente restringida. Com a presença de todos os atores na mesa de negociações, o processo de paz abriu a possibilidade de realizar grandes reformas na região sem conflitos armados. Para a Costa Rica, uma nação sem exército, a militarização do conflito na região representara uma ameaça a sua existência. Por suas conquistas, Arias recebeu o Prêmio Nobel da Paz em 1987.[27]

O Processo de Esquipulas foi um grande sucesso. A estrutura das negociações e seus resultados – os processos de paz em El Salvador, na Guatemala e Nicarágua – podem ser considerados como parte decisiva na transição da Guerra Fria, que teve fim durante as negociações de paz. O término da Guerra Fria suspendeu a rígida estrutura de soma zero do Estado de segurança nacional e gerou um ambiente de segurança mais fluido na região. Assim, as nações da América Latina puderam buscar seu próprio protagonismo, e tentar reformular sua relação com os EUA, que permaneciam sendo o ator externo mais influente na região, mas sem a pretensão de exercer o tipo de hegemonia que foi parte das relações interamericanas por todo um século. Com o declínio da Guerra Fria, os EUA começaram a ter dificuldade em definir seus interesses de segurança na região. A marginalização dos EUA no Processo de Esquipulas complicou os desafios enfrentados pelos países da América Central, mas ao mesmo tempo abriu um novo espaço para uma atuação autônoma. Nos anos seguintes a Esquipulas, quanto mais eficaz fosse o processo de paz, mais ativos seriam os governos resultantes dele. Depois da Costa Rica, os países mais ativos nos assuntos mundiais nos anos pós-Guerra Fria foram El Salvador, Nicarágua e Panamá. Guatemala e Honduras retrocederam a seu velho padrão de governo oligárquico com foco nos assuntos internos e com pouco espaço para contestação política, exibindo altos índices de violência interna.

Durante a Guerra Fria, as nações da América Latina testaram diversas políticas e mecanismos para libertar-se das amarras da luta geopolítica bipolar, na qual tinham pouco espaço para manobras autônomas. O vínculo entre o intervencionismo agressivo dos EUA e as restrições da liberdade individual impostas pelas ditaduras militares provocou um ódio e um antiamericanismo disseminados por toda a região. Especialmente entre os grupos progressistas, os EUA perderam seu apelo como uma democracia de valores progressistas, e, entre os grupos de direita, perderam o posto de economia modernizante, capaz de aumentar a riqueza e o bem-estar de sua população. Aqueles que se preocupavam com o desenvolvimento econômico e a igualdade social também perderam a paciência com os EUA, principalmente durante o governo de Reagan, com sua insistência em soluções de mercado para todos os problemas e seu domínio sobre as chamadas instituições de Bretton Woods, as quais os latino-americanos pensaram que seriam aliadas em suas iniciativas de crescimento e de redução da dependência econômica. O antiamericanismo expandiu-se por toda a região, atravessando o espectro político.[28]

A memória histórica teve um grande papel na expansão do antiamericanismo e na sua permanência até hoje. Quem na Nicarágua não se lembra que os EUA colocaram Somoza no poder, sustentando o líder e sua família por duas gerações? Quem na região do Caribe não se lembra que os EUA dominaram a República Dominicana por vinte anos e depois deixou Rafael Trujillo no poder? O golpe na Guatemala engendrado pela CIA em 1954 permanece fresco na memória. Há aqueles no Chile e no Brasil que não perdoam os EUA por dar ensejo e apoio aos golpes militares que deram fim à democracia em seus países. E, por toda a América Latina, quem não se lembra que os EUA contribuíram para a ascensão de Fulgencio Batista em Cuba e para a derrocada das reformas prometidas pela Constituição de 1940, exigindo uma revolta armada para que os cubanos se livrassem dele?

A Revolução Cubana, para além da Guerra Fria, permanece sendo o símbolo do desejo de todos de enfraquecer a hegemonia dos EUA. Essa revolução representa o exemplo mais bem-sucedido da rejeição latino-americana à hegemonia dos EUA e do exercício de protagonismo na política mundial.[29] Por isso, quase todos os países da região acenaram de alguma forma em apoio ao regime de Fidel Castro, expressando oposição à política de embargo dos EUA, conhecida em Cuba e em toda América Latina como "*el bloqueo*", em espanhol. O que é mais notável, a maioria dos países latino-americanos tem votado contra os EUA e a favor de Cuba na ONU. Até o fim da Guerra Fria, o México adotou como um dos elementos principais de sua política de não intervenção o apoio a Cuba contra os EUA. Durante o breve retorno de Juan D. Perón ao poder na Argentina, em 1973-1974, seu ministro da Fazenda, José Ber Gelbard, tentou dar sobrevida à industrialização de substituição de importações por meio da exportação de carros para Cuba em troca de açúcar. O Exército argentino procurou fazer negócios com Fidel Castro quando Carter se tornou desagradável. E Raúl Alfonsín, o paladino dos direitos humanos, fez uma parada em Havana no retorno de sua viagem à Europa em 1983, onde fora tratado como celebridade por todos os social-democratas do continente. Ao ser indagado sobre o motivo de ter escolhido Havana como ponto de parada, Alfonsín deixou claro que considerava importante trazer Cuba de volta à comunidade hemisférica, demonstrando aos EUA que a relação com o país não podia ser impedida por uma política unilateral de Washington.[30]

O problema dessas iniciativas de expressar independência em relação aos EUA pelo enfrentamento de sua política em relação a Cuba era que, enquanto a política externa fosse determinada por uma oposição aos EUA ou pela necessidade de desafiá-los, esse enfoque distorcia o empenho de alcançar autonomia e reduzia o protagonismo fora do hemisfério. Cuba era capaz de adquirir protagonismo na comunidade mundial com seu enfrentamento aos EUA. O apoio a Cuba, sem exercer uma postura semelhante em relação à União Soviética durante a Guerra Fria, não gerava automaticamente mais autonomia para os países da América Latina, a menos que conseguissem criar alguma forma alternativa de identidade para a região como um todo. Esses países só foram capazes de fazer isso 20 anos depois da Guerra Fria. Sem essa identidade regional, o enfrentamento como meta de política externa gerou o resultado maléfico de prender as nações da região ainda mais aos EUA, reforçando o controle que o poder hegemônico exerce sobre as nações que se consideravam mais fracas. Isso ficou evidente no novo século, motivando a iniciativa de criar uma organização regional que fosse independente dos EUA.

O impulso na América Central para uma ação coletiva de proteção contra o unilateralismo absurdo dos EUA deve ser visto como um sinal precoce da transição para o mundo pós-Guerra Fria. Assim deve-se entender também a transição para a democracia na região. À medida que os países reassumiam alguma forma de governança democrática e tentavam deixar eternamente para trás a experiência do Estado de segurança nacional e os conflitos violentos associados à Guerra Fria, eles passaram a ver-se cada vez mais como parte da nova ordem mundial. Uma atuação crucial para a transição à democracia e para a compreensão do mundo pós-Guerra Fria foi desempenhada por uma geração de estudiosos de assuntos externos, que, na década de 1970, começaram a estudar Relações Internacionais e, mais especificamente, a estudar os EUA como forma de finalmente compreender o ambiente estratégico da Guerra Fria. Sentiram o efeito corrosivo que a obsessão dos EUA com segurança teve para o bem-estar da região. Por meio de seus estudos focados, procuravam descobrir um espaço maior na política mundial para as nações da América Latina, antes limitado pela camisa de força imposta pelos EUA na região.

Quando a Guerra Fria teve fim, muitas das nações na América Latina sofreram outro golpe econômico resultante de uma série de calotes da dívida pública. Foi o golpe final ao modelo do ISI, rendendo à maioria das economias da região uma vulnerabilidade a influências externas. As agências internacionais com poder de dar assistência às economias abaladas, como o Tesouro dos EUA, o FMI e o Banco Mundial, forçaram os países devedores a adotar programas severos de austeridade, tornando efetivamente impossível a manutenção de suas iniciativas desenvolvimentistas. Embora na maior parte dos casos os latino-americanos tenham evitado os programas mais severos de austeridade, ainda assim tiveram que adotar em alguma medida as políticas neoliberais que dificultavam a realização de suas metas de desenvolvimento. Em resposta, vários países promoveram campanhas vigorosas contra os programas que as agências internacionais tentavam impor-lhes goela abaixo. Os resultados das negociações foram parcialmente bem-sucedidos. Seus esforços para proteger-se representam um novo grau de protagonismo no sentido em que os governos reconheceram sua capacidade para ação autônoma no mundo multilateral das finanças e da economia.[31]

Os interessados em Relações Internacionais uniram-se sob a liderança de Luciano Tomassini, um cientista político chileno que trabalhara no Banco Interamericano de Desenvolvimento em Washington e no Instituto de Integração Latino-Americana em Buenos Aires antes de voltar a Santiago, onde ocupou um cargo na Cepal até sua morte, em 2010. Usando o modelo da FLACSO de uma comunidade epistemológica, Tomassini convidou colegas de toda a região para participar do Conselho de Relações Internacionais da América Latina (Rial) e conseguiu arrecadar fundos, principalmente da Ford Foundation, para organizar os encontros anuais do Rial em 1977. Esses encontros aconteceram anualmente até 1992, quando instituições acadêmicas em muitos dos países aceitaram o desafio de estudar a comunidade global e como suas nações poderiam exercer um papel nela.[32]

O Rial era uma mescla fabulosa de fraternidade progressista e *lobby* por autonomia acadêmica, constituindo um laboratório para o estudo de assuntos internacionais. Era uma verdadeira comunidade epistemológica. Futuros ministros das Relações Exteriores ou membros de Gabinete como Celso Lafer (Brasil), Rodrigo Pardo (Colômbia), Dante Caputo (Argentina), Rosario Green (México), José Miguel Insulza, Luis Maira, Heraldo Muñoz, Juan Gabriel Valdes e Carlos Ominami (Chile) uniram-se para discutir como suas nações poderiam usar as relações internacionais para acelerar a transição para a democracia e como, uma vez instalada a governança democrática, suas nações poderiam criar papéis construtivos dentro da comunidade internacional. O Rial foi um campo de experimentação intelectual para a expressão de protagonismo na política externa latino-americana.[33]

Um dos primeiros participantes do Rial, Luis Maira, ficou anos exilado no México, onde ajudou a criar o primeiro centro acadêmico para o estudo dos Estados Unidos na América Latina fora de Cuba.[34]

Juntamente com Carlos Rico, um cientista político mexicano, e Roberto Bouzas, um economista argentino, fundaram o centro dentro do CIDE (Centro de Investigación y Docencia Económicas), na Cidade do México. Por dez anos, eles editaram os Cuadernos Semestrales de Los Estados Unidos, de 1977 a 1988, publicando estudos rigorosos sobre a opinião pública norte-americana, o Congresso e as tendências políticas nos EUA que ajudariam a explicar as mudanças na política externa norte-americana.[35] O grupo do CIDE também organizou seminários com pesquisadores de outros países da América Latina e também dos EUA e publicou um dos primeiros estudos sobre o perigo da militarização dos conflitos na América Central.[36]

O compromisso político dos acadêmicos que participavam do Rial é um aspecto importante da transição para o mundo pós-Guerra Fria. Muitos dos que se encontraram na década de 1980 para discutir como a América Latina seria capaz de escapar a dominância sufocante dos EUA ampliaram o modelo dos estudos formais das relações internacionais, acrescentando uma perspectiva latino-americana a um campo de estudo geralmente dominado por pesquisadores positivistas dos EUA e da Europa. Além disso, também se colocaram na linha de frente ocupando cargos nos governos e pondo suas propostas políticas em prática ou, pelo menos, tentando fazê-las passar pelos complexos processos de tomada de decisão de uma governança democrática. O modo pelo qual os membros do Rial participaram dos processos políticos mudou radicalmente a cultura de como o debate acadêmico poderia permear esses processos na América Latina. Embora o caso chileno seja o mais óbvio e significativo, há outros exemplos no hemisfério, como o da Argentina, do Brasil e do México, em que o debate público entre pesquisadores e intelectuais se tornou parte do processo de decisões e do planejamento de políticas. Em muitos países da região, com a transição para a democracia, a experiência do treinamento diplomático passou a incluir estudos acadêmicos rigorosos pela primeira vez.

Com a queda do muro de Berlim e o fim da Guerra Fria, as nações da América Latina e os Estados Unidos enfrentavam desafios que eram o espelho uns dos outros. Na América Latina, o desafio era como exercer protagonismo no mundo pós-Guerra Fria de uma forma que não fosse simplesmente uma manifestação de hostilidade ou uma elaboração da política externa como rejeição simbólica dos EUA, mas, em vez disso, que fosse parte de uma política que buscasse potencializar os interesses e as metas da nação. Por outro lado, para os EUA, o desafio era estabelecer uma relação com as nações que, com a exceção de Cuba, eram agora comandadas por governos civis democráticos, escolhidos em eleições livres, justas e legais, de uma forma que respeitasse seus novos papéis como agentes na comunidade global. Na ausência de ameaças a seus interesses por forças de fora do hemisfério, seria possível para os EUA criar uma relação com as nações da região que não fosse fundamentada em uma presunção de hegemonia? Considerando a memória histórica da América Latina, seria possível estabelecer relações de coleguismo e confiança com os EUA enquanto as nações buscavam definir seus próprios papéis no mundo globalizado? Esse duplo dilema é o assunto dos últimos capítulos. Para os latino-americanos, a Guerra Fria não podia terminar mais cedo.

NOTAS

[1] Elting E. Morison, *Turmoil and Tradition* (Boston: Houghton, Mifflin, 1960); Robert H. Ferrell, *Peace in Their Time* (New Haven: Yale Univ. Press, 1952); D. Spenser, "Forjando una nación posrevolucionaria", op. cit. Em geral, o Partido Comunista atuou sem repressão na maioria dos países da região durante as décadas de 1920 e 1930. Os comunistas tiveram pouca participação no processo político da América Latina, exceto na formação de uma parte da Frente Popular no Chile e na divisão dos socialistas em duas facções na Argentina. Por outro lado, onde havia uma classe trabalhadora organizada, eles desempenharam uma função importante nos movimentos dos trabalhadores. Quando os EUA entraram na guerra na Europa, os comunistas eram considerados aliados, embora os conservadores os desprezassem e os EUA enviassem agentes de campo para monitorar suas atividades.

[2] Esse ponto é levantado por Lars Schoultz, em *Human Rights and United States Policy toward Latin America* (Princeton: Princeton UP, 1981) e *National Security and United States Policy toward Latin America* (Princeton: Princeton UP, 1987).

[3] Orlando Fals Borda et al., *La violencia en Colombia*, 2 v. (Bogotá: Ed. Tercer Mundo, 1962). A onda de assassinatos no interior do país apaziguou-se por duas décadas, mas depois surgiu novamente com força quando traficantes de drogas e grupos paramilitares uniram-se aos guerrilheiros. Entre 1980 e 2010, mais de 300 mil pessoas foram mortas e mais de 5 milhões tiveram de deslocar-se.

[4] Piero Gleijeses, *Shattered Hope. The Guatemalan Revolution and the United States, 1944-1954* (Princeton: Princeton Univ. Press, 1991); Stephen Schlesinger e Stephen Kinzer, *Bitter Fruit* (1982). O processo pelo qual primeiro Arévalo e depois Arbenz caíram em desfavor em Washington é discutido com detalhe

nos relatórios do Conselho de Segurança Nacional, iniciando no documento NSC144, 4 de março de 1953, até NSC 5902/1, 16 de fevereiro de 1959, disponíveis na base de dados "National Security Archives" no site da George Washington University.
5 Trujillo deu continuidade à política de receber refugiados marginalizados depois da Conferência de Evans em 1939, quando a República Dominicana recebeu diversos barcos lotados de imigrantes judeus, a pedido do presidente Franklin D. Roosevelt. Ver Allen Wells, *Tropical Zion* (Durham: Duke Univ. Press, 2009).
6 Martha F Riche, "The American Institute for Free Labor Development", *Monthly Labor Review*, v. 88, n. 9 (setembro de 1975). O Instituto Americano para o Desenvolvimento do Sindicalismo Livre (AIFLD, na sigla em inglês) logo se rendeu à influência da CIA e perdeu sua credibilidade na América Latina. Ver Hobart A. Spalding, Jr., *Organized Labor in Latin America* (NY: Harper, 1979). Para uma abordagem mais ampla do período, ver David Rock, ed., *Latin America in the 1940s* (Berkeley: Univ. of California Press, 1994).
7 Tulchin, "The United State and Latin America in the 1960s", *Journal of Inter-American Studies*, v. 30, n. 1 (1988).
8 Guillermo O'Donnell, "The Bureaucratic Authoritarian State", LARR, v. 13, n. 1 (1978).
9 Em espanhol, "las cosas tienen que estar atadas y bien atadas".
10 Juan Pablo Pérez Alfonzo, *Petroleo: jugo de la tierra* (Caracas: Ed. Arte, 1961). Pérez Alfonzo tinha conflitos profundos em relação ao uso apropriado do petróleo para o desenvolvimento da Venezuela. Ele manifestou preocupação sobre a dependência do país de um único produto, e uma vez referiu-se ao petróleo como "o excremento do diabo".
11 Richard L. Clinton, "The Modernizing Military: The Case of Peru", *Inter-American Economic Affairs*, v. 24, n. 4 (1971); David Scott Palmer, *Peru: The Authoritarian Tradition* (NY: Praeger, 1980); Alfred Stepan, *The State and Society Peru in Comparative Perspective* (Princeton: Princeton UP, 1978); Cynthia McClintock, *Self-Management and Political Participation in Peru, 1969-1975. The Corporatist Illusion* (London: Sage, 1977); Luigi Einaudi, "Revolution from Within? Military Rule in Peru since 1968", *Studies in Comparative International Development*, v. 8, n. 1 (1973); Jorge Rodriguez Beruff, *Los militares y el poder* (Lima: Mosca Azul, 1983).
12 Golbery do Couto e Silva, *Planejamento Estratégico* (Rio de Janeiro: Biblioteca do Exército, 1955) e *Geopolítica do Brasil* (Rio de Janeiro: José Olympio, 1967); Alfred Stepan, *The Military in Politics: Changing Patterns in Brazil* (Princeton: Princeton UP, 1971).
13 Esse e outros debates podem ser vistos em Kirsten Weld, *Paper Cadavers: the Archives of Dictatorship in Guatemala* (Durham, NC: Duke UP, 2014, p. 110).
14 Esses episódios são relatados em Cynthia J. Arnson, ed., *Argentina-United States Bilateral Relations* (Woodrow Wilson Center Reports on the Americas, #8 Washington, DC: WWC Press, 2003) e Heraldo Muñoz, *The Dictator's Shadow* (NY: Basic Books, 2008).
15 Arnson, ed., *Argentina-United States Bilateral Relations*. No capítulo 4, o autor relata as atividades de Tex Harris durante a ditadura. Outra discussão das relações entre EUA e Argentina encontra-se em Ariel C. Armony e Hector E. Schamis, *Repensando la Argentina* (Woodrow Wilson Center Report on the Americas, #7).
16 Sobre a oscilação no uso da política de direitos humanos, ver Vanessa Walker, "A Tale of Two Policies: Carter, Reagan, and Human Rights in the Western Hemisphere", manuscrito pertencente ao autor; e Andrew J. Kirkendall, "Liberal Democrats, Latin America, and the Cold War Consensus from Eisenhower to Nixon", manuscrito pertencente ao autor.
17 Tulchin, *The Aftermath of War*, pp. 66-70. Mais detalhes em Dana G. Munro, *Intervention and Dollar Diplomacy in the Caribbean, 1900-1921* (Princeton: Princeton Univ. Press, 1962).
18 Kyle Longley, *The Sparrow and the Hawk: Costa Rica and the United States during the Rise of Jose Figueres*.
19 Nesse caso, posso incluir algumas reflexões pessoais a essa narrativa porque trabalhei para Figueres como professor assistente, quando ele era professor visitante em Harvard, em 1963.
20 Depois de 1959, o teste decisivo para a aceitação de posicionamentos progressistas para quem estava nos EUA era como o regime no hemisfério via o regime de Fidel Castro em Cuba, e Figueres sempre foi um ferrenho anticomunista.
21 Jack Child, *The Central American Peace Process, 1983-1991* (Bolder: Lynne Rienner Publishers, 1992); Cristina Eguizabal, ed., *America Latina y la Crisis Centro-Americana: en busca de una solución regional*

(Buenos Aires: GEL, 1989); Francisco Rojas Aravena e Luis Guillermo Solís, ¿Subditos o Aliados? (San Jose, CR: FLACSO, 1998); Jeffery Paige, *Coffee and Power: Revolution and the Rise of Democracy in Central America* (Cambridge, MA: Harvard Univ. Press, 1997); James Mahoney, *The Legacies of Liberalism. Path Dependence and Political Regimes in Central America* (Baltimore: JHU Press, 2001); Charles D. Brockett, *Political Movements and Violence in Central America* (NY: Cambridge Univ. Press, 2005).

22 Thomas Carothers, *In the Name of Democracy* (Berkeley, CA: Univ. of California Press, 1991). A mudança de orientação no governo Reagan não foi de modo algum integral. Nessa época, Oliver North estava organizando, no Conselho de Segurança Nacional, o financiamento da oposição armada (os "Contras") ao governo eleito na Nicarágua, apesar da proibição específica de financiamentos desse tipo pelo Congresso, por meio da venda de armas ao Irã, que depois chegariam aos Contras.

23 Tulchin, "The Malvinas War of 1982", LARR, v. 22, n. 3 (1987).

24 Carlos Escude, *La Argentina ¿paria internacional?* (Buenos Aires: Editorial Belgrano, 1984).

25 Todos esses documentos, inclusive as notas indicando quem estava envolvido, podem ser acessados na Sala de Leitura Virtual do Departamento de Estado.

26 Tanto Carothers (op. cit., p. 157) quanto Paul Sigmund (*The United States and Democracy in Chile*, NY: Twentieth Century Fund, 1993, p. 168) indicam que reconhecem a importância desse episódio. Genaro Arriagada, que atuou de forma decisiva para essa campanha, pensa que o episódio foi crucial para seu sucesso. Entrevista com o autor, 24 de setembro de 1994.

27 Arias retornou à presidência no período de 2006-2010 e tentou fazer a Costa Rica exercer liderança na América Central, mas com menos sucesso. Um dos jovens assessores de Arias durante seu primeiro mandato foi Luis Guillermo Solís, que, depois de uma carreira na política e diversas nomeações como representante costa-riquenho em organizações regionais, foi eleito presidente por direito próprio em abril de 2014.

28 Hal Brands, *Latin America's Cold War* (Cambridge, MA: Harvard UP, 2010).

29 A literatura sobre a experiência cubana é vasta. Ver Jorge I. Dominguez, *To Make A world Safe or Revolution Cuba's Foreign Policy* (Cambridge: Harvard UP, 1987) e *Cuba: Order and Revolution* (Cambridge: Harvard UP, 2009).

30 Ao ser indagado sobre sua insistência em visitar Fidel Castro e assim legitimar o regime menos democrático do hemisfério, Alfonsín levantou dois argumentos. O primeiro foi que havia informado o Departamento de Estado de sua passagem por Havana, então não se tratava de um gesto anti-EUA. O segundo foi que considerava importante reforçar o vínculo entre as nações latino-americanas, independentemente de seu regime político. Quando pressionado, confessou que a arrogância dos EUA em impor o embargo a Cuba o irritava, e que seu gesto impulsionaria a autonomia de seu país ao mostrar sua independência em relação aos EUA. Entrevista com o autor, 17 de outubro de 1992.

31 Esses episódios são tratados em Mark E. Williams, *Understanding U.S.-Latin American Relations*, capítulos 8 e 9 (NY: Routledge, 2012) e em Vinod K. Aggarwal, "International Debt Threat: Bargaining Among Creditors and Debtors in the 1980s", *Policy Papers in International affairs*, v. 29, 1987.

32 O Rial ganhou vida nova sob a liderança de Luis Maira, um chileno que teve participação ativa na entidade em seus primeiros anos.

33 Os volumes anuais produzidos pelo Rial são um registro de como o crescente grupo de especialistas em RI enxergava o mundo. São também um registro de seu constante otimismo em relação à transição para a democracia na região e de sua crença no crescimento do protagonismo latino-americano. Tive o privilégio de participar de muitos desses encontros nas décadas de 1980 e 1990.

34 Isso não inclui o centro para o estudo dos Estados Unidos que era parte do Ministério das Relações Exteriores de Cuba.

35 Rico em seguida tornou-se diplomata e foi fundamental na formulação da política mexicana em relação aos Estados Unidos nos anos seguintes ao Nafta que contribuiu para a crescente parceria entre as duas nações. Os *Cuadernos Semestrales* foram publicados de 1977 a 1988. O CIDE foi criado em 1974. Em 2014, Maira uniu-se a Carlos Heredia para refundar o centro dentro do CIDE. Hoje, Maira é diretor do Rial nessa sua nova existência.

36 Luis Maira et al., *Centroamérica: Crisis y Política Internacional* (México: Siglo Veintiuno, 1981). Maira foi capaz de recriar o Rial, com financiamento latino-americano, em 2014, e vem trabalhando para que ele se torne um modelo para a discussão do papel da América Latina nos assuntos mundiais.

Depois da Guerra Fria: o otimismo prevalece

Na euforia que se seguiu à dramática queda do muro de Berlim, em novembro de 1989, o presidente George H. W. Bush triunfantemente declarou o fim da Guerra Fria e conclamou o início de uma "Nova Ordem Mundial". Era uma expressão contagiante, adequada à natureza memorável dos eventos que antecederam a comemoração em Berlim. Embora ninguém tivesse muita certeza sobre o que o presidente quis dizer, estava claro que queria expressar otimismo, e uma sensação de que a era da instabilidade e ameaças fora deixada para trás, que todas as nações do globo poderiam ter a esperança de um período de paz e entusiasmo. Como se quisesse enfatizar o floreio retórico do presidente ou dar ares acadêmicos à expressão, o diretor-adjunto da equipe de planejamento de políticas do Departamento de Estado, Francis Fukuyama – que havia trabalhado antes como analista de assuntos internacionais na Rand Corporation –, afirmou que o fim da Guerra Fria representava, em suas palavras, o "Fim da História".[1] Seguindo Hegel, ele viu no colapso da União Soviética o término repentino de uma terrível luta dialética sobre como o mundo deveria se organizar, com o triunfo de uma das partes combatentes.[2] Com esse triunfo, total e incondicional, os Estados Unidos e o estilo de vida que representam – o capitalismo democrático e liberal – haviam conquistado tudo, e todos os povos e nações do mundo colheriam os benefícios disso.

Apesar de simplificar um pouco as coisas, pode-se pensar na dimensão econômica do "Fim da História" de Fukuyama a partir da expressão "Consenso de Washington", cunhada originalmente na mesma época por John Williamson, pesquisador sênior do Institute for International Economics em Washington.[3] Embora seu otimismo fosse mais modesto do que o de Fukuyama, Williamson buscava capturar a noção de que havia uma crescente e disseminada concordância, não apenas em Washington, mas ao redor do mundo, de que um conjunto básico de responsabilidades de mercado passou a ser considerado ortodoxo em lugares em que fora calorosamente contestado por décadas, como na América Latina e, mais amplamente, no mundo em desenvolvimento. Williamson referia-se, por um lado, a uma série de condutas nacionais geralmente consideradas típicas de governos conservadores nos países mais desenvolvidos, como o equilíbrio orçamentário e políticas financeiras dirigidas a conter a inflação, a manter a taxa de câmbio e os preços livres do controle do governo e a restringir a dívida do setor público. Por outro lado, Williamson referia-se ao fato de que essas condutas há muito tempo constituíam o cerne das recomendações das instituições financeiras multilaterais, principalmente do FMI e do Banco Mundial, com base em Washington D.C. e criadas pelos Aliados depois de sua vitória na Segunda Guerra Mundial.[4]

Williamson motivava-se pelo fato de que muitos países da América Latina haviam adotado políticas econômicas que os tornavam mais transparentes e mais competitivos no mercado internacional, um mercado que também estava enredado na tendência mais ampla conhecida como globalização.[5] O vínculo entre as rápidas mudanças na tecnologia da informação e da comunicação, por exemplo, e as transições financeiras de todos os tipos que ocorreram simultaneamente facilitaram a participação de países latino-americanos na economia internacional, embora essa crescente participação tenha resultado em pressões para que se adequassem às regras dominantes da economia. A percepção comum de que acompanhar o consenso geral da abertura das economias traria mais benefício do que custo fez com que a maioria dos governos na região seguisse deliberadamente a liderança dos países mais desenvolvidos. Mesmo assim, pairava no ar um constante rumor de divergências, insinuando que tais políticas nada mais eram que uma intervenção sem uso da força armada, e que os ataques neoliberais ao Estado deixariam expostos os elementos mais vulneráveis de sua população, enfraquecendo, ao mesmo tempo, a autonomia nacional.

Depois das generalizadas crises de dívida, com as constantes pressões e imposições dos bancos internacionais e das exigências do Tesouro dos EUA, muitos governos na América Latina relutantemente adotaram reformas econômicas de profunda importância, abandonando os modelos de desenvolvimento de substituição de importações que, desde a Grande Depressão, praticamente dominavam a formulação de políticas, consistindo em uma verdadeira crença desde a década de 1950. A maior parte dos países da região sentia que essas "reformas" foram impostas sobre eles, deixando-os com menos autonomia para formular políticas que, conforme acreditavam, iriam acelerar seu desenvolvimento. Não foi por acaso que uma série de estudos feitos pelo Banco Mundial na década de 1990 questionava o gasto social de cunho populista e a inflação como instrumentos para combater a pobreza e como modos de isolar as nações em desenvolvimento das vicissitudes do mercado internacional. A conclusão mais importante foi que as políticas inflacionárias prejudicavam principalmente os mais pobres.[6] O Consenso de Washington parecia global em seu alcance e inquestionável em sua permanência. Como disse Henry Kissinger à Comissão Trilateral em 1992, as mudanças não tinham precedentes em sua velocidade e propagação global.[7] Diversos líderes na América Latina compartilhavam esse otimismo. Óscar Arias, ex-presidente da Costa Rica, a quem foi conferido o Prêmio Nobel da Paz por suas ações durante a negociação da paz em vários países da América Central, ecoou as expectativas do presidente Bush por uma Nova Ordem Mundial.[8]

Enquanto Fukuyama e Williamson mostravam-se confiantes de que suas perspectivas eram amplamente aceitas e que descreviam as coisas como de fato são na realidade, com o fim da Guerra Fria e o impulso da globalização, iniciou-se um intenso debate sobre a natureza dessa Nova Ordem Mundial à qual Bush se referiu, e como ela seria gerida. A década seguinte a 1989 foi um período especialmente fecundo no debate sobre a natureza do sistema internacional. Os realistas consideravam o triunfalismo dos EUA e da Europa Ocidental a prova de que o mundo era unipolar e que os EUA correspondiam ao poder dominante. A implicação, para os realistas, era de que os EUA podiam e deviam impor sua vontade, porque detinham mais poder que qualquer outro país.[9] A justificativa para esse poder residia, em parte, nos valores que levaram os EUA ao confronto com a União Soviética. Tais valores eram alardeados por grupos chamados de neoconservadores, que se consideravam neo-wilsonianos no sentido de sua missão, e que tiveram uma parte importante na atuação dos EUA como potência dominante no mundo.[10] Dentre os pesquisadores acadêmicos de assuntos internacionais, John Mearsheimer elaborou um argumento teórico detalhado sobre como os EUA deveriam usar seu poder na emergente comunidade global.[11]

A oposição aos realistas tradicionais veio daqueles que percebiam mudanças na Nova Ordem Mundial, não contempladas pelos realistas. De início, eles viam um conjunto grande e crescente de atores em todas as regiões do mundo que não estavam dispostos a aceitar a hegemonia dos EUA. Viam também uma rede de instituições internacionais cada vez mais forte, da qual os EUA deliberadamente faziam parte, que produzia regras e parâmetros para o mundo globalizado, e na qual muitas nações ao redor do mundo depositavam sua confiança e seu apoio. Além dessas instituições multilaterais, como a ONU e a OMC, cujos mecanismos coercitivos não estavam completamente sob o controle dos EUA, havia também diversos observadores que sinalizavam o extraordinário surgimento de uma sociedade civil internacional de atores que não eram Estados, e que atuavam cada vez mais com importância na definição de regras para a comunidade internacional. Esses atores não estatais complementavam as instituições multilaterais na construção de um número crescente de redes e grupos interconectados que estipulam regras e regulamentos consensuais, inclusive com o uso cada vez maior das instituições e modalidades do direito internacional. Dentre esses institucionalistas ou liberais idealistas encontravam-se Joseph Nye e Robert Keohane, que sinalizaram para o uso do "*soft power*" ou valores na formação do novo sistema internacional. Alinhados também ao grupo que exortava uma modificação da abordagem realista tradicional, estavam aqueles que almejavam a criação gradual de grupos multilaterais de atores estatais e não estatais que formariam "regimes" baseados em interesses e valores em comum, inclusive considerando questões tão distintas como o comércio e o direito das mulheres.[12] Esses regimes ou conjuntos de planos de múltiplos níveis vieram a ser chamados de "estruturas relacionais", cuja atuação nos assuntos internacionais não é levada a sério pelos realistas tradicionais.[13]

Duas outras correntes significativas de pensamento e análise acadêmica na América Latina que criticam a abordagem realista são a neomarxista, que se concentra na categoria de classe e procura alternativas para o capitalismo liberal, e a de estudiosos de Economia Política Internacional, que consideram as estruturas econômicas sistêmicas e a desigualdade social de países em desenvolvimento como elementos importantes de sua inserção na nova ordem mundial, interferindo na aparente (ir)racionalidade de suas escolhas.¹⁴ O debate acadêmico nos Estados Unidos deu pouca atenção à América Latina e aos estudiosos de assuntos internacionais da região. Esses últimos, tanto individualmente quanto em grupo, conquistariam uma voz dentro da região e além dela depois dos ataques terroristas de 11 de setembro de 2001.

As Forças Armadas nos EUA refletiram, por um tempo, sobre a utilidade da Nova Ordem Mundial para o uso e a projeção do poderio militar norte-americano – o *"hard power"* de que falavam os realistas. O resultado dessa reflexão foi um documento publicado em 1996 – o Joint Vision 2010 – pelo Estado-Maior das Forças Armadas dos Estados Unidos (JCS, em inglês), embora o documento não tenha vindo a público imediatamente. Nesse texto, em que se expressava um tom geral de confiança, senão de autossatisfação, os líderes militares do país consideravam razoável e apropriado que os EUA almejassem a *Full Spectrum Dominance* ("Dominância Total do Espectro", em tradução literal para o português) em todos os cenários de atuação e em todos os aspectos de um conflito em potencial. Não se tratava aqui das alucinações de um paranoico recluso em um abrigo antibombas. Tratava-se do resultado ponderado de um debate ocorrido em todas as principais instâncias das Forças Armadas da nação, com o envolvimento de assessores externos e de acadêmicos simpatizantes. O processo teve início no fim do governo de George H. W. Bush e foi concluído depois de vários anos de trabalho árduo durante o primeiro mandato de Bill Clinton. Ler esse documento 20 anos depois faz o leitor pensar. O que se passava pela cabeça deles? No entanto, quando colocamos o Joint Vision 2010 no contexto do Fim da História e do Consenso de Washington, tudo se encaixa. Exceto pelo fato de que ninguém fora dos EUA concordaria com o JCS – certamente, ninguém na América Latina –, e exceto também pelo fato de que a celebração inicial do presidente Bush sobre uma Nova Ordem Mundial incluía especificamente a convicção de que a comunidade internacional seria governada por instituições coletivas, por negociações colegiadas entre partes que concordavam entre si. Mas não era essa a implicação da declaração escrita pelo JCS das Forças Armadas dos Estados Unidos.¹⁵

Os fatos têm transformado a expressão do presidente Bush em relação a uma Nova Ordem Mundial em um objeto de zombaria. O Fim da História de Fukuyama foi convertido em um objeto de ridicularização no debate corrente até hoje sobre a natureza da comunidade internacional. O Consenso de Washington tornou-se um termo degradante para o modelo neoliberal e um avatar para o neoimperialismo econômico. O juízo do JCS no documento Joint Vision 2010 pode ser considerado um mau agouro trazido de volta à tona pelos eventos de 11 de setembro. A paz, a boa vontade, o senso de um impulso inercial e quase inevitável em direção a uma comunidade mundial próspera na economia de abertura internacional, ideias que estavam implícitas no discurso do presidente, são difíceis de achar ou mesmo de imaginar 25 anos depois. Por todos os lados, há conflitos, desastre, terrorismo, ameaça de uma pobreza maior e persistente e uma crescente desigualdade tanto no mundo desenvolvido quanto em desenvolvimento, e deslocamentos em massa nunca antes vistos desde a última guerra mundial.

Mas, embora a história não tenha acabado no período imediato do pós-Guerra Fria e a estrutura e ordem da comunidade internacional permanecerem indefinidas até hoje, a ampla sensação de uma vasta mudança ainda perdura. Instalou-se uma profunda convicção de que a batalha bipolar por hegemonia entre impérios rivais não se repetiria, embora haja aqueles que veem na ascensão da China e no ressurgimento da Rússia sinais do retorno a um grande conflito de poder. Na América Latina, essa percepção de uma profunda mudança tectônica foi especificamente forte porque acompanhou a transição para a democracia em diversos países. A sensação de uma mudança permanente ganhou força porque muitos países, depois da superação das crises de dívida da década de 1980, conseguiram estabilizar sua economia e sentir o benefício dos grandes lucros resultantes da alta no preço de produtos primários de exportação.

A transição para a democracia proporcionou para os povos da América Latina uma liberdade de escolha de seus próprios caminhos no mundo, porque deu legitimidade ao processo pelo qual essa trajetória se realizaria. Muito foi dito sobre a renovação do contrato social entre o Estado e o povo, em que ambos reconhecem que deveriam prestar contas um ao outro. A transição para a democracia deu corpo à necessidade de prestação de contas e de legitimidade que haviam sido condições fundamentais para os fundadores da pátria nos Estados Unidos. É verdade que a qualidade das novas democracias desapontou a muitos, indicando a necessidade de segundas e depois terceiras gerações de reformas para complementar a transição. Mas, nos assuntos internacionais, ninguém na América Latina questionava o início de uma nova era e ninguém queria regredir a uma velha ordem de autoritarismo, de governo militar e da camisa de força do domínio hegemônico dos EUA. Na formulação de políticas para orientar sua inserção na nova ordem mundial, as nações recém-democráticas da América Latina tinham perfeita consciência do debate sobre a estrutura da comunidade global, e queriam fazer parte disso. Também tinham conhecimento das discussões acadêmicas sobre a comunidade global. Em sua maioria, os líderes latino-americanos queriam ser realistas na sua visão de mundo e ser reconhecidos como sensatos e realistas. Ao mesmo tempo, a recordação histórica que tinham do mercado de intercâmbio desigual, da censura do FMI e da disposição dos EUA em fazer parte de vários regimes levou-os a uma vontade de ser protagonistas nas agências multilaterais que pareciam tão importantes.

Depois da Guerra Fria, as nações da América Latina foram em busca de protagonismo no sistema internacional com todas as forças. No início, os líderes dos EUA não viam motivo para achar que esse protagonismo conflitaria com seus próprios interesses, da mesma forma que não viam motivo para que sua hegemonia histórica no hemisfério gerasse tensões nas relações interamericanas. Esperavam que a América Latina seguisse o fluxo da globalização ao lado deles. E, mesmo tendo dado pouca importância para a região em seus debates sobre a Nova Ordem Mundial, os membros dos governos de Bush e de Clinton tinham certeza de que as atividades econômicas seriam centrais para suas novas relações internacionais, tanto ao norte quanto ao sul. Quando os ataques terroristas de 2001 alteraram as prioridades estratégicas dos EUA, a hegemonia norte-americana no hemisfério gerou tensões amargas com diversas nações da região, e os Estados Unidos perceberam que o protagonismo latino-americano não significava um bem inconteste.

O vasto poderio militar e econômico acumulado desde a Segunda Guerra Mundial e a experiência de quase 50 anos de imposição de seu peso geopolítico no mundo levaram os EUA a empertigarem-se no palco das relações internacionais, conforme o JCS demonstrou em seus documentos de planejamento publicados. Ainda havia a corrente idealista na política externa dos EUA, um desejo de fazer a coisa certa e o zelo missionário para realizar feitos humanitários em nome da democracia, fortalecido pela sensação de ter "vencido" a Guerra Fria. Nunca houve a percepção de que os EUA tinham de solucionar os problemas do mundo por conta própria ou pelo uso de seu próprio poderio militar. Os conflitos que logo emergiram – na Iugoslávia, na ex-União Soviética, em Ruanda, no Kuwait, na Somália, na África do Sul, no Oriente Médio e no Haiti – necessitavam de mediações externas de algum tipo, tanto pela miséria humana que produziram quanto por ir além de suas fronteiras. No entanto, não houve consenso, nos EUA nem na América Latina, sobre como a comunidade internacional deveria entrar em ação.

Da mesma forma, impunha-se uma nova agenda de assuntos globais, como o meio ambiente, o tráfico de drogas, as migrações e as pandemias, que só poderia ser tratada por meio de instrumentos multilaterais, e que necessitava de novos modos de cooperação. A agenda era longa e complexa, e apesar da sensação de que algo tinha de ser feito de forma coletiva, havia pouca concordância sobre a forma de abordá-la. Os EUA consideravam que haviam conquistado o direito de liderar a comunidade internacional, embora não indicassem satisfatoriamente de que forma exerceriam essa liderança. Esse cenário provocou cautela em muitos países da América Latina em relação a seguir os EUA e, com o tempo, cada vez mais pessoas perceberam que o novo impulso por protagonismo e o desejo de autonomia que tinham talvez fossem incompatíveis com a hegemonia dos EUA.[16]

O que surgiu como resultado dos primeiros debates no governo Bush foi um pacote chamado de Iniciativa para as Américas (EAI, na sigla em inglês), designado a lidar com as principais preocupações das nações da região: dívida, comércio e bem-estar econômico. Visando o México, que surpreendera o governo Bush com a proposta de uma grande e nova iniciativa comercial que se tornaria o Nafta, incluindo o Canadá, esse pacote englobaria também o restante do hemisfério. Logo se passou a falar em uma Área de Livre de Comércio das Américas (Alca). Era coerente com a política do governo na Rodada do Uruguai das negociações do GATT e com o compromisso das nações latino-americanas com a reforma comercial multilateral, central a essas discussões. Por fim, ao insistir na parceria e no agrupamento hemisférico, a EAI destinava-se a acalmar as profundas ansiedades dos latino-americanos em relação aos impulsos residuais da hegemonia norte-americana. Apesar do entusiasmo inicial, dentro de poucos anos a EAI seria lançada, como a Aliança para o Progresso, ao abandono da história.

Desde o início manifestavam-se sinais de problemas. A década de 1980 representou uma fase perdida para a maior parte da América Latina. A região regredira economicamente, atolada pelo fardo pesado da gigante dívida externa que não fora paga e que freara o fluxo de capital privado, arrastando a maior parte do hemisfério para uma recessão que enfraquecia as novas e frágeis democracias. Diante da severa recessão, os governos civis não foram capazes de aumentar os rendimentos de forma a atender as necessidades legítimas da população. Os programas de reestruturação impostos pelos bancos internacionais minavam a força do Estado bem no momento em que se precisava dele para consolidar as novas democracias e atender as genuínas reivindicações sociais. Muitos na região não compartilhavam do Consenso de Washington e nem da visão otimista de mundo do Sr. Bush.[17]

Bush não se sentia atraído por um programa de assistência oficial, que havia sido proposto a ele pelos líderes das nações andinas em uma reunião preliminar em Cartagena, em fevereiro de 1990. Historicamente, com exceção da Aliança para o Progresso, os EUA haviam sempre atendido aos apelos latino-americanos por ajuda econômica instando-os a abrir seus mercados e permitir que o capital norte-americano resolvesse seus problemas, uma versão moderna da Diplomacia do Dólar. "Comércio, não assistência", era a resposta dos oficiais norte-americanos depois da Segunda Guerra aos colegas latino-americanos que pediam um equivalente hemisférico do Plano Marshall. O mais notável, em retrospectiva, é o grau de otimismo em relação à abertura do mercado como cura de todos os males econômicos e políticos da região. Roger B. Porter, um dos assessores de Bush, enfatizava que as políticas se dirigiam aos mercados, eliminando barreiras para o comércio e para o empreendedorismo, reduzindo o estadismo. "O desafio para os governos latino-americanos sob a iniciativa de Bush", disse Porter no outono de 1990, "é remover obstáculos para mercados efetivamente funcionais e criar um ambiente favorável ao empreendedorismo". Os Estados não deveriam se envolver na produção, mas sim "implementar a regulamentação para dar garantia aos investimentos estrangeiros e facilitar a entrada e a saída de capital".[18]

Retrospectivamente, é incrível que se tenha feito tanto barulho por causa de uma política que logo se extinguiria e que realizou tão pouco. Todos os escrúpulos e as dúvidas foram deixados de lado pela extrema confiança imbuída no planejamento de políticas dos EUA no período posterior ao que os líderes consideravam o triunfo da nação na Guerra Fria, e sua inquestionável supremacia na ordem global. É importante lembrar, também, que uma década antes da queda do muro de Berlim, os EUA eram objeto de diversos estudos que demonstravam o declínio da nação relativamente a uma emergente comunidade econômica na Europa e no Japão. Mesmo o mais otimista dos estudos assegurava que os dias de dominância dos EUA na economia internacional haviam se acabado, e a melhor previsão dos anos seguintes indicava uma espécie de mundo tripolar em que a influência econômica seria dividida igualmente entre EUA, Europa e Ásia.[19] O fim da Guerra Fria parecia anular toda a conversa sobre um declínio dos EUA, e a EAI destinava-se a dar sustento para a posição do país no hemisfério. Infelizmente, como ocorrera com a política da Boa Vizinhança na década de 1930 e a Aliança para o Progresso na década de 1960, o anúncio de uma grande mudança de políticas não era o suficiente para de fato colocá-la em prática.[20]

O comércio, ao menos, aparentemente era uma ideia cujo momento havia chegado. O "pilar" comercial, como foi chamado na EAI, fundamentava-se em um conjunto de compromissos complexos, gerais e amplos destinado a liberar o comércio, que ficou conhecido como Acordos de Quadro (*Framework Agreements*). Esses acordos foram firmados com todas as nações do hemisfério, com exceção de Cuba, Suriname e Haiti, e representaram um compromisso ousado de criar uma área de livre-comércio "do Alasca à Terra do Fogo". Curiosamente, quase sem receber solicitações, as nações latino-americanas começaram a baixar suas barreiras tarifárias e a acelerar os processos de reforma comercial que tiveram início antes de junho de 1990. Ao redor do hemisfério, firmava-se uma crença ou uma esperança de que a Nova Ordem Mundial traria benefícios às nações que fossem capazes de se ajustar às novas orientações. Como afirmou o representante do governo brasileiro, Sérgio Amaral, em audiências conduzidas pela Comissão do Comércio Internacional dos Estados Unidos em janeiro de 1992, "um mar de mudanças ocorreu nas políticas comerciais do Brasil, o qual teve impacto imediato nas relações comerciais entre o Brasil e os EUA".[21] Amaral reclamou que os EUA estavam atrasando o Brasil e outras nações latino-americanas na liberalização de suas políticas comerciais. Ele juntou-se ao representante argentino em Genebra, o embaixador Archibaldo Lanus, para pedir que os EUA tomassem uma posição mais agressiva em colaboração com as nações do hemisfério, com vistas a confrontar as tendências protecionistas de certas nações europeias no âmbito do GATT. Os latino-americanos preocupavam-se com uma exposição de suas nações no futuro próximo, em um mercado mundial no qual os exportadores de produtos primários eliminavam suas barreiras tarifárias, enquanto que os países desenvolvidos mantinham seus muros comerciais tão altos como sempre.²²

Depois do ímpeto inicial na década de 1990 de adesão à nova tendência, o entusiasmo na América Latina por um comércio mais livre e por regras trabalhistas e ambientais negociadas sofreu um declínio devido aos preços das *commodities* de exportação. Enquanto a bonança dos produtos de exportação estava em alta, os governos latino-americanos viam com bons olhos as regras internacionais de comércio e intercâmbio. Quando o preço das *commodities* sofreu queda, assim também decaiu seu entusiasmo.²³ Considerando a crença enraizada dos latino-americanos na desigualdade dos mercados internacionais, foi incrível que o poder do comércio livre e, de modo mais geral, dos mercados abertos, tenha sido tão duradouro, representando uma marca do hemisfério no período pós-Guerra Fria, embora o grande esquema da Alca não tenha vingado.²⁴

As conversas sobre o Nafta levaram os padrões ambientais e trabalhistas ao debate público pela primeira vez, com posturas amplamente variadas dentre os membros da comunidade hemisférica. No início do período pós-Guerra Fria, o mesmo consenso eufórico de que todas as questões seriam resolvidas em uma harmonia multilateral se expandiu para o assunto da proteção do meio ambiente. Houve até uma conferência mundial sobre o meio ambiente no Brasil, em que a proteção da floresta amazônica tornara-se uma causa célebre internacional, principalmente na Europa e nos Estados Unidos.²⁵ Os brasileiros tinham divergências com os EUA em duas questões. Primeiro, o argumento nacionalista era de que, afinal, a floresta pertencia ao Brasil, e os países desenvolvidos não deveriam se intrometer nisso. Segundo, havia um argumento que iria caracterizar o mais novo bloco do momento, o BRICS – Brasil, Rússia, Índia, China e África do Sul –, considerado, inclusive por eles mesmos, o próximo grupo de países desenvolvidos. Eles argumentavam que não deveriam ser forçados a seguir as novas regras ambientais propostas pelos países mais desenvolvidos porque tinham o direito de passar por um período de crescimento semelhante ao que eles passaram nos séculos XIX e XX, quando fizeram intenso uso de combustíveis fósseis em suas indústrias. Tratava-se de uma forma perversa de estruturalismo, unida à modernização, em que os países em desenvolvimento afirmavam o direito de passar pelos mesmos estágios de desenvolvimento que aquelas nações.[26] Havia uma preocupação entre os latino-americanos de que os EUA poderiam usar a questão ambiental como uma arma em suas negociações comerciais.[27]

O meio ambiente era uma arma cega nas negociações comerciais, e logo perdeu seu poder de efeito. Já no fim da década, o assunto se tornara uma questão de como lidar com as mudanças climáticas e criar padrões para restringir ou reduzir a emissão de carbono. O desenvolvimento sustentável, que havia sido um tema para os países em desenvolvimento durante a década de 1990, evoluiu para dois assuntos distintos: o primeiro para os países desenvolvidos, que consideravam a capacidade de sustentação do planeta; o segundo para os países menos desenvolvidos, que consideravam a sustentabilidade como forma de reduzir a pobreza. Essa disputa reduziu a força de todas as iniciativas de criar padrões ou normas internacionais para limitar a emissão de combustíveis fósseis tidos como responsáveis pela tendência de aquecimento, considerada por muitos a mais séria ameaça à comunidade global. Depois do 11 de Setembro, quando a ala conservadora do Partido Republicano decidiu que a questão do papel humano na mudança climática – tema que impulsionava a campanha por políticas de proteção ambiental – nada mais era que uma intriga liberal, as iniciativas relativas ao assunto foram relegadas às agências internacionais. Nessas instâncias, o consenso científico sobre o impacto humano na mudança climática recebeu toda a atenção, mas as principais divergências entre os países em desenvolvimento sobre como agir dificultaram muito uma ação coletiva. A liderança na questão da proteção ambiental passou para os europeus.[28]

Por si mesma, a EAI não realizou quase nada, e foi superestimada na América Latina.[29] O êxito dos modelos de exportação criados no âmbito do Consenso de Washington mostrou-se cíclico. Depois de uma década de crescimento lento, o boom das exportações na primeira década do novo século, ocasionado pelo crescimento extraordinário da China e de seu apetite voraz por bens de consumo e *commodities*, gerou lucros excepcionais para vários países da América Latina, e renovou seu interesse pelo mercado aberto. O cerne do modelo – a abertura da economia para o comércio e investimento – provou-se instável em seus benefícios, e levou a consequências inesperadas nas políticas, reduzindo a flexibilidade das políticas dos governos latino-americanos e prejudicando a sustentabilidade.[30] Por outro lado, os ganhos indiretos da EAI não foram irrisórios. No mínimo, no pior cenário imaginável, a possibilidade de uma área de livre-comércio no hemisfério amparava as nações latino-americanas em relação a um retorno do protecionismo dos EUA, embora as barreiras não tarifárias tenham se tornado tão complexas e a assimetria entre a economia dos EUA e a das nações latino-americanas seja tão vasta, que o livre-comércio de verdade permanece sendo um fogo fátuo, ainda muito distante da realidade. Além disso, houve um aumento substancial na confiança de investidores na América Latina, como demonstra a impressionante demanda por títulos em uma crescente quantidade de bolsas na região. A par disso, houve um influxo significativo de capital privado, embora esses influxos tenham se provado transitórios e não tenham gerado o impacto previsto, exceto nos poucos países mais receptivos a esse tipo de investimento.[31]

Mais importante ainda, e totalmente não intencionado pelo governo Bush, a EAI proporcionou um forte estímulo para iniciativas de integração inter-regionais, chegando mais perto do que nunca de uma realização nesse sentido. Projetos como o Mercosul e o Pacto Andino se fortaleceram, pelo menos a curto prazo, e deram grande apoio à autoestima dos povos do hemisfério. Ironicamente, ao motivar a reestruturação das economias das nações latino-americanas, ao levá-las a esperar grandes frutos da EAI para então frustrá-las em razão da inadequação burocrática e de brigas partidárias, os EUA no fim acabaram fortalecendo o regionalismo latino-americano e a determinação das nações de conquistar algo por conta própria nos assuntos internacionais. Alguns latino-americanos consideravam a EAI um sucesso, fazendo um elo entre a democracia e a integração econômica para legitimar as políticas necessárias, inevitáveis e difíceis destinadas a habilitar as nações da região como "comerciantes globais".[32] Nessa perspectiva, a EAI desempenhou uma função estratégica, preparando a América Latina para um maior protagonismo em uma comunidade comercial internacional e globalizante. O comércio inter-regional e a abertura comercial entre os países da região permaneceram sendo uma prioridade, mesmo com o crescimento da oposição ao Consenso de Washington. No fim da década, havia um amplo consenso na América Latina de que esses agrupamentos entre subconjuntos de nações era de seu interesse a longo prazo.

Historicamente, os EUA preferiam lidar com as nações latino-americanas individualmente e se esforçaram muito para desestimular iniciativas conjuntas ou multilaterais. No entanto, no período imediato após a Guerra Fria, os EUA acreditavam que precisavam da participação da América Latina na solução das disputas hemisféricas, assim como precisavam da Europa e outros aliados no combate efetivo às crises na Iugoslávia, no Congo, no Camboja, no Iraque e em outros lugares, por meio da ONU ou de outras formas de ação coletiva. No hemisfério ocidental, os governos de Bush e de Clinton queriam parceiros e aliados para lidar com os conflitos no Haiti e no Peru. Os dois líderes perceberam que precisariam de aliados para lidar efetivamente com o tráfico de drogas, o terrorismo, a imigração e as ameaças ao meio ambiente. Essa necessidade de aliados – de parceiros, como dizia George H. W. Bush – levou muitos no hemisfério a enxergar uma abertura para mudanças nas políticas dos EUA que não haviam sido totalmente previstas, e que eram contrárias ao desejo histórico do país de agir livremente na região.

O governo Clinton amplificou as iniciativas de Bush e incorporou o hábito da reunião de cúpula na política externa do hemisfério. A primeira Cúpula das Américas foi realizada em Miami, em dezembro de 1994. É importante enfatizar que a ideia da reunião de cúpulas foi encorajada na América Latina e que os latino-americanos desempenharam uma função considerável na formulação da pauta para a reunião, inclusive insistindo para que se discutisse o livre-comércio no hemisfério. Embora houvesse dissidentes, as reuniões tiveram um impacto sobre a maioria dos líderes no sentido de mostrar que se tratava de um modo excelente de exercer seu protagonismo.

Além das negociações comerciais, as primeiras iniciativas colaborativas entre as nações da América Latina para elevar sua influência no sistema internacional foram destinadas a tornar a arquitetura hemisférica mais útil a elas. A mais significativa dentre essas iniciativas foi a reforma da OEA. Aproveitando a boa disposição do secretário-geral da entidade, o diplomata de carreira brasileiro João Baena Soares, promoveu-se uma união de forças entre ele e um grupo de embaixadores relativamente jovens da Argentina, do Chile, do Brasil e do México para reverter a postura histórica da OEA como uma organização incapaz de ações decisivas, a não ser sob a liderança norte-americana. Já era ruim o suficiente que a OEA servisse de marionete para os EUA, mais exemplarmente na forma como lidou com a Guatemala em 1954. A organização parecia não ser capaz de lidar efetivamente com nenhuma das questões prioritárias para os membros latino-americanos.

Liderada pelo embaixador chileno Heraldo Muñoz, a OEA declarou que a democracia era a forma de governo defendida por seus membros, e que esses agiriam para proteger essa forma de governo em qualquer Estado-membro. O primeiro passo consistiu em uma declaração pública feita pelos membros reunidos em Santiago, no Chile, afirmando um "Compromisso com a Democracia", posteriormente transformada na Resolução Oficial 1080 (1991). Embora o compromisso dos membros não fosse específico ou concreto, esse documento consistiu obviamente em um grande benefício para o governo do Chile e outros na região ao forçá-los coletivamente a considerar as Forças Armadas uma ameaça em potencial ou um limite para sua capacidade de governar.[33]

No nível organizacional, os mexicanos, com apoio competente dos embaixadores da Argentina e do Brasil, lideraram a criação de um conjunto de Comissões nas quais a decisão da maioria, e não a unanimidade, seria a forma de conduzir as discussões, exercendo o poder de agir sobre questões importantes para os membros. Os mexicanos almejavam sobretudo criar uma estrutura que deslegitimasse a "certificação" unilateral feita pelo Congresso dos Estados Unidos de países ao redor do mundo de acordo com o engajamento de cada um deles (avaliado pelo Congresso norte-americano) no esforço de reduzir a entrada de drogas nos EUA. A atuação da OEA, através da Comissão Interamericana para o Controle do Abuso de Drogas (CICAD), foi considerada pelos membros do Congresso uma alternativa viável a seu próprio trabalho, concordando em pôr fim ao ritual do voto anual, tão nocivo para os mexicanos, desde que a OEA assumisse essa questão.[34] A comissão provou-se extremamente útil como um fórum para investigar modos de lidar com o abuso de drogas, incluindo a discussão de como a demanda exerce um papel no tráfico ilegal e como uma colaboração multilateral poderia ser mais eficaz do que a abordagem unilateral de uma "Guerra contra as Drogas", favorecida pelos EUA.

Os latino-americanos estavam também interessados na criação de um fórum para a discussão do tráfico de armas leves, o qual tinha um acentuado efeito desestabilizador em vários países e que teria crescente importância à medida que os processos de paz na América Central avançavam. Em 1997, essas conversas levaram à Convenção Interamericana contra a Fabricação e o Tráfico de Armas de Fogo, Munições, Explosivos e outros Materiais Relacionados, e depois, em 1999, à Convenção Interamericana sobre Transparência nas Aquisições de Armas. Essa última expressava o vínculo entre a pauta do controle de armas e o combate ao tráfico de drogas. A questão do tráfico de armas era tratada dentro da Comissão Interamericana para o Controle do Abuso de Drogas, capaz de relacionar o controle de armas com o combate ao tráfico de drogas. Lidar bilateralmente com os EUA era infrutífero, porque a influência do lobby de armamentos no país tornava a questão delicada para os oficiais norte-americanos. A nova comissão, em contraste, era ideal para tornar pública a perspectiva das nações do hemisfério envolvidas no assunto, e para buscar uma ação coletiva que pudesse angariar algum apoio dos EUA. Com o tempo, os EUA tornaram-se adeptos do uso dessa nova estrutura e, depois dos ataques terroristas de 11 de setembro, criaram outra comissão, a Comissão Interamericana contra o Terrorismo, da qual os latino-americanos se provaram colaboradores bem dispostos.[35]

A terceira reforma, vinculada às mudanças organizacionais, foi uma tentativa de levar a OEA a exercer um papel construtivo na solução de disputas territoriais históricas, muitas das quais perduravam desde a era pós-independência, e que agora irrompiam o ambiente de tranquilidade da região no pós-Guerra Fria. Em vez de buscar tirar vantagem da "Nova Era Mundial" e exercer seu protagonismo como Estados democráticos em uma comunidade global que aparentemente tinha valores em comum, as nações do hemisfério começaram a brigar com seus vizinhos sobre territórios disputados e a ameaçar um conflito armado. Depois de dois anos do fim da Guerra Fria, praticamente todos os países da América do Sul e da América Central envolveram-se em disputas sobre territórios com seus vizinhos. Em alguns casos, houve episódios de violência e perda de vidas nas fronteiras.[36]

Para promover uma forma relevante de lidar com esses conflitos na OEA, os embaixadores da Argentina, primeiro Juan Pablo Lohle e depois Hernán Patino Mayer, impeliram a organização a discutir a segurança regional. A Comissão de Segurança promoveu reuniões durante um período de três anos com diplomatas, membros dos Legislativos, jornalistas, acadêmicos e militares de países cujas fronteiras estavam em disputa. Essas reuniões produziram resultados concretos, resolvendo as questões finais da disputa na fronteira montanhosa entre Argentina e Chile, criando uma Comissão Especial para discutir a fronteira fluvial entre a Argentina e o Uruguai, e mediando acordos entre as nações da América Central para desarmar as minas terrestres no golfo de Fonseca, na fronteira entre El Salvador, Honduras e Nicarágua.[37]

A OEA não teve êxito em pôr fim aos conflitos entre Peru e Equador relativos a trechos de suas fronteiras na região amazônica dos Andes. Depois de infrutíferas ações diplomáticas, a OEA solicitou a intercessão do grupo de quatro "Amigos", o qual havia originalmente negociado o Protocolo do Rio, em janeiro de 1942. Os Amigos – Argentina, Brasil, Chile e Estados Unidos –, com o apoio da OEA, conseguiram combinar um cessar-fogo e pressionar os litigiosos a iniciar um lento processo que culminou em uma declaração dos presidentes do grupo, estabelecendo um procedimento vinculativo para solucionar todas as divergências entre os dois países.[38] A solução final representou um passo importante no estabelecimento do controle civil sobre as Forças Armadas na América do Sul. A lentidão do processo de paz se deu em grande parte pelo papel das Forças Armadas na política interna dos dois países. No caso dos conflitos mutuamente destrutivos na América Central, a OEA não foi capaz de gerar a confiança necessária para solucionar disputas, tendo que trabalhar de perto com a ONU, no caso da Nicarágua envolvendo Cuba, e com atores não estatais nos casos da Guatemala e de El Salvador.[39] Em todos esses casos, a OEA foi prejudicada pelo unilateralismo dos EUA durante o governo Reagan.

A transformação da OEA deve ser vista como um efeito colateral da euforia gerada pelo fim da Guerra Fria. Deu-se prioridade nos assuntos hemisféricos para o multilateralismo e os instrumentos de fortalecimento da governança democrática. Durante o governo Bush, o tom otimista veio de cima, transmitido e realizado de forma extraordinariamente eficaz por Luigi Einaudi, o embaixador dos EUA na OEA.[40] As reformas da organização seriam impensáveis sem a colaboração de Einaudi. Por alguns anos, a OEA atuou como um instrumento eficaz na governança hemisférica e aparentava ser o instrumento de escolha do protagonismo latino-americano para uma ação coletiva.[41] Depois do 11 de Setembro, os EUA perderam o interesse, o orçamento foi cortado e as novas iniciativas regionalistas da América Latina promoveram uma erosão da influência da OEA.

Durante o governo Clinton, houve um empenho considerável tanto no Norte como no Sul para criar uma infraestrutura de comunidade por meio das "cúpulas" – encontros cerimoniais de chefes de Estado de todas as nações do hemisfério, com exceção de Cuba. A primeira cúpula foi tão bem-vinda que seu modelo foi imitado em nível ministerial, começando com a Cúpula Ministerial de Defesa em Williamsburg, Virgínia, em julho de 1995. A virtude principal dessas cúpulas ministeriais consistia em que as nações podiam discutir seus interesses em comum e buscar solucionar as divergências significativas entre elas. Da perspectiva latino-americana, as cúpulas ministeriais de defesa mostraram-se particularmente eficazes no apoio das novas democracias em suas iniciativas de submeter as Forças Armadas ao controle civil. Também possibilitaram às nações com problemas de fronteiras que se encontrassem sem constranger seus governos. O controle civil das Forças Armadas era um assunto delicado na primeira Cúpula Ministerial. No décimo primeiro encontro, no Peru, em 2014, já se tornara um lugar comum incluir no relatório final a afirmação de que a democracia foi essencial para a defesa das nações do hemisfério.[42]

O avanço no uso das cúpulas ministeriais para trazer as Forças Armadas ao controle civil e para enfatizar a transparência como um instrumento básico de construção de confiança foi importante. Na primeira reunião, o Canadá conduziu toda uma sessão sobre as virtudes da prestação de contas aos eleitores por meio do uso de relatórios periódicos detalhados sobre as atividades e finanças do Ministério da Defesa, conhecidos como "Livros Brancos". O presidente argentino, Menem, solicitou a seu ministro Oscar Camilión que conseguisse que a Argentina fosse nomeada anfitriã da segunda reunião. Mas o país não tinha nenhum Livro Branco. Camilión teve que prometer que a Argentina instituiria a prática do Livro Branco antes da próxima reunião. Para realizar essa tarefa, o governo argentino teve não apenas que tornar públicos o orçamento, as missões e as atividades militares, mas também fazer o Congresso constituir comitês de defesa nas duas casas capazes de ler um orçamento. O primeiro Livro Branco argentino foi apresentado na Cúpula Ministerial de Bariloche, em 1996.[43] As primeiras cúpulas tiveram momentos difíceis pela presença de vários ministros que representavam governos autoritários, e que faziam o máximo possível para enfraquecer as resoluções que declaravam que os valores democráticos eram centrais para a missão de segurança de todos os países do hemisfério.⁴⁴

O governo Clinton demonstrava mais abertura para debates sobre questões de políticas do que seu predecessor – ou seu sucessor, no que se refere a esse assunto –, e sua formulação de políticas para a América Latina tinha a virtude de ser a mais transparente possível, muito mais do que nos governos posteriores. Os assessores de Clinton pressionavam-no para empregar sua energia em Estados cruciais, principalmente Brasil e México, tendo o Chile como modelo de país, e a usar questões transversais (intermésticas) como população, migrações, meio ambiente, direitos humanos, conflitos étnicos e finanças internacionais para reunir as nações da América Latina.⁴⁵ Tratavam-se de questões que Clinton considerava interessantes, e ele era favorável à ideia de utilizá-las como uma estrutura dentro da qual se motivaria a cooperação com as nações do hemisfério. Clinton tinha um apetite voraz por informação e se valia das sessões com Tony Lake, seu assessor de segurança nacional, e com Arturo Valenzuela, o especialista sobre América Latina no Conselho, para discutir aquilo que a maioria dos presidentes havia considerado complexo demais para ser levado em consideração. Apesar desses sinais de que uma parceria com os países latino-americanos era possível, a atenção de Clinton quase sempre se voltava para crises em outras partes do mundo, e o impulso por parcerias latino-americanas perdeu força.⁴⁶

A força centrípeta principal responsável por reunir as nações latino-americanas e por manter seu otimismo em relação ao cenário hemisférico na década pós-Guerra Fria era a transição para a democracia em muitos dos países. Em todos os casos, os militares haviam se tornado párias internacionais e, por isso, no período pós-Guerra Fria os governantes civis eleitos consideravam-se legitimados não apenas por seus próprios cidadãos, mas também pelo sistema internacional. Agiram propositadamente para estabelecer sua identidade internacional. O caso paradigmático foi o do Chile. O governo civil não só se constituía de uma coalizão com extensos vínculos internacionais, mas também abrigou dentro de si um grupo extraordinário de especialistas em política externa, muitos dos quais passaram os anos de exílio estudando Relações Internacionais e outros assuntos nos Estados Unidos ou na Europa. Mesmo antes de conquistar o poder, eles refletiam sobre a inserção do Chile na comunidade global e como ela seria parte constitutiva da transição para a democracia.[47] Nada menos que 12 membros seniores que ocupavam cargos no Ministério das Relações Exteriores, no da Defesa e em outros tiveram uma formação acadêmica como especialistas em Relações Internacionais, e todos eles haviam participado do Rial. Alguns, mais notavelmente Augusto Varas, continuavam na carreira acadêmica, e a presença deles garantia que o governo seria receptivo ao debate e ao diálogo com a mídia e a academia. Em uma região na qual a política externa raramente havia se caracterizado pela permeabilidade da burocracia, em uma rápida transição, o governo chileno tornou-se modelo para a região. A construção de confiança no hemisfério depois da Guerra Fria abarcava o aumento da comunicação entre a mídia e o aparato político dentro dos países e entre eles. Como haviam insistido os fundadores da pátria no caso dos Estados Unidos, esse era o caminho para tornar o processo político transparente e obrigar os formuladores de políticas a prestarem contas a seu eleitorado.[48]

O novo aparato da política externa do Chile agiu rapidamente em três frentes para estabelecer o novo papel do país, agora uma democracia, nos assuntos internacionais. A primeira foi determinar um lugar para o país em todas as organizações multilaterais relevantes – Muñoz foi para a OEA; Juan Somavia para a ONU; Juan Gabriel Valdés, filho do presidente do Senado e doutor pela Universidade de Princeton, foi para a Espanha; Carlos Portales, com doutorado em curso pela Universidade de Stanford, foi diretor-geral de política externa; Alberto van Klaveren, outro doutor por Princeton, foi assessor de Portales, e, depois, diretor de planejamento e subsecretário das Relações Exteriores.

Ao mesmo tempo, o novo embaixador nos Estados Unidos, Patricio Silva, deixou claro que o Chile queria dar início às negociações para um acordo comercial. O ministro da Fazenda do governo da Concertación (coalização de partidos social-democratas e democratas-cristãos chilenos), Alejandro Foxley, sabia que essa era a fórmula para estabelecer o poder de influência do Chile no sistema internacional, constituindo a segunda frente de tarefa do governo. Ao fim do governo Aylwin, o Chile conseguira distribuir o comércio internacional do país em três partes geográficas iguais, no hemisfério ocidental, na Europa e na Ásia; foi o único país do hemisfério a alcançar isso. Representou, em certo sentido, uma concessão anacrônica aos teóricos da dependência, ao buscar eliminar qualquer possível fraqueza no comércio do país resultante da dependência de um único mercado ou de mercados em uma única região. Anacrônica ou não, foi uma notável conquista, agregando a vantagem de inserir o Chile no mercado asiático justo quando a China emergia como um grande ator na economia mundial.

A terceira frente do avanço chileno nos assuntos mundiais foi dar enfoque ao "*soft power*" do país, um conceito que os mais sofisticados especialistas norte-americanos consideravam especialmente útil. O Chile iria exibir suas credenciais democráticas como a chave de sua nova influência e de seu protagonismo nos assuntos mundiais. Seria o representante da democracia e dos direitos humanos ao redor do mundo, participando do máximo possível de organizações. Seguiria, também, as regras básicas do jogo econômico, embora seus apoiadores social-democratas não fossem entusiastas do Consenso de Washington. A declaração de apoio à democracia feita pela OEA como resultado da reunião de Santiago, em 1991, foi a maior conquista do "*soft power*" do país. Poucos anos depois, Muñoz, que foi enviado à embaixada do Chile em Brasília, trabalhou com seu colega brasileiro, Celso Lafer, ajudando a redigir a declaração final de acordo em Doha, em 2001.[49] A ideia era buscar uma atuação que realçasse a reputação internacional do país. As perspectivas chilenas eram transmitidas e respeitadas em uma grande variedade de fóruns globais.

Na Argentina, quando Carlos Saúl Menem foi eleito como sucessor de Raúl Alfonsín, em 1989, a meta inicial prioritária era reverter a política histórica de atritos com os Estados Unidos e deixar claro que a Argentina seguiria a liderança norte-americana na formação de uma nova comunidade global. A Argentina foi um dos poucos países a enviar apoio aos EUA em seu empenho para combater a invasão do Kuwait pelo Iraque, em 1991. Menem acreditava que a declaração de aliança com os EUA traria benefícios imediatos, tanto políticos quanto econômicos. Primeiro, Menem foi premiado com uma visita de Estado a Washington.[50] Dois anos depois, a recompensa de Menem foi ver a Argentina nomeada como um "Aliado não membro da Otan".[51]

Quando o embaixador da Argentina em Washington, Guido Di Tella, estava prestes a voltar a Buenos Aires, em 1991, para tornar-se ministro das Relações Exteriores, ele disse à mídia que desejava que as relações entre os dois países fossem tão próximas quanto as "relações carnais".[52] Depois de certo tempo como ministro, ele retificou sua meta, afirmando que a Argentina seria "uma parceira confiável".[53] Para esse fim, Guido Di Tella designou um de seus agentes políticos mais calibrados para acompanhar o Congresso dos EUA e levar os interesses da Argentina à atenção dos legisladores norte-americanos.[54] Com o objetivo de divulgar a Argentina como uma figura global confiável, ele organizou uma comissão mista com seu colega de ofício em Santiago para solucionar as derradeiras disputas de fronteira entre os dois países, que datavam do fim do século XIX. Naquele tempo, um acordo que determinava a fronteira deixara algumas ambiguidades em relação à bacia hidrográfica andina que dividia os dois países. Guido Di Tella pôs fim ao programa de mísseis semissecreto, o Condor II, e instruiu seus representantes em Brasília e em Montevidéu para amenizar as tensões com os outros membros do Mercosul. Dessa forma, ele esperava que a Argentina voltasse a ser relevante na comunidade mundial. Guido Di Tella também deu início a um diálogo com o governo britânico com a esperança de que promoveria negociações formais sobre as ilhas

Malvinas. As relações argentinas com os EUA nunca foram melhores do que durante o governo Clinton.⁵⁵

No caso do México, a transição detinha-se nos assuntos domésticos e no Tratado Norte-Americano de Livre-Comércio. Era o período no qual o PRI (Partido Revolucionário Institucional) afrouxava sua concentração do poder, podendo ser visto como uma fase análoga à das transições nos países do ABC (Argentina, Brasil e Chile) do regime militar para o civil. Para tornar-se um parceiro confiável na América do Norte, o México empenhou-se para reabilitar seu sistema político semiautoritário e para criar instituições econômicas – como um banco central independente, finalmente em vigor em 1993 – que facilitassem a privatização da economia e abrissem o país para as oportunidades proporcionadas pelo Nafta. O esforço de lobby do governo mexicano em apoio ao Nafta foi algo sem precedentes nos governos da América Latina. Foi conduzido em consonância com as iniciativas da embaixada para desfazer o constrangimento causado pela certificação de drogas pelo Departamento de Estado e transferir as discussões sobre como lidar com o tráfico ilegal para o fórum multilateral da OEA. Para esse fim, o México teve uma atuação central na reforma da organização. Além disso, pela primeira vez, o governo mexicano agiu no Congresso dos EUA para obter apoio para a reforma da imigração.⁵⁶

O Brasil sofreu uma instabilidade política e econômica significativa nos primeiros anos depois do fim da Guerra Fria. Mas quando Fernando Henrique Cardoso assumiu a presidência, em janeiro de 1995, ele firmou o protagonismo brasileiro nos assuntos mundiais com um talento e um impacto sem precedentes desde o barão do Rio Branco, um século antes. Fernando Henrique estava convicto de que o Brasil deveria ser uma potência mundial. Para isso, na opinião dele, o país tinha que fazer três coisas: reduzir a desigualdade (o Brasil constava como o país mais desigual do mundo segundo os dados do Banco Mundial), pôr fim à dependência de energia e reconhecer o destino geopolítico do país.⁵⁷ Para a primeira tarefa, ele chamou Paulo Renato de Souza, então em Washington, onde atuava como gerente de operações do Banco Interamericano de Desenvolvimento, para coordenar e expandir os programas de combate à pobreza. O resultado foi o Bolsa Escola, que fundia vários programas estaduais e municipais em um único programa federal de transferência condicional de dinheiro, destinado a manter as crianças na escola por meio de subsídios à família. O Bolsa Escola teve tanto êxito – a pobreza do Brasil foi reduzida em 28% durante a presidência de Fernando Henrique e o coeficiente de Gini do país caiu quase 20 pontos – que foi mantido e ampliado por seu sucessor, Luiz Inácio Lula da Silva, como o Bolsa Família.[58]

Para dar início à segunda tarefa, Fernando Henrique abriu a companhia nacional de petróleo do país, a Petrobras, para investimentos estrangeiros. Novamente, o sucesso foi rápido e surpreendente. Contando principalmente com empreendimentos conjuntos ("*joint ventures*"), a Petrobras fez com que o Brasil se tornasse praticamente autossuficiente em energia dentro de uma década.[59] Fernando Henrique também privatizou uma série de outras companhias públicas, que obstaculizavam o desenvolvimento do país. Dentre elas, as mais notáveis são a companhia Telefônica e a gigante da mineração Vale do Rio Doce. No segundo mandato de Fernando Henrique, a economia decolou e, com ela, a presença do país no mundo.

Para cumprir a terceira tarefa, ele designou Ronaldo Sardenberg como responsável pela nova Secretaria de Assuntos Estratégicos e deu início a um programa ambicioso de cobertura por radar em toda a extensão da bacia amazônica – o Sivam –, usando capital norte-americano para dar impulso à iniciativa. Ao mesmo tempo, Sardenberg iniciou um programa de estudos de assuntos hemisféricos e globais que transformou sua agência em Brasília em um formidável grupo de reflexão ("*think tank*").[60] Fernando Henrique também estabeleceu vínculos entre o governo e os pesquisadores acadêmicos do país, levando a permeabilidade de seu governo a discussões externas em um patamar nunca antes visto no Brasil. O país estava no caminho certo, conduzido por uma série de ministros das Relações Exteriores ambiciosos e competentes. Fernando Henrique deixou claro que sua meta era uma cadeira permanente no Conselho de Segurança das Nações Unidas, e que assumiria todas as responsabilidades nos assuntos mundiais necessárias para justificar diante das grandes potências o novo papel de seu país no âmbito mundial. Com isso, deu início a um debate dentro do Brasil, o qual perdura até hoje, sobre como exercer seu novo protagonismo.[61]

Com o fim da Guerra Fria, as nações da América Latina perceberam que tinham espaço para operar no sistema internacional, e que o jogo de poder de soma zero imposto pelos EUA durante a guerra não era mais sustentável. Em pronunciamentos públicos, os líderes nos EUA deixaram claro que não desejavam perpetuar uma relação em que o país afirmava sua dominância de forma explícita, como foi o caso na maior parte do século. Pediram parcerias e colaborações com as nações do hemisfério, embora de certa maneira ainda tivessem a expectativa de que as nações assentiriam a suas vontades no caso da segurança regional, ou pelo menos seguiriam voluntariamente sua liderança. Não era o que a maioria dos latino-americanos tinha em mente quando foi em busca das possibilidades inerentes a sua nova liberdade de ação nos assuntos mundiais. Depois que Menem deixou a presidência, em 1999, ninguém mais na América Latina desejava que as relações com os EUA fossem tão próximas a ponto de serem "carnais".

A reforma da OEA proporcionou certa flexibilidade para os latino-americanos ao lidar com questões controversas de políticas. As cúpulas foram úteis porque se podia discutir ali assuntos de importância para eles, o que era difícil de fazer na OEA e quase impossível nas trocas bilaterais com os EUA. Clinton e seus sucessores, George W. Bush e Barack Obama prezavam os diálogos face a face e valorizavam o contato direto, ainda que breve, com colegas do hemisfério. Mesmo em situações cerimoniais, quanto mais se encontravam, mais motivos achavam para se reunir. Dentro do contexto das reuniões hemisféricas, como as promovidas pela OEA ou pelas cúpulas, não era mais impossível expressar hostilidade em relação aos EUA.[62]

Havia uma crescente sensação de que novos fóruns regionais e sub-regionais eram necessários para procurar modos de tornar a colaboração multilateral produtiva. Nesse contexto, porém, divergências históricas, como as que levaram a uma guerra entre o Peru e o Equador, e as que continuavam estorvando as relações entre a Colômbia e a Venezuela, ou entre qualquer dupla de países da América Central, complicavam demais a cooperação regional. Até o Mercosul, a mais duradoura e institucionalizada das organizações sub-regionais, teve seus altos e baixos, e aparentava ter atingido um limite de eficácia, principalmente quando um dos dois grandes membros, a Argentina ou o Brasil, passava por dificuldades econômicas.

No fim da última década do século, havia duas questões de ampla concordância na América Latina em oposição à política norte-americana: a exclusão de Cuba na comunidade hemisférica e a militarização dos EUA no combate ao tráfico ilegal de drogas. Parecia não haver maneira de amainar essas divergências ou um mecanismo, bilateral ou multilateral para solucioná-las. A frustração ao lidar com essas duas questões durante os governos Bush e Clinton explica em parte o motivo pelo qual o regionalismo latino-americano no novo século buscaria novos caminhos para enfrentar os problemas sem a intimidação dos EUA. Explica também o crescimento cada vez maior da resistência à hegemonia norte-americana.

As novas comissões da OEA permitiam um diálogo aberto sobre alternativas de políticas, apesar de haver poucas concessões por parte dos EUA. No caso do tráfico de drogas, as divergências entre Norte e Sul eram amplas como um abismo. No Sul, os países produtores não entendiam por que os EUA faziam tão pouco para reduzir a demanda pelas drogas que causavam tantos problemas. Se não houvesse demanda, não haveria produção, exceto aquela da tradicional folha de coca, consumida pelos indígenas na região andina da América do Sul. Embora os membros do governo norte-americano não negassem que a demanda era um problema, eles achavam que se a produção fosse eliminada, não haveria problema de drogas. Assim, deram continuidade à Guerra contra as Drogas, a qual havia sido originalmente declarada durante o governo Nixon. Sem mover um dedo para comprometer seu posicionamento, os EUA pressionaram os latino-americanos a uma luta de poder de soma zero característica da Guerra Fria: ou vocês nos ajudam a eliminar as drogas ou então estão permitindo a atuação de traficantes. Esse foi o raciocínio (ou falta dele) por trás do programa de certificação do Congresso. Quando o programa foi cancelado, ficou a critério da OEA dar continuidade ao teatro de discussão do combate às drogas, sem a capacidade de enfrentar a questão da demanda no país que consumia mais de 75% das drogas exportadas da América Latina. Nada ajudou o fato de que, por décadas, os maiores países da América do Sul – Argentina, Brasil e Chile – insistiam que o tráfico de drogas não era problema deles, negando-se a participar do debate para solucionar a questão. Essa postura mudaria no novo século, quando todos se tornaram países de trânsito, com seus próprios problemas internos com as drogas.

Nos primeiros anos depois da Guerra Fria, a ampla maioria das drogas que saía da América Latina para os EUA passava por cima dos Andes, atravessando a Colômbia e chegando no Caribe pelo mar. Em alguns casos, os cartéis de drogas superavam a polícia em armamentos nas menores ilhas do Caribe. A Guarda Costeira dos EUA ofereceu ajuda, mas o problema era a soberania nacional e o território marítimo. Para afastar a relutância dos microestados em permitir que os EUA atuassem na sua função policial, os países anglófonos uniram-se para criar um Sistema Regional de Segurança e, em seguida, pediram aos EUA que ajudassem a suprir sua capacidade regulamentadora e estratégica. Durante o governo Clinton, foi firmado um compromisso relativo à questão da soberania nacional afirmando que, se um membro da polícia local estivesse a bordo de uma embarcação da Guarda Costeira dos EUA, seria permitido a ela que entrasse no território marítimo da nação em busca dos traficantes de drogas. Esse acordo marítimo antidrogas ("Ship-Rider Agreement", em inglês) foi assinado entre os EUA e mais de uma dezena de países no Caribe, e já em 1995 o fluxo de drogas ilegais através da região caribenha havia chegado ao fim. Além disso, como efeito da nova cooperação entre os microestados, iniciou-se um movimento para alinhar os códigos penais dos países membros, permitindo que o Sistema Regional de Segurança e a Guarda Costeira dos EUA concretizassem um esforço colaborativo regional eficaz de aplicação da lei.[63]

Esse empenho de vigiar o Caribe com maior eficácia fez com que a questão do tráfico de drogas se sobrepusesse à outra questão polêmica entre a América Latina e os EUA: a readmissão de Cuba na família hemisférica. Com sua insistência na exclusão de Cuba, os Estados Unidos acabaram transformando o país em um símbolo de resistência contra a hegemonia norte-americana. Graças ao poder do lobby cubano-americano, tornara-se impossível discutir o assunto nos EUA sem provocar uma rápida oposição dentro dos dois partidos políticos. Na visão dos EUA, a Guerra Fria não havia terminado em Cuba.[64] Consistiu em uma grande fonte de irritação para um número cada vez maior de países no hemisfério.

Quando a Guarda Costeira aumentou suas atividades para lidar com o tráfico de drogas no Caribe, a ausência de um canal de comunicação com a Marinha cubana gerava encontros perigosos em alto-mar entre as forças navais dos dois países. Sem mecanismos diplomáticos formais para lidar com esse perigo, a Guarda Costeira passou a usar canais não oficiais para criar modos de comunicação destinados a evitar os conflitos, favorecendo os dois lados. O Drug Enforcement Administration (DEA), órgão responsável pelo combate às drogas nos EUA, contratou empresas privadas para estabelecer um diálogo claro com os cubanos para evitar a movimentação de drogas através do território e do espaço aéreo do país. Já na metade do governo Clinton, esses elos informais passaram a ser coordenados por um órgão específico do Departamento de Defesa, garantindo que o Departamento de Estado não se envolvesse. Nesse caso, a fragmentação burocrática de fato facilitava a cooperação hemisférica.[65] Apesar desses vínculos e da conduta impecável de Cuba, os EUA se recusaram a reconhecer o pertencimento do país no hemisfério. Como uma forma de resposta, os latino-americanos reforçaram a iniciativa de criar modos de solidariedade com Cuba e de buscar mecanismos, regionais ou sub-regionais, pelos quais o país pudesse se integrar novamente na comunidade hemisférica.

Ao fim do século, a questão para os latino-americanos era a forma que teria seu protagonismo. A assimetria de poder entre os EUA e as nações da região não se dissiparia tão cedo. Esse fato era especialmente óbvio nas negociações comerciais, e a reação de muitas nações da América do Sul foi declinar o convite dos EUA para participar das negociações de livre-comércio. No entanto, fazer oposição aos EUA, o que agora era possível sem levar a retaliações ou a algum tipo de coerção, não significava por si só uma forma produtiva de protagonismo. Com exceção de Cuba, essa prática não facilitava, por si mesma, a conquista dos objetivos nacionais de política externa. A criação de uma comunidade hemisférica pós-hegemonia não seria tarefa fácil. Do lado das nações latino-americanas, seria necessário adquirir uma compreensão clara dos objetivos nacionais e fazer uma avaliação realista de como alcançá-los. E, pela primeira vez na história dessas nações, a política externa – a forma de estar no mundo – era parte de uma competição por poder entre Estados democráticos. Em muitos casos, fazia diferença para o público eleitor como que os candidatos a cargos de liderança propunham agir em relação à política mundial. Isso não tinha precedentes.

Os ataques terroristas de 2001 e a pressa insana do governo George W. Bush para militarizar o unilateralismo levaram a comunidade hemisférica ao caos de modos de pensar e de agir que eram reminiscentes da Guerra Fria. O unilateralismo da guerra contra o terror destruiu a euforia engendrada pelo fim da Guerra Fria. Também fez com que o fim da hegemonia norte-americana produzisse outra hegemonia problemática. Isso significava que, conforme a crescente experiência de protagonismo nos assuntos mundiais se tornava mais familiar, seria aparentemente inevitável que a oposição à hegemonia norte-americana se desse de forma contraditória.

NOTAS

[1] A expressão aparece pela primeira vez em seu ensaio "The End of History?" em *The National Interest*, verão de 1989, que depois foi publicado como livro, *The End of History and the Last Man* (NY: The Free Press, 1992).

[2] Fukuyama propõe que isso seja uma vindicação pela vitória dos Aliados contra o Eixo na Segunda Guerra Mundial, cujas consequências haviam sido frustradas pela União Soviética, que criara as condições para a Guerra Fria.

[3] John Williamson, "What Washington Means by Policy Reform", em Williamson, ed., *Latin American Adjustment: How Much Has Happened?* (Washington: Institute for International Economics, 1990).

[4] O triunfalismo dos Aliados em relação às instituições de Bretton Woods é descrito em Ed Conway, *The Summit Bretton Woods, 1944: J. M. Keynes and the Reshaping of the Global Economy* (NY: Pegasus Books, 2015).

[5] Para uma introdução ao debate sobre a globalização, ver Thomas L. Friedman, *The Lexus and the Olive Tree* (NY: Farrar, Straus and Giroux, 1999) e *The World is Flat* (NY: Farrar, Straus, and Giroux, 2005).

[6] Essa visão era contrária ao pensamento dominante até então nos regimes autoritários e populistas de que o gasto do Estado impulsionava o apoio do governo, e que poderia ser usado para ajudar grupos sociais que apoiavam o Estado e assim justificar déficits orçamentários, dívida pública e inflação. Ver Samuel J. Morley, ed., *Poverty and Income Distribution in Latin America* (Washington, D.C.: World Bank, 1997); Rudiger Dornbusch e Sebastian Edwards, ed., *Macroeconomia del Populismo en la America Latina* (México: Fondo de Cultural, 1992).

[7] Kissinger, "Unsolved Problems", *Lisbon, 1992* (Paris: Trilateral Commission, 1992).

[8] Óscar Arias, "The Quest for a New World Leadership", Woodrow Wilson Center, Latin American Program Working Papers, n. 199 (Washington: Wilson Center, 1992).

[9] Uma figura importante para o conceito da unipolaridade foi Charles Krautheimer, um colunista sindicado do *Washington Post*, cujas opiniões podem ser vistas em seu livro *Democratic Realism: An American Foreign Policy for a Unipolar World* (Washington, DC: American Enterprise Institute, 2004).

[10] Talvez a figura neoconservadora mais importante tenha sido William Kristol, fundador e editor da *The Weekly Standard*.

[11] John Mearsheimer, "The False Promise of International Institutions", *International Security*, v. 19, n. 3 (1994/1995); "A Realist's Reply," *International Security*, v. 20, n. 1 (1995); e "Realists and Idealists", *Security Studies*, v. 20, n. 3 (2011). Uma ramificação da abordagem realista é a teoria da escolha racional, que adapta a metodologia da microeconomia à ação política, reiterando que toda ação política resulta de um cuidadoso cálculo de custo-benefício na ação ou na política. Apesar de a escolha racional ser forte em diversos departamentos de Ciência Política de universidades norte-americanas, principalmente devido ao uso de métodos matemáticos considerados neutros e corretos, num sentido mais abrangente ela pouco contribuiu para o debate sobre RI nos EUA e teve pouco impacto na Europa e na América Latina. Na verdade, na América Latina, a escolha racional é vista como uma versão modernizada da teoria da modernização designada para relegar os países em desenvolvimento a uma posição de fraqueza e inferioridade.

[12] Como exemplo, ver John Ikenberry, *New Thinking in International Relations* (Boulder: Westview, 1997); Ikenberry, Anne-Marie Slaughter, Thomas J. Knok, e Tony Smith, *The Crisis of American Foreign Policy: Wilsonianism in the Twenty-First Century* (Princeton: Princeton Univ. Press, 2008). Slaughter é mais conhecida por seu trabalho sobre a força crescente do direito internacional; ver "International Law and International Relations Theory: A Dual Agenda", *American Journal of International Law*, v. 87, n. 205 (1993) e "The Real New World Order", *Foreign Affairs*, 183 (1997). Uma crítica realista ao trabalho de Slaughter está em Eric Posner, *The Perils of Global Legalism* (Chicago: Univ. of Chicago Press, 2009). Sobre regimes e sua complexidade, ver Vinod Aggarwal, *Debt Games* (NY: Cambridge Univ. Press, 1996), que adapta a teoria dos jogos (e seus pressupostos de escolha racional) a interações em vários níveis entre atores estatais e não estatais que criam regras com poder de influenciar o comportamento estatal e não estatal.

[13] Ver, por exemplo, Daniel H. Nicholls, "Relational Structures: Counterhegemony and Material Power: A Network Approach to Hierarchy and US Power Projection in the Americas" (Tese de Doutorado, Univ.

of London, 2015). Sobre como as informações são compreendidas e compartilhadas nesses regimes, ver Gomez-Mera, Laura, "The Impact of International Agreements Against Human Trafficking: Evidence from Latin America", ensaio apresentado na Reunião Anual da Associação de Estudos Latino-Americanos (LASA, na sigla em inglês), São Francisco, 23 a 26 de maio de 2012; e "The Diffusion of Global Prohibition Norms: Sex, Labor, and Organ Trafficking", ensaio apresentado na Reunião Anual da Associação de Estudos Internacionais (ISA, na sigla em inglês), São Francisco, 2013.

[14] Ver, por exemplo, Benjamin J. Cohen, *Building Bridges: The Construction of International Political Economy* (Princeton: Princeton Univ. Press, 2008) e *International Political Economy: An Intellectual History* (Princeton: Princeton Univ. Press, 2008). Cohen inclui Keohane e Nye, entre outros autores, como colaboradores importantes para o crescimento da Economia Política Internacional (IPE, na sigla em inglês). Cohen exerceu enorme influência sobre vários estudiosos latino-americanos de assuntos internacionais. Para uma discussão latino-americana recente de IPE, ver Juan Pablo Luna, "Representación Política en América Latina: Hacia una nueva Agenda de Investigación", *Política y Gobierno*, v. XIV, n. 2 (2007).

[15] Ver <www.dtc.mil/jv2010;jvpub>. Cinco anos depois, ainda antes de 11 de setembro, o JCS produziu o documento Joint Vision 2020, menos extravagante. Ver <www.dtc.mil/jv2020/jvpub>. Depois dos eventos no Iraque e no Afeganistão, o presidente Obama emitiu sua própria versão do plano estratégico do governo, reconhecendo limites para a projeção do poder dos EUA. Ver <www.whitehouse.gov/sites/default/file/docs/2015_national_security_strategy.pdf>.

[16] A invasão do Panamá em 1989 para derrubar o líder militar Manuel Antonio Noriega, mesmo usando a OEA como cobertura, ocasionou nervosismo naqueles que achavam que os EUA poderiam empregar seu poder de uma forma unilateral, sem dar a devida atenção aos interesses latino-americanos. Bush esperava que seu empenho econômico, o programa Iniciativa para as Américas, acalmasse esses temores e criasse uma fonte de boa vontade em relação aos EUA e apoio aos esforços do país para promover o livre-comércio mundial.

[17] O Consenso de Washington suscitou oposição desde o princípio. Muitos da esquerda não aderiam à noção proposta pelos defensores das forças ortodoxas do mercado de que essa era a única saída e insistiam que as novas democracias eram capazes de reformar suas economias sem uma estrita adoção das ortodoxias de mercado. Ver, por exemplo, Luiz Carlos Bresser Pereira et al., *Economic Reforms in New Democracies: A Social-Democratic Approach* (Cambridge: Cambridge UP, 1993).

[18] Roger B. Porter, "The Enterprise for the Americas Initiative: A New Approach to Economic Growth", *Journal of Interamerican Studies*, v. 32, n. 4 (inverno de 1990), p. 2. Dois anos depois, em seu testemunho diante da Comissão do Comércio Internacional, o vice-secretário adjunto para assuntos interamericanos, David R. Malpass, reiterou que a EAI seria um remédio para todos os males da América Latina.

[19] O registro clássico do que depois veio a ser chamado de *"imperial overreach"* ("ultrapassagem imperial") é o livro de Paul Kennedy, *The Rise and Fall of the Great Powers* (NY: Random House, 1987). Outros exemplos de argumentos semelhantes são: David P. Calleo, *Beyond American Hegemony* (NY: Basic Books, 1987); Josef Joffe, *The Limited Partnership* (Cambridge: Ballinger, 1987) (Joffe mudou de ideia mais de vinte e cinco anos depois e publicou um livro afirmando que não houve um declínio dos EUA); e Joel Krieger, *Reagan, Thatcher and the Politics of Decline* (NY: Oxford University Press, 1987). Para uma opinião bem diferente, ver Henry R. Nau, *The Myth of America's Decline* (NY: Oxford University Press, 1990) e Lester Thurow, *Head to Head: the Coming Economic Battle Among Japan, Europe, and America* (NY: Wm Morrow, 1992).

[20] A confusão burocrática foi fatal para a EAI. Ver Latin American Program, Woodrow Wilson Center, Working Paper #195 (1991); Sydney Weintraub, "The New US Economic Initiative Toward Latin America", *Journal of Interamerican Studies*, v. 33, n. 1 (primavera de 1991), pp. 1-18. A ausência de uma equipe figurou como uma preocupação constante do Representante Comercial dos Estados Unidos (USTR, na sigla em inglês). Ver, por exemplo, a entrevista com Carla Hills, *New York Times*, 2 de maio de 1992, II, 2. No fim de 1992, ainda era uma política do USTR fazer um acordo de cada vez, e o acordo com o México não seria considerado completo antes que o Congresso o aprovasse. Ernest R. May sublinhou a dificuldade envolvida em mudanças no que ele chamava de políticas "axiomáticas" ou fundamentais.

[21] *New York Times*, 2 de maio de 1992, A35.

22 Apresentação em seminário da FLACSO, Buenos Aires, 6 de março de 1992.
23 Houve vencedores e perdedores no Nafta. Fazendo um balanço, a classe média mexicana cresceu imensamente nos anos seguintes à efetivação do tratado, e o comércio entre os dois países hoje é cinco vezes maior do que antes.
24 Ver, por exemplo, Luiz Carlos Bresser Pereira et al., *Economic Reforms in New Democracies: A Social-Democratic Approach* (Cambridge: Cambridge UP, 1993); Efrain Gonzales de Olarte, *El Neoliberalismo a la Peruana* (Lima: Instituto de Estudio Peruanos, 1998); e Gonzales de Olarte, ed., *Nuevos Rumbos Para El Desarrollo del Perú y American Latina* (Lima: IEP, 1991).
25 A Conferência das Nações Unidas sobre o Meio Ambiente e Desenvolvimento, 3-14 de junho de 1992. Para uma avaliação dos efeitos da conferência sobre o impacto ambiental, ver Luis E. Sanchez e Peter Croal, "Environmental impact assessment, from Rio-92 to Rio+20 and beyond", *Ambiente y Sociedade* v. 15, n. 3 (dezembro de 2012).
26 *Trans Atlantic Futures*, Washington, 23 de fevereiro de 1992. O embaixador Rubens Ricupero advertiu que isso seria um grande motivo de discórdia em qualquer negociação de acordo de livre-comércio.
27 De fato, havia evidências de que grupos ambientalistas estavam preparados exatamente para isso. Vale lembrar, porém, que esses grupos já haviam advertido categoricamente sobre as injustas disparidades nos regulamentos ambientais e suas consequências discriminatórias aos países latino-americanos, inserindo essas questões no debate sobre o Nafta e a EAI.
28 O meio ambiente permanece sendo uma questão entre realistas e seus oponentes. Os primeiros advogam em favor do argumento levantado pelas nações mais poderosas, enquanto que os institucionalistas afirmam que líderes como Barack Obama, nos EUA, são capazes de negociar acordos significativos com a China, considerada a oponente estratégica dos EUA.
29 Peter Hakim, "The Enterprise for the Americas Initiative", *The Washington Quarterly*, v. 15, n. 2 (primavera de 1992). Ver também seu texto "The Enterprise for the Americas Initiative, What Washington Wants", *The Brookings Review* (outono de 1992).
30 Grupo de Trabalho em Desenvolvimento e Meio Ambiente nas Américas, *Foreign Investment and Sustainable Development: Lessons from the Americas* (Boston: GDAE, 2009). Sobre as deficiências da globalização, ver Joseph E. Stiglitz, *Globalization and its Discontents* (NY: Norton, 2002) e Tulchin e Gary Bland, *Getting Globalization Right* (Boulder: LRP, 2005).
31 Estudo do GDAE (Global Development and Environment Institute), op. cit.
32 Félix Peña, "Competitividad, Democracia e Integración en las Américas", Fundação Getúlio Vargas, Rio de Janeiro, 21 de agosto de 1992.
33 A declaração foi seguida de uma "Carta Democrática Interamericana" (2001), e depois, na nova organização regional que excluiu os EUA, a Celac, de uma Declaração Democrática (2013). Ver Muñoz, "The OAS and Democratic Governance", *Journal of Democracy*, v. 4, n. 3 (1993).
34 Esse acordo foi facilitado pela cooperação do recém-nomeado czar das drogas, o general Barry McCaffrey, que atuara como chefe do Comando do Sul (Southcom) e trabalhara de perto com seus colegas latino-americanos, que o sensibilizaram sobre a irritação provocada pelo processo de certificação. McCaffrey, em colaboração com o Wilson Center, facilitou o acesso do senador Charles Grassley, de Iowa, que era vice-líder do International Narcotics Caucus, e que, com os embaixadores da OEA, formulou diretamente os detalhes. O herói dessa iniciativa foi Arturo Sarukhan, que no início era o encarregado do setor de "Drogas e Criminosos" da embaixada mexicana. Sarukhan voltou ao México como consultor especial da ministra Rosário Green, tornando-se em seguida o primeiro representante mexicano nas reuniões do Mecanismo de Avaliação Multilateral (MEM) do CICAD-OEA. O Congresso norte-americano deu fim ao programa de certificação definitivamente quando Sarukhan se tornou chanceler do Ministério das Relações Exteriores sob Jorge Castañeda. Naquele momento, os senadores Dodd e Daschle eram os principais apoiadores da negociação.
35 Para estudos desse período de crescente influência da OEA, ver Andrew Cooper e Thomas Legler, *Intervention without Intervening?* (NY: Palgrave Macmillan, 2006); Viron P. Vaky e Heraldo Muñoz, *The Future of the Organization of American States* (NY: Twentieth Century Fund, 1993); e Monia Herz, *The Organization of American States (OAS)* (NY: Routledge, 2011).

[36] David Mares, *Violent Peace: Militarized Interstate Bargaining in Latin America* (NY: Columbia UP, 2001).
[37] Francisco Rojas Aravena, ed., *Cooperación y Seguridad Internacional en las Américas*. (Caracas: Nueva Sociedad, 1999), resume o trabalho colaborativo da OEA, da FLACSO e do Wilson Center. Os documentos que registram os resultados das reuniões das comissões da OEA foram publicados pela organização, e estão disponíveis online. A inclusão de pesquisadores acadêmicos no processo político representou uma importante expansão da permeabilidade e da prestação de contas das novas democracias da região. O conceito de segurança cooperativa foi útil na época, mas não vingou. Uma década depois, quando o regionalismo se tornou importante, houve pouca menção à segurança cooperativa. O Conselho de Defesa da Unasul recebeu a incumbência de definir a segurança regional, mas optou por não aceitar a tarefa.
[38] O conflito original, de 1942, é relatado em Wood, *Latin American Wars: the solution to the conflict in the 1990s*; em Gabriel Marcella e Richard Downes, eds., *Security Cooperation in the Western Hemisphere: Resolving the Ecuador-Peru Conflict* (Miami: Univ. of Miami Press, 1999); e em Hal Klepak, *Confidence Building Sidestepped: The Peru-Ecuador Conflict of 1995* (Ottawa: FOCAL/York University, 1998).
[39] Cynthia Arnson, ed., *Comparative Peace Processes in Latin America* (Washington, DC: Wilson Center Press, 1999).
[40] Einaudi tornou-se um porta-voz tão eficaz para a expansão da OEA que, no fim de sua carreira diplomática, quando se aposentou do Serviço Diplomático dos EUA, foi eleito secretário-geral adjunto da OEA em 2000, e depois se tornou secretário-geral em exercício de 2004 a 2005, quando o secretário-geral Miguel Ángel Rodríguez, da Costa Rica, renunciou repentinamente. Foi sucedido em maio de 2005 por José Miguel Insulza, do Chile. Liderança e *timing* contam muito nos assuntos hemisféricos.
[41] Os papéis desempenhados por Muñoz e Einaudi são exemplos nítidos de como a liderança influencia o processo político.
[42] Para uma avaliação positiva das cúpulas, ver Javier Corrales e Richard E. Feinberg, "Regimes of Cooperation in the Western Hemisphere: Power, Interests, and Intellectual Traditions", *International Studies Quarterly*, v. 43, n. 1 (maio de 1999). As cúpulas ministeriais são descritas no site da OEA. Corrales e Feinberg consideram-nas parte de um surto periódico de "hemisferismo", o qual entendem como parte de uma criação de um regime. Eles adotam a perspectiva otimista de que cada surto constitui "muitos passos para frente seguidos de alguns passos para trás" (3).
[43] Lentamente, todos os países centrais do hemisfério passaram a produzir Livros Brancos. Sem grande surpresa, em países como Chile e Brasil, nos quais os militares atribuíam a si o controle da defesa, e que no passado haviam decidido tomar o governo, houve uma grande resistência por parte das Forças Armadas para adotar essa postura de transparência e prestação de contas.
[44] Vale lembrar que a pauta da conferência foi organizada pelo secretário adjunto de Defesa, Joseph S. Nye Jr., e que os preparativos para ela incluíam diversos seminários de especialistas acadêmicos em América Latina da região de Washington, conduzidos pelo professor Nye. A permeabilidade do governo dos EUA para abrir o diálogo sobre políticas públicas foi maior com Clinton do que com seu sucessor, George W. Bush, e essa diferença teve impacto sobre o processo político.
[45] Robert Chase et al., *Pivotal States* (NY: Norton, 1999).
[46] Lake e Valenzuela promoviam sessões regulares na Casa Branca com um amplo espectro de corporações e institutos interessados ("*think tanks*") de Washington. Esse hábito fez com que o governo Clinton parecesse mais respeitável aos olhos de muitos na América Latina, e serviu como modelo para o aumento da permeabilidade no processo de políticas na região. Atualmente, Lake é diretor executivo da Unicef, e Valenzuela, depois de um período como secretário adjunto para a América Latina no governo Obama, retomou seu cargo de professor na Georgetown University.
[47] Augusto Varas, ed., *Hacia el Siglo XXI La Proyección estratégica de Chile* (Santiago: FLACSO, 1989).
[48] Francisco Rojas Aravena, ed., *Cooperación y seguridad internacional en las Américas* (Caracas: Nueva Sociedad, 1999); Joseph S. Tulchin e Francisco Rojas Aravena eds., com Ralph Espach, *Strategic Balance and Confidence Building Measures in the Americas* (Stanford: Stanford Univ. Press, 1998); e Rut Diamint, ed., *Control civil y fuerzas armadas en las nuevas democracias latinoamericanas* (Buenos Aires: Univ. Torcuato di Tella, 1999) e *Sin Glória* (BsAs: EUDEBA, 2014).
[49] *New York Times*, 11 de novembro de 2001. A primeira página do jornal destacou uma foto de Muñoz e Lafer na sessão final da conferência.

50 Nessa visita, o presidente da IBM-Argentina, Ricardo Martorana, fez um discurso para a Câmara de Comércio dos EUA, no qual elogiava a liderança de Menem e prometia que a nova política pró-EUA iria restaurar a grandeza da Argentina. Tratava-se de um sinal de que nem tudo havia mudado na visão de mundo argentina.
51 Entrevista do autor com o ministro das Relações Exteriores, Domingo Cavallo, 22 de setembro de 1991.
52 Em espanhol, *relaciones carnales*. Depois, Di Tella se arrependeu da tentativa de fazer graça e decidiu-se pela expressão "relações próximas".
53 Entrevista do autor com Di Tella, 23 de abril de 1995.
54 Nisso, os argentinos seguiam o exemplo dos mexicanos, que, em suas discussões no Nafta, faziam lobby com os legisladores norte-americanos para conquistar objetivos nacionais.
55 A história oficial desse período foi preparada por Andrés Cisneros e Carlos Escude, e está disponível online em <www.ministerioderelacionesexteriores.gov.ar>.
56 Nesse momento, o México teve a sorte de poder incorporar aos círculos de tomada de decisão do Ministério um grupo extraordinário liderado por Sarukhan, Andrés Rozenthal e Carlos Rico, que trabalhou de perto com líderes que tinham propensão acadêmica, como Rosario Green, Olga Pellicer e, depois, Jorge Castañeda.
57 Sobre os interesses estratégicos do Brasil antes e depois da presidência de Fernando Henrique, ver Ricardo Sennes, *As mudanças da política externa brasileira nos anos 80* (Porto Alegre: UFRGS, 2003) e Sennes, ed., *Brasil e a política internacional* (São Paulo: Idesp, 1999).
58 Os programas de bolsa têm sido estudados intensivamente pelo Banco Mundial e pelo Programa das Nações Unidas para o Desenvolvimento (PNUD), geralmente com a atribuição de notas muito boas. Os estudos acadêmicos têm sido mais cautelosos, vendo falhas na eficácia dos programas. Para um panorama mais amplo, ver Sônia M. Draibe, "Social Policy Reform", em Maurício Font, ed., *Reforming Brazil* (Lanham Md: Lexington Books, 2004).
59 Uma série de fatores, internos e externos, levou o programa de energia a perder o equilíbrio na segunda década do novo século.
60 Com a liderança de Luis Bitencourt e de Thomaz Guedes da Costa, ambos doutores por instituições norte-americanas.
61 Fernando Henrique deu continuidade a suas reflexões sobre a globalização e o papel do Brasil nos assuntos mundiais em *Charting a New Course: The Politics of Globalization and Social Transformation* (NY: Rowman & Littlefield, 2001).
62 A única exceção a esse cenário foi a reunião de Mar Del Plata, em 2005, na qual o presidente argentino Nestor Kirchner criou uma situação tão desagradável para George W. Bush que esse último olhou para seus assessores e perguntou, "o que estou fazendo aqui?".
63 O bloqueio do fluxo de drogas pelo Caribe só o levou a seguir por terra. De 1995 a 2013, 95% das drogas vindas da América Latina para os EUA passavam via México. Em 2008, no governo de Calderón, México e EUA deram início a uma campanha militar para conter o fluxo das drogas. Entre 2012 e 2013, quase 25% do fluxo já tinham retornado ao Caribe. Ver a reportagem de David Lewis, 24 de maio de 2014, em <www.ManchesterTrade.com>.
64 Joseph S. Tulchin e Rafael Hernandez, eds., *Cuba and the United States Will the Cold War in the Caribbean End?* (Boulder: Lynne Rienner Publishers, 1991) e Tulchin, Andrés Serbin e Rafael Hernandez, eds., *Cuba and the Caribbean* (Wilmington, DE: SR Books, 1997). Em um dos seminários realizados no Wilson Center em 1991, um gerente de médio escalão do Serviço de Informação dos Estados Unidos (USIS, na sigla em inglês), disse aos visitantes cubanos que eles não compreendiam que era o lobby cubano-americano, e não o Departamento de Estado, que determinava a política dos EUA em relação a Cuba.
65 O Departamento de Estado teve a mesma postura com Cuba que teve sobre a presença de homossexuais nas Forças Armadas, "não pergunte e não comente".

Fim da hegemonia e a evolução do protagonismo

Embora o fim da Guerra Fria tenha proporcionado aos países da América Latina oportunidades de desempenhar novos papéis no mundo com maior autonomia do que antes, a maioria deles aparentava ter pouca ideia de como usar esse espaço que se abria. Poucos na região faziam propostas sobre o tipo de comunidade que desejavam formar no hemisfério e ainda menos países buscavam participar dos diálogos mais amplos relativos à comunidade internacional que poderiam ajudar a criar. Em contraste com esse acanhamento oficial, em vários países houve um aumento expressivo da pesquisa acadêmica sobre esses assuntos e da discussão pública a respeito, mais notavelmente na Argentina, no Brasil, no Chile, na Colômbia e no México. Em todo o hemisfério, incluíram-se cursos de Relações Internacionais nos currículos universitários, criaram-se diversos programas de pós-graduação em RI e uma profusão de revistas acadêmicas e outras mais populares sobre o tema. Jornais de ampla circulação nesses países contrataram correspondentes com notável especialidade em assuntos externos. As relações internacionais haviam se tornado um tópico atraente de discussão e um tema de política pública.[1] Essa expansão do debate público e a crescente sofisticação acadêmica foram cruciais para a evolução do protagonismo latino-americano. Em primeiro lugar, esses fatores contribuem para uma discussão mais sensata, e trazem à tona um cenário mais amplo de abordagens teóricas e de opções políticas. Em segundo, rendem mais permeabilidade ao processo político, o que aumenta sua transparência e credibilidade. Em todos os principais países, Argentina, Brasil, Chile, Colômbia e México, acadêmicos confiáveis e com reputação internacional como pesquisadores desempenharam um papel importante no processo político e participaram de um crescente e rico debate público sobre política externa. Em terceiro, dada a orientação política em que esses acadêmicos operavam, inserem a pauta de interesses nacionais em um plano global, intensificando as possibilidades de protagonismo.

Na maior parte da década seguinte à Guerra Fria, a questão externa primordial com a qual a maioria dos países tinha de lidar era o problema espinhoso da solução dos conflitos de fronteira com seus vizinhos imediatos. Esses conflitos estavam indissociavelmente ligados a questões internas sobre o papel das Forças Armadas, com a herança histórica de governos militares e de autoritarismo que haviam definido identidades nacionais com forte carga de um nacionalismo marcado por uma postura bélica em relação aos países vizinhos. Como consequência, em muitos países a conquista da paz e da segurança exigia uma libertação em relação a ameaças internas de controle militar e uma definição das disputas de fronteira. Por isso, na primeira década depois da Guerra Fria, o maior foco de atenção na região para questões de autonomia e de protagonismo dirigia-se principalmente ao estreitamento de laços de confiança entre vizinhos, com tentativas de fortalecimento das instituições da governança civil interna para possibilitar um debate sobre política externa que não estivesse preso a metáforas históricas imutáveis de um nacionalismo agressivo. O protagonismo no sistema global era uma espécie de novidade, ou até um luxo, em um cenário marcado por tiroteios em praticamente todas as regiões de fronteira. Nos Andes, entre o Chile e a Argentina, isso acontecia frequentemente, até que o presidente Menem decidiu que países sérios não podiam aceitar tais coisas. As fronteiras entre Colômbia e Equador e entre Venezuela e Colômbia eram com frequência palco de invasões e combate armado. O caso mais sério foi a guerra entre Peru e Equador, que exigiu um verdadeiro empenho comunitário para ser resolvida. Nesses episódios, a potência hegemônica, os EUA, nunca atuou mais de que como um membro cooperativo da comunidade que buscava a paz. Com a ausência de qualquer temor significativo de uma intervenção externa ou de subversão, os EUA nem sequer tentaram impor sua vontade sobre os países adversários.

No novo século, as nações da América Latina combatiam três questões interligadas. A primeira, e mais difícil para os países que apenas recentemente haviam feito a transição de regimes autoritários para democráticos, era como estabilizar a matriz institucional dentro da qual uma política externa autônoma pudesse ser formada. Isso exigia, sobretudo, a consolidação do controle civil sobre as Forças Armadas e a formação de fóruns públicos para a discussão política. A prestação de contas e a impunidade ainda eram assuntos relativamente novos. A segunda questão era determinar qual seria a natureza da política externa. A libertação em relação à hegemonia norte-americana significava necessariamente uma oposição aos EUA? Ou seria possível firmar uma parceria, apesar do legado histórico e da evidente assimetria de poder entre os países? Por último, como as nações deveriam exercer seu protagonismo na comunidade internacional?[2] Qual o nível de responsabilidade que estavam dispostas a assumir ao sentar à mesa dos formuladores das regras da comunidade internacional?

Essa última questão tem sido, por duas décadas, tema de intenso debate na região. O fato é que, em termos globais, a hegemonia dos EUA representou, para muitas nações da América Latina, um passe livre para os assuntos internacionais. Se alguma delas participou da solução de conflitos ou de guerras, como foi o caso do Brasil na Segunda Guerra Mundial e o caso da Argentina na Guerra do Golfo, foi a pedido dos EUA e sob sua liderança. Sem a cobertura dos EUA, cada ator global tem de assumir a responsabilidade por suas próprias ações. Aqueles que não o fazem são conhecidos como "Free Riders" (literalmente, "passageiros que não pagam", ou "que pegam carona"), uma crítica comumente direcionada à América Latina. A questão posta em letras garrafais nesse novo século no hemisfério é: qual o custo de integrar o grupo de formuladores de regras da comunidade internacional?

O desejo de unir todas essas questões gerou o impulso de formar grupos regionais ou sub-regionais, fosse para satisfazer a percepção de que mercados maiores eram mais eficazes do que menores, fosse por alguma reiteração da noção bolivariana de que as nações têm histórias e valores em comum capazes de uni-las. Já na segunda década do novo século, o regionalismo se tornaria o tema dominante dos esforços conjuntos de construir uma identidade latino-americana que, de algum modo, se libertaria da hegemonia norte-americana.[3] Mas apesar do grande empenho, divergências ideológicas entre as nações constituíam uma potente força inibidora, dificultando a formação de comunidades. Essas divergências permanecem até hoje.

A corajosa jogada do Brasil de exigir que fosse reconhecido como uma grande potência, pleiteando uma cadeira permanente no Conselho de Segurança da ONU, não agradou a nenhum outro país da região. A maioria julgou-a como algo desnecessário. Por outro lado, ninguém queria seguir um caminho atrelado à liderança dos Estados Unidos, como fizera Menem na década de 1990. Seu sucessor, Fernando de la Rúa, considerava de bom tamanho uma parceria respeitosa com os EUA. De todo modo, meses depois de Fernando de la Rúa assumir a presidência, a Argentina praticamente implodiu, e em 2001 sofreu a pior crise econômica desde mais de um século. Por um tempo, estava fora de cogitação que o país se tornasse um ator na comunidade internacional.

A única iniciativa expressiva de formar uma comunidade na região veio da Venezuela, quando Hugo Chávez assumiu a presidência, em 1999, declarando sua determinação de alcançar o "Socialismo para o Século XXI". Evocando o sonho bolivariano, ele também propôs liderar uma nova organização regional, a Alba (Aliança Bolivariana para os Povos de Nossa América), a qual se oporia aos EUA e ao imperialismo que o país representa. Com os lucros inesperados produzidos por um rápido aumento do preço do petróleo, Chávez abordou os países com uma oferta de preços mais baixos para a exportação do produto, propondo uma América Latina mais justa e autônoma. O centro de sua aliança era Cuba, onde se tornara um acólito de Fidel e Raúl Castro. Ele foi conquistando mais apoio conforme os anos se passavam, e governos progressistas recém-eleitos integravam a aliança: primeiro o sandinista Daniel Ortega, da Nicarágua (2006), depois o primeiro presidente indígena da região, Evo Morales, da Bolívia (2006), e em seguida Rafael Correa, do Equador (2007). E, por um breve período, Manuel Zelaya, de Honduras (2008). Chávez tentou atrair o Mercosul para sua órbita, mas Lula resistiu aos apelos. Tratava-se de um movimento ideológico que se posicionava contra o imperialismo e o neoliberalismo dos Estados Unidos.

Enquanto o preço internacional do petróleo pairava acima de US$90 o barril, o ponto crítico de vendas para o governo, Chávez tinha bilhões a sua mão. Quando o preço do petróleo despencou, em 2014, seu sucessor, Nicolas Maduro, percebeu que as ambições internacionais da Alba e do Petrocaribe, o mecanismo institucional de venda de petróleo para nações amigas a preços especiais, eram impossíveis de se manter. Fora do hemisfério, Chávez parecia se preocupar apenas em provocar os Estados Unidos. Ele convidou a Marinha russa para conduzir manobras dentro do território marítimo da Venezuela no Caribe; visitou o Irã e convidou o chefe de Estado iraniano à Venezuela; assinou contratos de *joint venture* enormes com os chineses, nenhum dos quais se materializou por quase uma década. Nenhum aspecto de sua política externa ou de sua proposta para a Alba poderia ser considerado uma matriz de uma comunidade internacional; apenas propagava a ideologia que chamava de "Socialismo para o Século XXI" e de antiamericanismo. Em meio a essas atitudes, a Venezuela mantinha sua exportação de petróleo para os EUA e sua distribuição subsidiada de petróleo para o estado de Massachusetts.

No México, o Partido da Ação Nacional (PAN), com Vicente Fox como candidato, chegou ao poder em 2000, sendo o primeiro partido de oposição a governar o país depois de 75 anos. Sua plataforma de campanha propunha a intensificação da amizade com os EUA, o aumento das iniciativas bilaterais para controlar a violência do tráfico de drogas ao longo da fronteira, o reforço das instituições que garantiam a democracia política e a determinação de inserir o México na comunidade mundial. Considerando o inibido nacionalismo que marcara a política externa do México no governo do PRI, essa última meta era digna de nota. Com o PRI, as Forças Armadas do país não tinham uma missão específica para intensificar a soberania nacional e nem uma marinha de água azul. O país era reservado em termos de assuntos internacionais e mantinha uma postura muito tímida no cenário mundial. Nessa nova política externa corajosa, Fox foi influenciado por dois intelectuais, Jorge Castañeda e Adolfo Aguilar Zinzer, que acreditavam que o momento havia chegado para que o México assumisse seu lugar no mundo. Castañeda foi nomeado ministro das Relações Exteriores e Aguilar Zinzer tornou-se conselheiro de Segurança Nacional.[4] Como na Argentina, no Brasil, no Chile e na Colômbia, a transição para a democracia e a abertura do processo político ao diálogo e à supervisão constituíram um prelúdio indispensável para a determinação de Fox de marcar o protagonismo do México.

Fox e George W. Bush formavam um par fotogênico com suas botas e chapéus de caubói quando se encontraram na fazenda dos Bush no Texas, na época em que os dois haviam recentemente tomado posse. Fox despediu-se sentindo que o novo governo dos EUA seria atencioso para as questões que os mexicanos consideravam importantes, como a imigração, a quantidade enorme de armas de pequeno porte vendidas nos EUA e depois distribuídas para o México para uso dos cartéis de drogas, os quais na época controlavam a remessa de mais de 80% das drogas que chegavam aos EUA oriundas da América Latina. Para aumentar a proximidade com Fox, Bush o convidou para uma visita de Estado em setembro de 2001.

Castañeda pensava que havia chegado o momento para uma ampla reformulação da comunidade hemisférica e do papel do México nela, e preparou um discurso forte para Fox apresentar em Washington. Nesse discurso, Fox (Castañeda) advogava o término do Tratado Interamericano de Assistência Recíproca (Tiar), que havia sido instrumento da dominação norte-americana durante meio século. Ele sugeriu substituí-lo por um acordo que reconheceria a autonomia das nações do hemisfério, e que reverteria o foco do Tiar da questão da ameaça externa para uma avaliação das ameaças internas da comunidade, como o crime internacional. O discurso foi proferido em Washington no dia 9 de setembro de 2001 e foi bem recebido. Mas o *timing* é crucial. Dois dias depois, os terroristas derrubaram as torres gêmeas em Nova York e colidiram um avião contra o Pentágono. Não era a hora de revisar tratados de segurança relativos a ameaças externas. Havia uma nova ameaça externa para o hemisfério, e ela acabara de atacar os EUA.

Em forte contraste com a postura mexicana, Celso Lafer, então ministro das Relações Exteriores do Brasil, enviou instruções para o representante brasileiro no encontro regular da Assembleia Geral da OEA, em Lima, para que invocasse o Tiar como uma resposta hemisférica a qualquer ataque. Lafer deu seguimento a essa atitude com um pronunciamento em Washington a respeito, em 21 de setembro de 2001.⁵ Castañeda nunca se recuperou dessa sequência desastrosa de eventos. Fox sentiu-se constrangido e perdeu a confiança em seus assessores de política externa. Castañeda dirigiu sua atenção à América Latina e alcançou muitas metas relativas a reposicionar o México na comunidade da região. Aguilar Zinzer foi enviado à ONU e manteve firme sua convicção quando os enviados de Bush tentaram forçá-lo a seguir a liderança dos EUA nos ataques ao Iraque, como fizeram com outros representantes latino-americanos.⁶ Fox teve êxito em conferir uma nova estrutura à política externa mexicana, e colocou o país no caminho certo para desempenhar um papel importante tanto na comunidade hemisférica quanto na global, ao mesmo tempo mantendo uma relação especial com os EUA, na qual o México era tratado como parceiro. Foi durante o governo Fox que o ministro das Relações Exteriores deu início a um projeto maciço de publicações, disponibilizando online uma enorme quantidade do arquivo do ministério. Essa iniciativa, ao lado do crescente financiamento público de estudos internacionais em nível de pós-graduação nas universidades de todo o país, resultou em um aumento substancial das discussões públicas sobre assuntos externos e em uma rica efusão de publicações sobre esse tema e sobre a política externa do país.⁷

No Chile, o Ministério das Relações Exteriores tinha plena intenção de que o "*soft power*" do país exercesse um grau de força até maior fora do hemisfério do que dentro dele, e de certa maneira se surpreendeu com os obstáculos no caminho. O principal problema era a cultura estratégica, que se detinha obstinadamente na proteção das conquistas territoriais resultantes da Guerra do Pacífico. As Forças Armadas chilenas controlavam parte dos lucros de cobre da nação como um royalty, e utilizava-a para manter os equipamentos militares mais sofisticados da América do Sul. Todos os cenários de ameaça estudados nos centros das Forças Armadas consideravam uma invasão por parte do Peru e do Brasil a ameaça mais expressiva à nação. Os oficiais de alto escalão não se detinham sobre responsabilidades externas ao hemisfério, como os programas de paz da ONU, alegando não poder desviar os recursos da proteção do território nacional. O governo da Concertación levou mais de uma década para mudar o raciocínio dos altos oficiais e permitir uma atuação internacional mais adequada à nova imagem do país.[8]

Outro obstáculo para o Chile na promoção de seu *"soft power"* era a série de concessões que o governo da Concertación havia feito ao regime militar quando assumiu o poder, em 1990, concessões que a liderança considerou essenciais para a estabilidade do novo governo civil. No entanto, todas elas implicavam evitar o conhecimento público dos abusos do regime militar. A principal delas consistia em deixar o general ditador Augusto Pinochet livre para ocupar uma vaga permanente no Senado da nação, influenciando seus colegas militares na ativa. Essa concessão ressurgiu para assombrar o governo de Eduardo Frei Ruiz-Tagle, em 1998, quando o juiz espanhol Baltázar Garzón emitiu um mandado de prisão contra Pinochet, por meio da Interpol, por crimes contra a humanidade, enquanto o general estava em Londres para tratamento médico. Em resposta a esse desafio, Frei e seu sucessor, Ricardo Lagos (2000-2006), tiveram que avaliar o custo nacional em relação ao papel do Chile na crescente comunidade internacional.

Embora não estivesse satisfeito com a situação e não tenha contribuído voluntariamente para isso, Pinochet se tornou um símbolo do progresso lento, hesitante, da reconstrução de uma comunidade internacional no período posterior à Guerra Fria, quando os povos e seus governos já estavam de acordo sobre o que constituía uma conduta aceitável. Nenhum Estado segue os códigos de boa conduta todas as vezes; mas no pós-Guerra Fria havia um crescente consenso de que os direitos humanos tinham de ser protegidos, que os Estados não podiam violá-los impunemente e que o uso sistemático da força contra as minorias étnicas ou políticas era impróprio. Além disso, havia uma crescente rede de instituições da sociedade civil que trabalhava assiduamente para a preservação desses direitos. O que não estava claro na época – e continua obscuro até hoje – é como a comunidade internacional deve impor seus códigos de boa conduta. A questão central é a impunidade. Como serão enfrentadas e punidas as violações desses códigos? Quem vai impor as regras? Na época do mandado de Garzón, a atuação internacional em Kosovo era tida como modelo. Mas, depois, não parecia ser amplamente aplicável, porque a pressão militar fortíssima exercida pelas forças da Otan sob a liderança dos Estados Unidos dependia muito da integridade dessa organização e da proximidade geográfica de Kosovo em relação aos centros europeus. O genocídio em Ruanda, por exemplo, gerou consternação, mas pouca ação por parte dos aliados da Otan, e nenhuma resposta das nações latino-americanas.[9]

Talvez o caso do Timor Leste ilustre melhor o lento e desigual desenvolvimento do protagonismo internacional na América Latina. Os Estados Unidos e seus aliados europeus rapidamente chegaram à conclusão de que o governo indonésio tinha uma má conduta, e que suas Forças Armadas, por meio dos grupos paramilitares que controlavam, eram parte do problema e não de uma possível solução. Uma eleição havia sido conduzida sob a vigia de observadores internacionais, e a grande maioria dos cidadãos do Timor Leste votou pela independência em relação à Indonésia. Grupos rebeldes das Forças Armadas decidiram não reconhecer o resultado das eleições, e forçaram os líderes do movimento para a independência a se esconderem, usando a força para reprimir o movimento. Como ocorrera em Kosovo, a geografia foi parte importante do que aconteceu em seguida. Pela região onde o Timor Leste se localiza, as nações europeias não tinham interesse em enviar tropas para lá, e nem os Estados Unidos. A Austrália, tão próxima a ponto de se preocupar com os desdobramentos do conflito, não queria enviar tropas à ilha arcando sozinha com a responsabilidade. A secretária de Estado norte-americana, Madeleine Albright, declarou que a "comunidade internacional" deveria lidar com o problema. O representante dos EUA na ONU, Richard Holbrooke, que, ao lado do conselheiro de Segurança Nacional, Anthony Lake, tanto havia feito no caso de Kosovo, liderou a formulação de um acordo que fosse aceitável para o governo da Indonésia, e que proporcionaria a liberdade de ação necessária para as tropas australianas e seus aliados em solo. Os EUA prometeram fornecer "apoio logístico" para os grupos de pacificação. A ONU recebeu a incumbência de estabelecer ordem na ilha – promovendo e garantindo os trabalhos de pacificação – e de aconselhar e dar apoio aos timorenses para a estruturação de sua nova democracia. Nessa sequência de fatos, Sérgio Vieira de Mello, funcionário brasileiro sênior na ONU, e o Brasil desempenharam um papel de liderança importante.[10]

Há dois elementos no enredo do caso do Timor Leste relevantes para a América Latina. O primeiro é a importância da democracia processual e do valor da apuração internacional. Havia naquele momento um verdadeiro exército mundial de observadores e de especialistas em eleições dispostos a se deslocar rapidamente para qualquer lugar, a qualquer hora, para ajudar a promover eleições justas e honestas. Esses especialistas hoje trabalham para a ONU, para o Banco Mundial, para a OEA, para o Carter Center; são ONGs, contratantes independentes, acadêmicos e interessados em geral; formam uma rede compacta que está em constante comunicação. O governo brasileiro concordou em enviar cidadãos do país para o Timor Leste no intuito de ajudar nas eleições e na consequente manutenção da paz.

O segundo elemento é o poder das ONGs que operam no campo dos direitos humanos e da proteção do direito democrático dos povos, principalmente das minorias étnicas, ao redor do mundo. Essas ONGs são os novos atores mais decisivos do cenário internacional do período posterior à Guerra Fria, e fazem parte da nova sociedade civil mundial. São tropas da linha de frente na formação de uma comunidade internacional na qual há regimes de conduta relativos a questões específicas. E sua importância nos leva de volta a Pinochet e Garzón.[11]

A prisão de Pinochet em Londres resultou de uma junção de dois fatores que foram essenciais para levar a comunidade internacional a ter uma atuação no Timor Leste. O primeiro é o fato de que os tribunais chilenos não haviam tido a capacidade ou a vontade de processar o general pelos crimes que ele supostamente cometera como chefe de Estado do país. Pinochet operava no Senado com impunidade e continuava a exercer influência dentro do país, principalmente nas Forças Armadas. Ele negava ter cometido qualquer crime, as Forças Armadas também negavam ter se envolvido em qualquer crime, e os tribunais não processavam os oficiais de alto escalão pelos crimes de que eram acusados. Entram em cena as ONGs e o juiz espanhol. A força que tinham vinha de um crescente consenso internacional sobre as questões do devido processo legal e dos direitos humanos, compondo um regime razoavelmente forte. As nações europeias assinaram acordos formais em defesa de ambas as questões, em que os argumentos tradicionais de territorialidade foram subordinados à noção de uma comunidade mais ampla. O fim da Guerra Fria significava que qualquer argumento estratégico em defesa da repressão e do interesse nacional não seria mais válido. Até mesmo a irritada insistência de Margaret Thatcher alegando que os britânicos valorizavam Pinochet por ter sido um aliado na Guerra das Malvinas teve pouco impacto sobre as exigências da comunidade internacional. A impunidade com a qual Pinochet operava diante das acusações foi a sua ruína.

Quando Pinochet desembarcou do avião no Chile, em março de 2000, após os tribunais britânicos decidirem que ele não seria extraditado para a Espanha por sua saúde precária, ele caminhou sem nenhuma ajuda até sua limusine. O presidente recém-eleito, Ricardo Lagos, solicitou com indignação que as acusações contra o ex-ditador fossem examinadas judicialmente. Dentro de semanas, um tribunal chileno propôs uma maneira engenhosa de contornar a Lei de Anistia de 1978 e processar os oficiais das Forças Armadas por violar os direitos humanos de cidadãos chilenos durante a ditadura. Enquanto os processos judiciais lentamente se arrastavam, os tribunais liberaram Pinochet de novo por motivos de saúde. Ele morreu em dezembro de 2006, com 300 processos pendentes contra ele. Depois de sua morte, revelou-se que o desabonado ditador havia guardado em segredo milhões de dólares em contas estrangeiras. Muitos conservadores chilenos que estavam dispostos a aceitar sua violação dos direitos humanos ficaram escandalizados com sua desonestidade. As ações inequívocas do governo Lagos impulsionaram o *"soft power"* chileno sob o novo regime internacional.

Em seguida, o juiz Garzón foi atrás dos militares na Argentina, pedindo que o governo do país extraditasse os líderes da repressão durante a ditadura. No início, o governo Menem invocou os mesmos argumentos de territorialidade usados pelos chilenos para rejeitar a solicitação de Garzón. Seu sucessor, Fernando de la Rúa, determinou que os tribunais argentinos tomassem a decisão, e no curto período de seu mandato, antes do colapso de 2001, ele deu início aos procedimentos. Depois de sua eleição em 2003, Nestor Kirchner pressionou o judiciário para dar seguimento à tarefa, o que foi feito. No mesmo ano em que Garzón emitiu seu mandado contra Pinochet, Hipólito Solari Yrigoyen, um político argentino, publicou um livro, *A dignidade humana*, no qual descrevia a evolução das normas internacionais de direitos humanos nos últimos 50 anos.[12] Na década seguinte ao fim da Guerra Fria, a comunidade das nações passou por um grande progresso no sentido de rejeitar a impunidade por crimes contra a humanidade, e, pelo menos em alguns casos, mostrou que estava disposta a pagar o preço da proteção da dignidade humana em qualquer lugar que fosse. O Chile e a Argentina, dentre outras nações latino-americanas, perceberam como isso afetava sua autonomia e seu protagonismo.

Mesmo depois de lidar com Pinochet, o *"soft power"* chileno continuava sendo dificultado pelas conquistas do país na Guerra do Pacífico, no século XIX. Tanto o Peru quanto a Bolívia, derrotados naquela guerra, tinham reivindicações territoriais contra o Chile, apesar de terem assinado acordos certificando a perda de território. No período de restauração das disputas de fronteira, ficou evidente que os dois países não permitiriam que grupos regionais adquirissem poder ou criassem alguma arquitetura regional viável enquanto o Chile não abrisse mão daqueles territórios. Ano após ano, Peru e Bolívia apresentavam suas queixas na OEA e na ONU, assim como fez a Argentina em sua disputa com a Grã-Bretanha pelas Malvinas. Depois de anos de discussões, as Forças Armadas chilenas finalmente assentiram a renegociar os acordos de paz e o território envolvido. Nessa mudança de cultura estratégica, a nova participação chilena na manutenção da paz e em outras formas de colaboração global, ao lado do julgamento de Pinochet, desempenhou papéis importantes. Sob Lagos, com Michelle Bachelet no Ministério da Defesa, o governo civil agiu para consolidar seu controle das Forças Armadas. Eles até renegociaram os termos dos royalties sobre a venda de cobre direcionados às Forças Armadas, embora não tenham conseguido eliminá-los por completo. Uma das ações de transparência de Bachelet foi criar um Livro Branco das Forças Armadas chilenas, no qual o orçamento, incluindo os *royalties*, se tornou parte do registro público. Encorajado por esse progresso no controle civil, Lagos contatou o presidente boliviano com a proposta de abrir o diálogo sobre a fronteira e sobre uma solução para a reivindicação da Bolívia por uma saída para o mar.[13] Os bolivianos recusaram-se a dialogar.

Aproveitando o momento, os peruanos levaram sua reivindicação sobre a fronteira marítima entre os dois países para o Tribunal Internacional de Justiça. Depois de anos bloqueando o Peru e o tribunal, os chilenos finalmente concordaram em discutir suas divergências, e, em janeiro de 2014, o tribunal decidiu a disputa, destinando cerca de dois terços do território aos peruanos.[14] A perda do território marítimo sob disputa teve uma consequência econômica trivial, já que a maior parte das atividades pesqueiras da região era controlada por empresas chilenas, e os investimentos chilenos no Peru mais do que compensavam quaisquer perdas nos pesqueiros. Enquanto a disputa com o Peru estava sendo decidida em Haia, o governo chileno reiterou sua proposta para os bolivianos. Em vez de aceitar, a Bolívia preferiu apresentar sua reivindicação no tribunal na forma de uma exigência de devolução do território tomado pelo Chile depois da guerra. O Chile, por sua vez, mostrou-se disposto a fazer concessões. Em uma iniciativa pensada para vincular a resolução pacífica da disputa marítima às reivindicações mais abrangentes do Chile por "*soft power*", a presidente Bachelet, nos últimos meses de 2015, anunciou a criação de uma enorme reserva marítima para proteger a vida marinha nas águas do leste do Pacífico.

Em outro passo para estabelecer o papel do país na comunidade internacional, Heraldo Muñoz, então embaixador chileno na ONU, seguindo o modelo do Timor Leste, tomou a frente para conferir uma identidade latino-americana à manutenção da paz. Muñoz fez uma manobra por meio do Conselho de Segurança, aproveitando que o Chile tinha uma cadeira ali em abril de 2004, para criar uma missão para a estabilização do Haiti, a MINUSTAH, sem incluir os EUA.[15] Para que isso funcionasse, Muñoz tinha de convencer os brasileiros a aceitar a liderança da missão, para conferir credibilidade a ela. O presidente Lula ficou mais do que feliz de demonstrar liderança no hemisfério.[16] Desse modo, Muñoz queria mostrar ao mundo inteiro que a América Latina, uma região pacífica, era capaz de atuar conjuntamente para a manutenção da paz. A MINUSTAH certamente demonstra a capacidade latino-americana de protagonismo. Também indica que os latino-americanos caíram na armadilha do zelo missionário wilsoniano: as tropas talvez sejam capazes de conter a violência, mas não conseguem criar um governo democrático estável sem uma cooperação voluntária e competente dos atores locais. Os agentes de manutenção da paz não são capazes de criar uma governança democrática.[17] A iniciativa da MINUSTAH representou uma notável exceção ao padrão latino-americano de relutância, no período pós-Guerra Fria, em tomar a frente nas ações da comunidade internacional. Criou-se um precedente, que, no entanto, não tem se repetido com muita frequência.

Os ataques terroristas às Torres Gêmeas em Nova York deram fim à construção de comunidade no hemisfério, apesar dos esforços do Brasil para proteger a região por meio do Tiar. No restante do governo Bush, os EUA retrocederam ao unilateralismo e ao raciocínio de soma zero sobre a política externa que haviam caracterizado o período da Guerra Fria. Mesmo antes dos ataques terroristas, houve sinais de alerta para a América Latina. Em questão de defesa e de política externa, o novo presidente cercou-se de membros do governo de seu pai, como Richard Cheney e Donald Rumsfeld, com contas a acertar. Vários assessores seniores eram notórios neoconservadores com forte visão wilsoniana sobre a exportação dos valores dos EUA. E, mais especificamente, o presidente nomeou como secretário de Estado assistente para a América Latina um cubano-americano, Otto Reich, reconhecido por sua visão linha-dura sobre Cuba e Venezuela. Essa nomeação indicava que, com exceção do comércio e da relação bilateral com o México, o presidente estava inclinado a enxergar sua ligação com o hemisfério através das lentes míopes da tortuosa relação com o regime de Castro em Cuba.[18] Isso significava que qualquer expressão de solidariedade a Cuba seria considerada subversiva e hostil aos EUA, bem no momento em que tais expressões se tornavam mais disseminadas e reiteradas na América Latina.[19]

Os ataques terroristas tiveram a infeliz consequência de exacerbar a persistente assimetria das agendas dos EUA e da América Latina. Nenhum país latino-americano considerava o terrorismo uma ameaça para a segurança nacional, embora os argentinos tivessem sido vítimas de ações terroristas por duas vezes. Porém, a maioria desses países estava disposta a seguir o tipo de cooperação técnica que os EUA exigiam para garantir que o comércio e as viagens entre as nações fossem mais seguros. Surpreendentemente, o governo da Argentina fez o máximo possível para cooperar. No breve período de seu governo, de janeiro de 2002 a maio de 2003, o presidente Eduardo Duhalde autorizou a transformação de Buenos Aires do porto mais sujo da América Latina para o primeiro porto inteligente, capaz de inspecionar todas as cargas destinadas aos EUA antes de deixar o território argentino. Esse programa de cooperação total foi mantido pelo novo governo de Nestor Kirchner, apesar da inclinação do presidente por uma retórica anti-EUA.

A invasão do Iraque gerou desentendimentos entre os EUA e a América Latina. O presidente Lagos ofendeu-se com a exigência norte-americana de apoio à invasão. Na ONU, o embaixador John Bolton solicitou a Muñoz e Aguilar Zinzer que o Chile e o México votassem como ele no Conselho de Segurança. Eles se recusaram. O prejuízo para as relações dos EUA com a América Latina, ocasionado pela guerra com o Iraque e pelo combate ao terrorismo, foi muito além de algo pessoal, tendo longa duração. A principal causa de divergência entre o Norte e o Sul era a nova militarização da segurança, semelhante à que havia dominado a América Central durante a Guerra Fria. Dessa vez, a questão não era a possível progressão dos conflitos civis a guerras com atores externos, mas o fato de os EUA dependerem, quase exclusivamente, das Forças Armadas como uma resposta a qualquer incidente que chegasse perto de envolver a segurança. Apesar da forte insistência latino-americana de que o problema não era de natureza militar, e sim de criminalidade ou de tráfico de drogas, os EUA reagiam apenas de forma militar. A conclusão era que as Forças Armadas tinham os necessários recursos e redes de apoio. Já não mais como presidente, Fernando Henrique Cardoso deu uma expressão eloquente do sentimento geral dentre os latino-americanos de que a insistência dos EUA em um confronto de civilizações como elemento da guerra ao terror não era a abordagem adequada para a ameaça dentro do hemisfério.[20]

Na América Central, as questões de segurança problemáticas na sub-região eram principalmente a criminalidade e a violência, frequentemente associadas ao tráfico internacional de drogas, além da necessidade de organizar os preparativos para os imprevisíveis desastres naturais, tão recorrentes na região. Nesse caso, os recursos vinham do Pentágono, e havia o treinamento para que fossem compartilhados com as Forças Armadas locais. Os problemas, no entanto, são sociais e civis, e exigem a formulação de respostas eficazes por parte de países cujas instituições civis ainda se mostravam muito fracas e não profissionalizadas. O governo dos EUA tinha percepção dessa assimetria; mas na ausência de uma cooperação multilateral para lidar com as gangues, o tráfico de drogas, a imigração e os desastres naturais, a resposta automática era relegar todos os esforços ao Pentágono. Quando a liderança do Comando do Sul se confrontou com esse dilema, respondeu que não tinha outros interlocutores eficazes.

Sem os recursos suficientes em outra instância do governo, os esforços do Pentágono continuaram produzindo o resultado indesejável de refrear o desenvolvimento de soluções por parte de instituições civis e democráticas para a criminalidade e a violência. Por sua vez, nenhum governo da América Central propôs uma política coerente e eficaz para lidar com a assimetria entre a ação militar e a capacidade cívica. Na Guatemala e em Honduras, onde os governos ainda eram dominados por elites conservadoras, era útil por motivos internos manter as Forças Armadas envolvidas. A Costa Rica, sem um exército, era evidentemente uma remota exceção.

Essa dura herança histórica e a assimetria de poder entre os EUA e a América Latina afetaram as relações militares bilaterais de vários modos. Primeiro, elas produziam desdobramentos em série. A Guerra contra as Drogas é um claro exemplo disso no hemisfério. Cada país, do México à Argentina, se via enredado na tentação de receber equipamentos militares valiosos através de meios já existentes, com a intenção de expandir a missão de suas Forças Armadas no combate ao tráfico ilegal de drogas. Embora poucos países negassem que esse combate necessitava de instituições civis e de leis, em curto prazo ninguém queria gastar tempo e energia criando ou fortalecendo essas instituições. A assimetria do controle civil sobre as Forças Armadas nos EUA em relação ao controle precário na América Latina continua gerando confusão no diálogo entre os militares norte-americanos e seus colegas latino-americanos, e entre líderes dos EUA e seus equivalentes na América Latina. Onde o controle civil é mais consolidado, o diálogo militar torna-se mais fluido.[21]

Diante do desafio de uma retomada do unilateralismo no governo George W. Bush, os latino-americanos tornaram-se mais ativos na definição de sua participação nas diversas formas de comunidade, redes e regimes – com ou sem a presença dos Estados Unidos – em áreas específicas, como segurança e comércio. Ironicamente, os latino-americanos assumiram a liderança das conferências ministeriais de defesa hemisférica, porque era adequado e lhes conferia um fórum para discutir assuntos como as Malvinas. Durante o governo Bush, houve conferências ministeriais de defesa no Chile, em 2002, no Equador, em 2004, na Nicarágua, em 2006 e no Canadá, em 2008. Houve também uma proliferação de encontros em nível bilateral e sub-regional, com o objetivo de construir laços de confiança e de consolidar o controle civil sobre as Forças Armadas. Em termos potenciais, a iniciativa mais promissora foi a tentativa de criar uma estrutura de segurança regional dentro da Unasul, embora pouco progresso tenha sido feito ao longo da década desde que foi fundada.[22]

O regime comercial global vem se tornando cada vez mais complexo nos últimos vinte anos, mas as nações latino-americanas passaram a exercer seu protagonismo com crescente confiança em diferentes níveis dentro desse regime, independentemente de ser na OMC, no Mercosul ou em uma das associações de comércio, investimento ou negócios financeiros que se proliferam. Nesses regimes, o Brasil tem desempenhado o papel principal, sem medo de utilizar as regras para defender seus interesses nacionais em relação aos EUA, à China ou a qualquer outro adversário. Usando o mecanismo de solução de controvérsias na OMC e no BID, dentre outras organizações, os brasileiros vêm mostrando um caminho para outras nações da região sobre como se tornar um formulador de regras nos seus próprios termos, de forma relativamente pouco antagônica. Houve casos em que as nações latino-americanas se queixaram das características restritivas das comunidades baseadas em regras, mesmo sem a hegemonia dos EUA. Por exemplo, a Venezuela retirou-se do acordo de solução de controvérsias do BID quando não quis aceitar que terceiros determinassem o valor das propriedades confiscadas de investidores estrangeiros. Talvez mais determinante, o governo venezuelano, com certo reforço da Argentina, do Equador e da Bolívia, denunciou a Comissão Interamericana de Direitos Humanos, mas nenhum desses Estados retirou-se da OEA.[23] Chávez, com a Alba, prometia uma nova forma de comunidade, uma comunidade anti-EUA. Também prometia integrar Cuba na comunidade hemisférica por meio da Alba. Mas, ao restringir o protagonismo coletivo da Alba ao antiamericanismo, Chávez na verdade acabou reduzindo o efetivo protagonismo de seus membros, tanto os de dentro do hemisfério quanto os da comunidade global mais ampla. No nível hemisférico, a Alba oferecia uma proposta progressista que era atraente para vários Estados da região que não tinham a intenção de participar dela.

E então, no meio dessa manobra esquerdista, entra em cena Barack Obama, o primeiro presidente negro dos Estados Unidos. Ele assumiu o cargo fazendo oposição às guerras de George Bush e prometendo uma abordagem colegiada para os assuntos internacionais e menos assertiva em relação à liderança global. As expectativas ao redor do mundo eram tão altas – e irrealistas – que se alguém lesse os jornais europeus ou latino-americanos nos meses seguintes à posse de Obama teria a impressão de que os problemas do mundo estavam prestes a serem resolvidos. De vários modos, Obama fazia os observadores recordarem a reação que se seguiu às eleições de John F. Kennedy, em 1960 – ele era muito charmoso, falava bem, sua esposa e filhos eram uma graça, e havia derrotado o concorrente mais antipático possível na política. Obama era assim. Falava só as coisas certas e aparentava estar em sintonia com os interesses dos países democráticos de todas as regiões do mundo. Certamente, parte da euforia sentida ao redor do globo resultava de um profundo ressentimento em relação ao governo anterior, principalmente por sua retórica belicosa e seu unilateralismo. Em vez de mostrar a face feia dos EUA, Obama mostrava a face bonita.

Na política externa, as coisas começaram mal para o novo governo. A crise econômica que havia eclodido no último ano do mandato de Bush só piorou quando Obama assumiu a presidência e se expandiu para o restante do mundo. Como se isso não bastasse, ficou imediatamente claro que os atores locais nos dois palcos de guerra, Iraque e Afeganistão, não se comportariam da forma que o candidato Obama havia esperado; agora, o presidente Obama, por causa de sua plataforma de campanha, estava preso a um debate longo e conflituoso entre seus assessores sobre como conduzir o que logo passou a ser chamado de "sua guerra" no Afeganistão. Em outros focos de conflito para os quais o candidato havia proposto uma nova abordagem, algo semelhante aconteceu. Os iranianos não demonstravam interesse no diálogo, os israelenses fincaram o pé em oposição à proposta do Estado duplo com a Palestina, os russos não se prontificaram a resolver todas as suas divergências com os EUA e os chineses assumiram uma postura cada vez mais belicosa na Ásia e nas instituições multilaterais de todos os tipos. No caso dos russos, Obama conseguiu garantir uma redução significativa, embora modesta, do número de armas nucleares nos primeiros meses de 2010.

Com relação à América Latina, não houve uma manifestação muito explícita durante a campanha. Apenas indicativos de uma mudança na política em relação a Cuba e de reformas na imigração e uma afirmação ousada sobre uma nova abordagem para o problema das drogas nos Estados Unidos e do tráfico de drogas em geral. Além disso, os analistas só podiam trabalhar com uma preferência manifesta pelo multilateralismo e uma disposição para buscar parceiros – a mesma palavra usada por George H. W. Bush quase 20 anos antes – para a solução de problemas em comum. Porém, quase no início do novo governo, uma crise em Honduras lhe rendeu um péssimo cenário. O país, mesmo no novo século, ainda tinha um sistema político penetrado, ou poderia ser considerado até um Estado cliente.[24] Em janeiro de 2006, José Manuel Zelaya Rosales assumiu a presidência de Honduras. Embora membro da elite comercial e agrária que dominava o país há décadas, ele passou a demonstrar logo de início certa independência de atuação, expressando admiração por Hugo Chávez e ampliando a participação popular na política. Em 2008, declarou a intenção de integrar o país à Alba e deu início a uma campanha para realizar um referendo nacional para mudar a constituição, a fim de que os grupos populares pudessem ter mais poder no governo do país. Nessa iniciativa, ele recebeu oposição da maior parte da elite, de seus representantes no Conselho Nacional do Comércio e no Congresso. Os acontecimentos do ano seguinte assemelham-se tanto ao padrão do sistema político penetrado estabelecido um século antes por Chandler Anderson e seu cliente nicaraguense Emiliano Chamorro que são as diferenças entre os dois episódios que mais iluminam. Em primeiro lugar, o Congresso dos EUA desempenhou um papel crítico na formulação das ações terrestres em Honduras. Em segundo, há mais atores internacionais no século XXI do que no século anterior, e a maioria busca agir de forma a reduzir a influência hegemônica dos EUA, mas não se dispondo a operar sem a colaboração norte-americana. Além disso, em Honduras, os EUA tentavam criar uma nova política, na qual os parceiros eram cruciais para fazer valer as regras da comunidade.

O Conselho do Comércio de Honduras solicitou que seu lobista, Lanny Davis, conseguisse fazer o governo dos EUA deixar de apoiar o presidente Zelaya e passar a apoiar Roberto Micheletti, o líder no Congresso. Nesse episódio, Davis não se dirigiu ao Departamento de Estado como fez Chandler Anderson um século antes; a secretária de Estado, Hillary R. Clinton, era sua amiga próxima, dos tempos em que trabalhara na Casa Branca no governo Clinton. Em vez disso, Davis foi até o prédio do Senado, onde tinha um compromisso marcado com o chefe de gabinete do senador da Carolina do Sul, James "Jim" DeMint. A tarefa de Davis era convencer DeMint a apoiar a campanha do Conselho do Comércio de Honduras para defender o Congresso contra o que eles chamavam de "ambições antidemocráticas" do presidente Zelaya. O Congresso de Honduras estava trabalhando conjuntamente com a Suprema Corte para impedir que Zelaya realizasse o referendo que mudaria a constituição. Por enquanto, as Forças Armadas estavam quietas.

Davis argumentava que o Congresso e a Suprema Corte estavam defendendo a democracia em Honduras contra a subversão do presidente. Foi importante dizer que aparentemente Zelaya estava sob a influência de Hugo Chávez, considerado por muitos conservadores uma ameaça para a estabilidade hemisférica. Mesmo os conservadores que não se detinham muito em assuntos externos, como DeMint, ficavam satisfeitos em transformar qualquer amigo de Chávez em inimigo dos

Estados Unidos, e vice-versa. Davis sabia que o Congresso era sua melhor aposta. Ele também representava, entre outros, Laurent Gbagbo, ex-ditador da Costa do Marfim, cujas credenciais democráticas não eram particularmente fortes, e por isso conhecia bem o caminho dos gabinetes dos membros mais conservadores e amigáveis aos negócios no Congresso. DeMint provou ser o alvo perfeito. Era ele o "dono" da indicação de Arturo Valenzuela a secretário de Estado assistente.[25] Era ele que via a conversa sobre multilateralismo no hemisfério como antiamericana. E, como bem sabia Davis, DeMint já havia sido procurado por Otto Reich, que considerava Chávez a pessoa mais maléfica do mundo, atrás apenas dos irmãos Castro, em Cuba.

Davis conseguiu que DeMint fosse a Tegucigalpa no momento crucial do impasse entre o Congresso – que havia induzido as Forças Armadas a obrigar Zelaya a se exilar com sua esposa na embaixada brasileira – e a comunidade internacional, incluindo os EUA, que se recusava a reconhecer Micheletti como chefe de Estado. DeMint não só conseguiu frustrar a política do governo dos EUA, mas também bloquear todos os esforços da comunidade internacional para afastar Micheletti ou permitir que Zelaya retomasse o poder. No fim, a estratégia dos clientes de Davis foi bem-sucedida. Poucos meses depois, na eleição que estava prevista antes do golpe, o novo presidente, Porfírio Lobos Sosa, foi eleito. A discussão imediatamente passou a se deter em quando e como se permitiria que Honduras fosse reintegrada à comunidade internacional. O Brasil e a Venezuela tentaram manter Honduras fora da OEA, mas no fim foram voto vencido. Davis fez o seu trabalho muito bem.[26]

Desde o princípio desse episódio, a OEA estava envolvida e recebeu a cooperação do governo Obama. Imediatamente depois do golpe, uma Assembleia especial foi convocada, em conformidade com os procedimentos especificados na Carta Democrática assinada no Chile, em 1991. Essa Assembleia solicitou que o secretário-geral fosse até Tegucigalpa e depois produzisse um relato. Ele voltou dentro de poucos dias afirmando que aparentemente nenhum dos lados estava disposto a fazer um acordo. A OEA apoiou a iniciativa em curso liderada pelo ex-presidente da Costa Rica, Óscar Arias, e providenciou para ele um membro sênior da equipe, o diplomata chileno John Biehl. Insulza também presidiu a ida de uma delegação de ministros das Relações Exteriores latino-americanos para Honduras em agosto, o que representou a derradeira tentativa de usar a OEA como um instrumento de governança regional. A OEA recusou-se a receber o embaixador enviado pelo governo provisório de Micheletti, e os EUA suspenderam os vistos de Micheletti e de membros de seu governo. Finalmente, o secretário assistente Thomas Shannon e seu delegado, Craig Kelly, firmaram um acordo que previa o retorno de Zelaya, o arquivamento das emendas constitucionais e a realização das eleições no momento previsto, sem a candidatura de Zelaya. Micheletti não poderia permanecer como presidente. O Brasil e a Venezuela opuseram-se a esse acordo, porque queriam que Zelaya retomasse a presidência imediatamente. Os governos da América Central discordavam e queriam que fossem realizadas eleições.

No último minuto, Micheletti e o Congresso de Honduras voltaram atrás em relação ao acordo. No entanto, como as eleições estavam próximas, os EUA anunciaram que o país reconheceria os resultados caso os observadores considerassem que o processo foi justo. Esse anúncio rompeu o consenso dentro da OEA de impor sanções a Honduras. Com a liderança do novo presidente colombiano, Juan Manuel Santos, em acordo com os EUA, as nações da América do Sul conseguiram levantar votos suficientes na OEA para suspender as sanções.

O que é notável sobre esse episódio é que o governo Obama tentou evitar uma atuação como potência hegemônica. O presidente e seus assessores enxergaram o golpe como uma situação ideal para empregar a nova política do multilateralismo no hemisfério. Os centro-americanos não confiavam plenamente nele. Mais importante, os hondurenhos não acreditavam nele. A OEA podia manter o consenso e seguir a Carta Democrática, mas esse consenso se rompeu quando surgiu a questão de como aplicá-la; a não intervenção era uma grande força dentro da organização. Tanto o Brasil quanto a Venezuela queriam que Zelaya retomasse o poder, mas relutaram em permitir que a OEA fosse o instrumento de sua política, e não iriam cooperar com os EUA para atingir seu objetivo. Lula, então presidente do Brasil, encontrava-se no meio de um processo em que tentava criar espaço para o país na política mundial como um ator decisivo, principalmente com sua viagem ao Irã. Quando o senador DeMint disse a uma multidão de pessoas no aeroporto de Tegucigalpa que os EUA não tinham o poder de forçar os golpistas a deixar a presidência, ele estava certo. Sem um consenso, a OEA era impotente. E, diante da garantia de DeMint, o comandante do golpe, Micheletti, julgou que podia violar qualquer acordo que os representantes dos EUA o haviam forçado a assinar. Há sempre espaço de manobra em sistemas políticos penetrados. A mudança radical na política dos EUA para a América Latina foi frustrada.

Esses fracassos renderam o efeito perverso de encorajar Daniel Ortega a restringir o espaço democrático na Nicarágua, e de permitir que o governo da Guatemala reduzisse a pressão sobre as Forças Armadas para que cumprissem os termos do acordo de paz. Nem o governo dos EUA, nem a OEA tinham o desejo ou o poder de impor essas regras, e a ONU, que havia mediado o acordo, estava impotente sem o apoio norte-americano.[27] Mas o presidente Mauricio Funes, em El Salvador, foi capaz de manter a força para uma reconciliação entre facções políticas rivais, convocando o apoio da comunidade internacional em seus esforços para consolidar a democracia no país. Isso explica, em parte, a decisão de Obama de fazer escala em San Salvador em sua viagem de volta do Chile, parte de sua primeira visita à América Latina, em março de 2011. E foi um sinal do que estava para acontecer quando ele teve que interromper sua curta viagem por causa da crise emergente na Líbia.

Embora esse fracasso da influência do governo norte-americano possa parecer surpreendente no contexto do longo histórico das relações dos EUA com os países da América Central, na verdade era algo condizente com a nova política de Obama de buscar relações colegiais com a América Latina. Maior surpresa foi a incapacidade dos novos atores de desempenhar um papel efetivo na região. O fracasso da OEA em conquistar a paz por meio de negociações e de concessões; o fracasso da iniciativa regional liderada por Óscar Arias, da Costa Rica; e o fracasso do Brasil em angariar apoiadores para seu posicionamento mostram que o legado da história na América Latina é mais pesado do que muitos observadores acreditam. Todo o legado da hegemonia e da intervenção norte-americana não será anulado por uma decisão consciente de uma política mais coletiva vinda de Washington. Trata-se de uma questão de padrões de conduta que indica que os Estados da região têm dificuldade de chegar a um acordo sobre as regras de sua comunidade e, pior ainda, de como impor essas regras. E, no caso de Estados frágeis, trata-se de uma incapacidade mesmo do Estado, em que uma elite o domina e impede que medidas sejam tomadas para forçar a prestação de contas aos cidadãos e às próprias leis do país. Esse tipo de elite governante continua usando a política externa como instrumento de manutenção de seu poder interno, por exemplo em Honduras, na Guatemala e em outros países da região.

O episódio de Honduras aparentemente subvalorizou a evolução na América Central no sentido da capacidade de organizar uma cooperação regional que tomasse como objetivo principal a solução de seus problemas de maneira pacífica, sem referência a atores externos. Aquilo que teve início na década de 1980 em Contadora e depois em Esquipulas foi considerado ao redor da região um desenvolvimento positivo, capaz de sustentar a luta por estabilidade e democracia em todos os países. Será que o frágil tecido da cooperação regional centro-americana foi despedaçado? Na verdade, os latino-americanos começaram a buscar soluções para seus problemas sem os Estados Unidos, e perceberam que um modo de exercer protagonismo é definir uma identidade para a América Latina. No último capítulo, vamos considerar possíveis formas de como esse cenário pode se desenvolver. O novo regionalismo na América Latina é a questão central dos esforços de construir uma comunidade hemisférica baseada em regras. Os regimes comerciais e o consenso internacional sobre valores e direitos são relativamente fáceis de tomar forma; eles se fundamentam em valores e interesses em comum, e o tipo de participação fica a critério de cada membro. Já a imposição das regras requer um nível completamente diferente de compromisso. As questões colocadas para reflexão no último capítulo têm a ver com as consequências do fim da hegemonia norte-americana, tanto para os EUA quanto para a América Latina, e como as nações latino-americanas esperam exercer seu protagonismo no hemisfério e na política mundial. Será que alguma delas se importa com o fato de serem relevantes ou não no cenário da política mundial? E agora a China fez sua entrada no hemisfério.

NOTAS

[1] Sobre a questão da autonomia no período seguinte ao fim da Guerra Fria, ver Juan Gabriel Tokatlian e Leonardo Carvajal, "Autonomía y política exterior en América Latina: Un debate abierto, un futuro incierto", *Revista* CIDOB *D'Afers Internacionals* (Espanha), n. 28, 1995; e Tokatlian e Roberto Russell, "From Antagonistic Autonomy to Relational Autonomy: A Theoretical Reflection from the Southern Cone", *Latin American Politics and Society*, v. 45, n. 1 (abril de 2003).

[2] Para um exemplo precoce de perspectiva cética em relação à inserção do Peru na comunidade global, ver Alejandro Deustua, "La Política Exterior Peruana", *La República*, 26 de janeiro de 2001.

[3] Pia Riggirozzi e Diana Tussie, eds., *The Rise of Post-hegemonic Regionalism* (Tokyo: United Nations University Series on Regionalism 4, 2012); Andrés Serbin et al., eds, *El regionalism "post-liberal" en América Latina y el Caribe: Nuevos actores, nuevos temas, nuevos desafios* (Buenos Aires: CRIES, 2012).

[4] Como no caso do Chile e do Brasil, a formação acadêmica internacional exerceu uma grande influência em ambos. Castañeda em Princeton e Aguilar Zinzer em Harvard. Castañeda contava com uma equipe diplomática especializada, principalmente Carlos Rico e Arturo Sarukhan, enquanto que Aguilar Zinzer levou ao palácio presidencial um grupo de especialistas em RI liderado por Raúl Benítez Manaut, algo sem precedentes no México. A integração de especialistas acadêmicos ao Conselho Nacional de Inteligência (NIC), levada a cabo por Clinton, foi um modelo para Fox. Seu sucessor, Felipe Calderón, levou Rafael Fernandez de Castro, do Instituto Tecnológico Autónomo de México (ITAM), para ser seu principal assessor em assuntos internacionais.

[5] Lafer trata desse episódio no livro *Mudam-se os Tempos – Diplomacia Brasileira 2001-2002* (Brasília: FUNAG/IPRI, 2002). Ver também: <http://www.espacoacademico.com.br/015/15pra01.htm>; <http://www.oas.org/charter/docs/comuni11/c006.htm>; e <http://www.scielo.br/scielo/php?script=sci_arttext&pid=S0034-73292001000200003>.

[6] Bush enviou representantes a diversas capitais latino-americanas para angariar apoio para a guerra contra o Iraque, com resultados igualmente negativos. Em um dos casos, o presidente do Chile, Ricardo Lagos, expulsou o enviado de Bush, Otto Reich, de seu gabinete, julgando a agressiva atitude de Reich imprópria. Entrevista do autor com Lagos, 15 de março de 2003.

[7] Ver, por exemplo, Guadalupe González, "Un siglo de política exterior mexicana (1919-2010): del nacionalismo revolucionario a la intemperie global", em Maria Amparo Casar e Guadalupe González, eds., *México 2010: El juicio del siglo* (México, DF: Editorial Taurus, 2010); "México en América Latina:

entre el Norte y el Sur", em Ricardo Lagos, ed., *América Latina: ¿Integración o Fragmentación?* (Buenos Aires: Edhasa, 2008). A política externa recebeu ampla cobertura na primeira publicação do Plano de Desenvolvimento Nacional do governo de Enrique Peña Nieto (2014). De forma semelhante à promovida pelo Ministério das Relações Exteriores do México, a Argentina disponibilizou online mais de 15 volumes de documentos e artigos; ver Alberto Cisneros e Carlos Escude, eds., *História General de las Relaciones Exteriores de la Argentina, 1806-1989*, em <http://www.argentina-rree.com/home_nueva.htm>. Do mesmo modo, o Conselho Argentino para as Relações Internacionais (CARI) vem disponibilizando suas publicações online, em <http://www.cari.org.ar/recursos/libros.html>. Há pelo menos uma dúzia de revistas brasileiras dedicadas a assuntos externos. Todas estão disponíveis online.

8   Sobre a cultura estratégica do Chile, ver Félix E. Martin, *Chilean Strategic Culture* (Miami: Florida International University, 2010). Esse é um exemplo de uma série de trabalhos sobre a cultura estratégica das nações latino-americanas disponíveis online no site do Centro de Pesquisa Aplicada da Universidade Internacional da Flórida (FIU-ARC).

9   Vale notar que dez anos depois, durante a crise na Síria, os principais membros do governo de coalizão do Chile, Sergio Bitar e Jorge Heine, conclamaram que o país reconhecesse a crise e participasse de alguma forma multilateral de solução do conflito; ver *El Mercurio*, 13 de setembro de 2013. Sobre o problema geral dos Estados que não seguem o código de conduta e o que os EUA gostariam de fazer sobre isso, ver Robert Litwak, *Rogue States* (Baltimore: JHUP, 1996); *Regime Change: U.S. Strategies Through the Prism of 9/11* (Baltimore: JHUP, 2007) e *Outlier States: American Strategies to Contain, Engage, or Change Regimes* (Baltimore: JHUP, 2012).

10 Ver Samantha Powers, *Chasing the Flame* (NY: Penguin, 2008). Um dos principais oficiais da ONU no grupo de pacificação era brasileiro, Luis Bitencourt, originalmente membro do Centro de Estudos Estratégicos do Brasil. Posteriormente, ele ingressou no Wilson Center e trabalhou no projeto "Criando Comunidades". Sobre a política externa do governo de Fernando Henrique Cardoso, ver o capítulo "Política e Comércio Exterior", de Carlos Eduardo Lins da Silva, em Bolivar Lamounier et al., org., *A Era FHC* (Rio: Cultura Editores Associados, 2002).

11 Para duas visões diferentes sobre o crescente poder de uma comunidade internacional, ver os ensaios de Jessica T. Mathews, "Power Shift", *Foreign Affairs* (janeiro e fevereiro de 1997), os quais enfatizam a importância de atores não estatais e da sociedade civil internacional; e Anne-Marie Slaughter, "The Real New World Order", *Foreign Affairs* (outubro e novembro de 1997), que se detém no que ela chama de "Estado desagregado". Uma manifestação mais completa de Slaughter pode ser vista em seu livro *A New World Order* (Princeton: Princeton Univ. Press, 2004); e para um argumento mais completo em defesa de atores não estatais, principalmente no campo dos direitos humanos, ver o livro de Kathryn A. Sikkink, *The Justice Cascade: How Human Rights Prosecutions are Changing World Politics* (NY: Norton, 2011); e com Margaret Keck, *Activists Beyond Borders: Advocacy Networks in International Politics* (Ithaca: Cornell Univ. Press, 1998). Daniel C. Thomas, "Boomerangs and Superpowers: International Norms, Transnational Networks and US Foreign Policy", *Cambridge Review of International Affairs*, v. 15, n. 1 (2002) propõe uma ponte teórica entre as duas abordagens. Outros regimes que desempenham papéis importantes na definição de normas para a comunidade internacional são o regime comercial e o regime ambiental. Sobre o comercial, ver V. K. Aggarwal, Ralph Espach e Joseph S. Tulchin, eds., *The Strategic Dynamics of Latin American Trade* (Stanford: Stanford Univ. Press, 2004).

12 Hipólito Solari Yrigoyen, *La dignidad humana* (Buenos Aires: EUDEBA, 1998).

13 Sérgio Bitar, *Un Futuro Común Chile, Bolívia, Perú* (Santiago: Aguilar, 2011).

14 Esse acordo é resumido em <www.GIS-info.com/Chile>.

15 Muñoz garantiu uma aprovação prévia dos EUA por meio de conversas com Condoleezza Rice, que por coincidência fora colega sua na pós-graduação. Para uma visão geral sobre a MINUSTAH, ver Arturo C. Sotomayor, *The Myth of the Democratic Peacekeeper: Civil-Military Relations and the United Nations* (Baltimore: JHU Press, 2014).

16 Para uma perspectiva crítica sobre a decisão brasileira, ver Carlos Eduardo Lins da Silva, "Futebol, paz e riscos para o Brasil no Haiti", *Política Externa*, v. 13, n. 2 (setembro de 2004). Sardenberg era o embaixador do Brasil na ONU nesse momento.

17 Dez anos depois, como ministro das Relações Exteriores no segundo mandato de Bachelet, Muñoz agiu no sentido de tomar a liderança, em nome da Unasul, para facilitar as negociações na Venezuela entre o governo e a oposição. Novamente, sua intenção era conferir uma identidade latino-americana à intervenção.
18 O Congresso não confirmava a indicação de Reich, mas ele permaneceu na Casa Branca como assessor sênior do presidente. Foi ele que, em 2002, aplaudiu o golpe contra Chávez no curto período antes de o presidente retomar sua autoridade na Venezuela, dando assim credibilidade, no hemisfério, à ideia de que os EUA haviam arquitetado o golpe. Paul Wolfiwitz, o braço direito de Rumsfeld, supostamente disse a Bush que os iraquianos receberiam as tropas norte-americanas em Bagdá de braços abertos, exatamente o que dissera Allen Dulles a Eisenhower em relação à invasão da Baía dos Porcos.
19 Para uma perspectiva latino-americana sobre a composição ideológica do círculo de Bush, ver Jesus Velasco, *Neoconservatives in U.S. Foreign Policy under Ronald Reagan and George W. Bush* (Washington, DC: WWC Press, 2010).
20 O discurso de Fernando Henrique na embaixada francesa no fim de outubro de 2003 foi reproduzido na *Folha de S.Paulo* em 31 de outubro de 2003.
21 A complexidade do dilema da segurança na América Latina é resumida em Tulchin, Raúl Benítez Manaut e Rut Diamint, eds., *El Rompecabezas* (Buenos Aires: Prometeo, 2006). As questões de segurança nacional e sub-regional durante o governo Bush são relatadas na série *Woodrow Wilson Center Update on the Americas*, "Creating Community", n. 1, outubro de 2001, ao n. 27, agosto de 2007, disponíveis online.
22 Rut Diamint tem sido uma analista prolífica desse regime; ver, por exemplo, "La Historia sin fin: el control civil de los militares en Argentina", *Nueva Sociedad*, n. 213 (2008); "Nouveaux profils de pouvoir militaire", em Renée Fregosi, *Armées et pouvoirs en Amerique Latine* (Paris: IHEAL, 2004) e "Confianza y Conflicto en América Latina", em Julio César Theiler et al., *Los desafíos de la integración en el siglo XXI* (Santa Fe: Univ. Nac del Litoral, 2011); "Latin America and the military subject reexamined," em David Mares, ed., *Debating Civil-Military Relations in Latin America* (Sussex: Academic Press, 2014); "Conducción civil de las políticas de defensa", em Marcela Donadio, ed., *La reconstrucción de la seguridad nacional: Defensa, democracia y cuestion militar en América Latina* (Buenos Aires: Prometeo, 2010) e "Security communities Defence Policy Integration and Peace Operations in the Southern Cone: An Argentine Perspective," *International Peacekeeping*, v. 17, n. 6 (novembro de 2010).
23 Sobre regimes comerciais, ver Aggarwal, "Reconciling Multiple Institutions: Bargaining, Linkages, and Nesting," em *Institutional Designs for a Complex World: Bargaining, Linkages, and Nesting* (NY: Cornell Univ. Press, 1998); Laura Gómez-Mera, *Power and Regionalism in Latin America: The Politics of Mercosur* (South Bend: Univ. of Notre Dame Press, 2013). Outros autores discutiram o "processo de aprendizado" de vários regimes; ver Covadonga Meseguer e Abel Escriba-Folch, "Learning, political regimes and the liberalization of trade", *European Journal of Political Research*, v. 50, 2011, e Sean Burges, "Brazil's International Development Co-operation: Old and New Motivations", *Development Policy Review*, v. 32, n. 1, 2014.
24 John H. Coatsworth, *Central America and the United States: The Clients and the Colossus* (NY: Twayne, 1994). Coatsworth considera que os Estados clientes têm certa capacidade de manobra e de obter concessões, dentro de limites, a partir de uma relação assimétrica. Isso se distingue do meu modo de ver os sistemas políticos penetrados, nos quais os concorrentes pelo poder usam os EUA como um ator em seus esforços de conquistar ou de manter-se no poder. Os vencedores passam a dever um certo grau de subserviência aos EUA, o que geralmente se manifesta nos assuntos externos, mais do que na forma como usam seu poder nos assuntos internos. Meu foco detém-se no processo da concorrência, na forma como ele limita a expansão da governança democrática e como restringe o protagonismo, mesmo quando há espaço de manobra para confrontar os EUA. Coatsworth detém-se na assimetria do poder, o que nunca é colocado em dúvida.
25 Valenzuela, em audiência perante a Comissão de Relações Exteriores do Senado, indicou a perspectiva do governo de que a atuação contra Zelaya foi um golpe. Essas audiências podem ser checadas no site da Comissão. Para os comentários posteriores de Valenzuela sobre o episódio, ver seu discurso na OEA e sua entrevista coletiva, ambos disponíveis em <http://honduras.unembassy.gov/sp> [vários dias em novembro de 2009].

[26] No relato de suas memórias, *Hard Choices* (NY: Simon and Schuster, 2014, p. 266), Hillary Clinton, ex-secretária de Estado, afirma que se opôs à restituição de Zelaya desde o início, e que sua decisão foi a força determinante no alcance desse objetivo. Não há evidências contemporâneas que sustentem sua afirmação. A minha versão segue todos os relatos contemporâneos sobre o assunto publicados em jornais dos EUA e da América Latina, e foi confirmada em uma correspondência pessoal com Valenzuela e Insulza. Ver, também, Abraham F. Lowenthal, "Obama and the Americas", *Foreign Affairs*, julho/agosto de 2010. Lowenthal credita ao secretário assistente Thomas Shannon a mediação do acordo que Insulza diz que ele negociou. Ele e Lowenthal concordam que nenhum dos lados honrou o acordo. Mark Weisbrot, do Center for Economic and Policy Research, em Washington, escreveu uma matéria para o *Al Jazeera*, 29 de setembro de 2014, em que critica a versão de Hillary Clinton sobre os eventos e culpa os EUA pelo golpe. Isso não faz sentido. Como Insulza observou, nem mesmo Zelaya chegou a acusar os EUA de envolvimento nesse golpe.

[27] William Stanley, *Enabling Peace in Guatemala: The Story of minugua* (Boulder: Lynne Rienner Publishers, 2013).

Protagonismo pós-hegemonia: ordem ou desordem?

Retrospectivamente, fica evidente que o presidente Obama foi ingênuo ou otimista demais em sua expectativa de que as nações da América Latina – individualmente ou coletivamente – acolheriam seu projeto de uma parceria pós-hegemônica na busca de objetivos em comum. Mesmo nos Estados Unidos, essa ideia não foi muito bem recebida. Por força do hábito, ou por uma rejeição direta da ideia de que os EUA não mais exerceriam sua dominância no hemisfério, a maioria no Congresso e muitos altos funcionários responsáveis por conduzir as relações com a América Latina no Pentágono, no Comando do Sul, no USTR (escritório do Representante de Comércio dos Estados Unidos), no Departamento de Segurança Interna e até no Departamento de Estado não estavam dispostos a aceitar a proposta de que os EUA abririam mão de sua liderança em questões importantes de política pública. Essa tendência se manteve mesmo depois das experiências frustrantes no Iraque e no Afeganistão, quando muitos se tornaram mais sensíveis aos limites do poder dos EUA. A maior parte dos responsáveis por decisões e dos acadêmicos que instruem o debate político havia aprendido a lição de que, mesmo com poderio militar e econômico sem igual, o uso desse poder desproporcional – que os militares chamam de "suprema dominância" – não garantia resultados políticos específicos e nem protegia os interesses dos EUA. Diferentemente de Woodrow Wilson em relação ao México, ao Haiti e à República Dominicana, ou Calvin Coolidge em relação à Nicarágua, Obama percebeu que o uso da força militar norte-americana no Iraque e no Afeganistão não produziu o resultado esperado.

A lição que Obama aprendeu com essa experiência – que veio a ser chamada de "Doutrina Obama" – foi que, embora o presidente precise mostrar sua força diante das ameaças a seus cidadãos, a proteção de longo prazo dos interesses nacionais requer a projeção de poder em colaboração com parceiros. Além disso, também em longo prazo, devido a seus valores centrais e sua capacidade econômica, os EUA ganham mais com o fortalecimento de comunidades baseadas em regras. A melhor abordagem tática para essa estratégia consiste em um engajamento com todos os Estados, inclusive aqueles com que os EUA têm desavenças, como Cuba e Irã. Como o presidente colocou em seu relatório de Estratégia de Segurança Nacional, publicado em fevereiro de 2015, "a questão nunca será se os EUA devem liderar, mas como devemos fazer isso".[1] É evidente que a Doutrina Obama é otimista, pois supõe que, por meio do engajamento, os EUA serão capazes de mudar a conduta de Estados fora da lei para se ajustarem às regras compartilhadas pela comunidade.

O dilema posto pela Doutrina Obama nos assuntos hemisféricos é que, apesar da retórica diplomática, a maior parte dos formuladores de política dos EUA acredita que a assimetria de poder na região significa que o país tem o direito de liderar e que as demais nações devem segui-lo obedientemente.[2] Os formuladores de política latino-americanos, ao contrário, chegam a extremos para evitar essa liderança e o controle hegemônico norte-americano, mesmo que isso seja prejudicial a seus próprios interesses. Em outras palavras, os líderes dos EUA não percebem o custo da história da hegemonia, enquanto que os latino-americanos pensam que o país deve pagar um alto preço por isso; só não sabem definir ao certo qual seria esse preço. E, mesmo naqueles casos em que o governo Obama forneceu uma narrativa diferente para orientar as relações hemisféricas, como fez ao lidar com o golpe em Honduras, em 2009, muitos na região não conseguiram ouvir o discurso de mudança na política dos EUA.

Outro problema com a busca de Obama por parceiros na América Latina é que não há uma unidade atuante como "a América Latina" que pudesse responder às propostas dos EUA de uma forma racional; na verdade, nunca houve tal unidade. Em questões de interesse nacional ou de objetivos estratégicos, há diversas fissuras profundas que dividem os países do hemisfério. Mesmo nos dias de extrema ambição hegemônica dos EUA, como na bacia do Caribe antes da Primeira Guerra Mundial, ou durante a Guerra Fria, houve poucas e dispersas respostas unificadas da América Latina, que custaram um preço alto para ambos os lados. Assim, ironicamente, quando Obama finalmente reconheceu o fim da hegemonia dos EUA e estendeu a mão buscando parcerias, a única reação majoritária na América Latina foi afirmar que as nações não permitiriam que os EUA usassem a parceria como máscara para dar continuidade a sua dominância no hemisfério. Novamente, no episódio de Honduras, diversos países rejeitaram uma união com os EUA, embora seus objetivos políticos declarados fossem os mesmos daqueles do governo Obama.

Na última década, os líderes latino-americanos têm buscado formas de regionalismo, sem a inclusão dos EUA, através das quais possam exercer seu protagonismo em uma ação coletiva que rejeite a hegemonia norte-americana. Apesar de suas inúmeras divergências, as nações latino-americanas têm procurado maneiras de expressar uma identidade em comum e autônoma em relação aos EUA, por meio de organizações regionais que, como disse Heraldo Muñoz, o ministro das Relações Exteriores do Chile, enfatizem "a convergência em meio à diversidade".[3] Essa pode ser a causa mais importante da pouca adesão ao projeto de parceria de Obama até a realização da VII Cúpula das Américas, em abril de 2015, quando ele apertou a mão de Raúl Castro. Em todos os países da região, as decisões políticas de como reagir à oferta de parceria de Obama têm sido vistas pelo prisma histórico do ressentimento em relação à hegemonia norte-americana. A avaliação do custo-benefício dessa parceria é sempre distorcida pelas restrições das políticas internas ou pela questão de como os responsáveis pelas decisões serão vistos em sua vizinhança em termos de seu enfrentamento dessa hegemonia.

O unilateralismo militarizado do governo Bush, como o anticomunismo paranoico da Guerra Fria, deixou claro aos líderes latino-americanos que eles protegeriam melhor os interesses nacionais aliando-se com outras nações, em vez da adoção de uma postura defensiva retraída, como fizeram no passado. Senão, seriam esmagados pela insistência do governo norte-americano para que seguissem sua liderança, seja na "Guerra contra o Terrorismo", seja na "Guerra contra as Drogas" ou qualquer outra questão que o governo considerasse vital para seus interesses nacionais. Nos anos seguintes ao 11 de Setembro, há uma crescente determinação por parte dos líderes latino-americanos de integrar comunidades de atores e redes em que podem ser proativos e autônomos em relação aos EUA. Essas comunidades e redes podem ser compostas por Estados ou atores não estatais; podem ser orientadas por assuntos ou por interesses; podem ser chamadas de regimes ou de redes. Em alguns casos, como o da Alba, podem ser guiadas por ideologia.

Um impulso crucial para essa sensação crescente de protagonismo tem sido a prestação de contas e a credibilidade proporcionadas pelo surgimento do processo político na governança democrática. Esse processo ainda varia amplamente de país a país, mas se evidencia com mais nitidez do que na última geração, mesmo nas menos robustas das democracias da região. E à medida que se tornam mais confiantes na expressão de seu protagonismo, os líderes latino-americanos vêm apoiando com maior entusiasmo as redes transnacionais e respeitando cada vez mais a importância do *"soft power"*. Nesse âmbito, a globalização e a internet desempenham um papel expressivo.[4]

O crescimento exponencial do intercâmbio de informações, do comércio, do investimento internacional e do consumo, ao lado da estabilidade macroeconômica, praticamente dobrou a classe média em todas as nações da América Latina. A tecnologia da informação transformou inúmeras vidas. Pouco mais de uma geração atrás, em alguns países, as pessoas tinham de pegar filas para fazer chamadas telefônicas de longa distância, ou não conseguiam usar suas linhas quando chovia; agora, há serviços de celular que possibilitam a comunicação em qualquer parte do mundo para qualquer outro lugar, quase sempre a qualquer momento. Cada vez mais pessoas em mais países sentem que fazem parte de uma comunidade global. As forças centrípetas da globalização propiciaram perspectivas otimistas sobre o avanço das mudanças ao redor do mundo, de forma semelhante àquela que houve no período imediato ao fim da Guerra Fria, transmitida pelas discussões do Fim da História e do Consenso de Washington. No caso atual, os otimistas referem-se a inúmeros estudos de várias partes do mundo que sustentam sua visão.

Na América Latina, a dupla revolução – a globalização e a transição para a democracia – estabeleceu as condições para o processo de formulação política que faltava em tantos países, e que marcava uma diferença fundamental no modo como os EUA e as nações da região entendiam a política mundial, desde a independência. Juntas, as duas revoluções exerceram um impacto profundo sobre políticas nacionalistas de longa data na área de comunicações, de *commodities* estratégicas, e da transferência de capital que dominaram a formulação de políticas na

América Latina desde a Industrialização por Substituição de Importações na década de 1930, e que pressionaram os líderes a olharem para dentro de seu país. Embora houvesse exceções, cada vez mais países na região passaram a ter condições macroeconômicas estáveis e taxas de câmbio previsíveis. Com a presença da internet, da democracia e da estabilidade econômica, a formulação de políticas tornou-se uma questão de importância cotidiana, e a impunidade ficou mais difícil de ser escondida. O interesse crescente do público latino-americano pelos assuntos externos representa um aspecto central de seu emergente protagonismo nos assuntos mundiais. O mesmo acontece com a comunidade epistemológica de especialistas em política externa, com suas estruturas cada vez mais sofisticadas para a compreensão dessas políticas.[5]

Certamente, nem todos são otimistas em relação à globalização e à ideia de que as forças de mudança trazem progresso. E há momentos e ocasiões em que nem todos concordam com o modo de formular as regras do jogo. No encontro Pan-americano de Washington, em 1889, Roque Saenz Peña já dizia que a Argentina não tinha interesse em integrar uma união aduaneira ou em criar instituições para uma comunidade hemisférica porque o país já era parte da comunidade global em função dos vínculos de comércio e de investimento com a Grã-Bretanha e a Europa. De forma semelhante, a ex-presidente da Argentina, Cristina Fernández de Kirchner, pôde dizer a seus colegas na OEA que o país não tinha interesse em uma colaboração mais próxima, porque já era parte importante de uma comunidade comercial global centrada no comércio com a China. A China, num movimento de aquisição de enormes quantidades de soja da Argentina a preços historicamente elevados, prometeu fornecer o capital necessário para a expansão da produção de petróleo do país e da infraestrutura nacional. Cristina Kirchner pôde dizer também a seus colegas que o sistema financeiro internacional precisava ser mudado, para que um juiz federal em Nova York não mantivesse mais o país como refém por se recusar a pagar certos fundos especulativos (*hedge funds*) e que não aceitaram novos descontos nos títulos a que a

Argentina deu calote em 2001. Enquanto Saenz Peña e seus colegas tinham orgulho de fazer parte do progresso e da civilização global no século XIX, em pleno século XXI Cristina Kirchner e outros não se convencem que esse processo seja mesmo tão inevitável e neutro em termos geopolíticos como afirmam seus proponentes.

Os céticos convocaram a primeira conferência antiglobalização em 2001, que, assim como o Fórum Social Mundial, desde então tem realizado encontros anuais ao redor do mundo.[6] O FSM é uma mescla de organizações da sociedade civil e de representantes de governos. São hostis ao sistema capitalista, que segundo eles, é imposto aos povos pelas nações que, lideradas pelos Estados Unidos, se beneficiam da assimetria do poderio econômico e das regras que governam o sistema dominante. A oposição às regras existentes do jogo e o desejo de criar uma Nova Ordem Mundial tornaram-se a principal fonte de tensão na comunidade global, especialmente depois da crise financeira dos EUA, em 2008. Assim como a China desafiou seus vizinhos asiáticos ao obter controle das ilhas no mar da China, a Rússia desafiou a Europa e a Otan ao anexar a Crimeia e financiar grupos separatistas no leste da Ucrânia. Na América Latina, a China tornou-se um parceiro comercial importante e um grande investidor, oferecendo assim uma alternativa aos EUA.[7] Apesar dessa oposição às regras do jogo ter conferido uma maior importância em potencial ao protagonismo de certas nações ou de atores não estatais em um determinado momento, a questão da responsabilidade por suas ações permanece perigosamente nebulosa.[8]

A proposta mais concreta de alteração das regras do jogo e de mudança na balança do poder global foi a consolidação do grupo de potências emergentes conhecido como BRICS. Cunhado pela primeira vez por um analista de Wall Street que se referia a um conjunto de áreas em potencial para investimentos, o acrônimo ganhou solidez em uma reunião informal de ministros das Relações Exteriores durante a Assembleia Geral da ONU, em 2006. Depois de algumas reuniões preliminares para fixar o protocolo de um grupo tão diversificado, com agendas variadas que tinham em comum apenas questões de economia internacional e a vontade de mudar o sistema dominante, realizou-se uma cúpula de líderes nacionais em Ecaterimburgo, na Rússia, em 2008. A partir daí, há reuniões de cúpula anualmente, com a alternância de anfitriões entre os países membros. Para dar início ao segundo ciclo de encontros, a VI Cúpula realizada em Fortaleza, em 2014, emitiu uma ambiciosa carta de Declaração e Plano de Ação na qual os membros se comprometiam a realizar reuniões ministeriais a cada dois anos, pediam a paz em várias regiões conflituosas do mundo, e declaravam sua intenção de inaugurar um banco de desenvolvimento. Esse último item é potencialmente o mais importante, porque projetaria a influência dos países como um grupo a muitas outras nações da comunidade internacional. A declaração também especificava que a Rússia e a China aprovavam os interesses da Índia e do Brasil em desempenhar um papel mais expressivo na ONU.[9] Em 2015, a China anunciou a criação de uma nova instituição financeira, o Banco Asiático de Investimentos em Infraestrutura, para competir com as Instituições de Bretton Woods. Embora os EUA se opusessem ao novo banco, muitos de seus aliados estavam entre os 46 membros fundadores. O diretor do banco afirma que a nova instituição será "enxuta, limpa e sustentável" ("*lean, clean, and green*", em inglês). Resta saber como as regras serão definidas e impostas na nova instituição.[10] Várias nações da América Latina figuraram como membros fundadores entusiastas do novo banco. A falta de capital permanece sendo de longe o fator mais importante para os planos de desenvolvimento da maioria dos países da região.

Fora do hemisfério, a maior parte das nações do mundo ainda busca a liderança dos EUA, embora talvez não se disponha a seguir o país caso uma atuação seja necessária. As nações da América Latina nunca desempenharam uma função nos lugares mais conflituosos do mundo – Crimeia, Síria, mar da China Meridional, Líbia –, embora em várias delas tenha ocorrido debates sobre as crises e sobre a importância de exercer um papel ativo em sua solução.[11] Embora nações como a Rússia, a China, a Venezuela e o Irã terem declarado oposição às ambições dos EUA de liderar a comunidade mundial, inclusive tomando providências concretas para enfraquecer ou confrontar essa liderança e expressando claramente uma divergência ideológica em relação aos EUA, é mais frequente haver propostas sobre algum assunto específico – comércio, meio ambiente, ajuda humanitária, Estado de Direito, proteção de direitos humanos, comércio ilegal de marfim etc. – que não se destinam a fazer oposição aos EUA, mas expressam diferenças de opinião e refletem posicionamentos de política externa divergentes. Tais diferenças devem ser entendidas como uma dinâmica normal na fluida comunidade internacional, e não como ataques agressivos ao líder do grupo.

Os otimistas em relação à globalização creem fervorosamente em uma comunidade internacional que compartilha valores e regras centrais, uma comunidade em que os EUA ainda figuram como líder, embora sem o grau de dominância que tinham até o fim da Guerra Fria. Nessa comunidade, a maior parte das queixas é endereçada ao líder ou a países considerados em violação dos valores comuns do grupo, e o debate detém-se na questão de como impor as regras.[12] Trata-se de uma comunidade que tem uma crescente participação popular transmitida nas mídias sociais e através de modos mais tradicionais, como manifestações de rua e eleições, consideradas representativas da exigência popular por liberdade e prestação de contas.[13] Por toda a comunidade, a globalização gerou uma expansão dramática da difusão de serviços, produtos e ideias.[14] Ninguém pensa que será fácil manter a emergente comunidade global coesa. Não apenas há uma divergência contínua a respeito de certas regras, mas há também uma incerteza profunda em relação a como as regras devem ser impostas.[15] Em alguns casos, a atuação é feita principalmente por atores não governamentais, como na campanha contra o tráfico de pessoas; em outros, os Estados têm tentado criar um consenso global a seu favor, como nos esforços de dar fim à caça de elefantes para retirada de marfim.[16] Até mesmo a mais ávida defensora do presidente Obama em relação à imposição das regras da comunidade, a embaixadora da ONU Samantha Power, reconhece que é difícil chegar a um consenso.[17] Alguns otimistas, que esperavam que a ONU desempenhasse um papel decisivo na redução de conflitos, estão frustrados com sua capacidade limitada de lidar com grandes mobilizações e com o deslocamento de pessoas.[18]

Alguns otimistas estão ficando desiludidos. Embora nunca tenham passado para o campo do FSM,[19] preocupam-se com o declínio da democracia e com a permanência de governos antidemocráticos em muitos países cruciais do mundo. Também se preocupam com o fato de que a pressa em abrir mercados vem produzindo aumentos sensíveis da desigualdade, o que dificulta as pretensões democráticas de participação popular. Alguns liberais e progressistas que defendiam um menor unilateralismo por parte dos EUA e uma maior postura multilateral durante o governo Bush ficaram perplexos com a abordagem da política externa de Obama e cobraram que fosse mais decisivo.[20] Os conservadores nos EUA acusaram Obama de fraqueza e de subvalorizar a dominância do país nos assuntos mundiais.[21] Aparentemente, decidir as táticas de uma estratégia nacional pós-hegemonia no mundo e no hemisfério, como disse o presidente, seria algo "complicado".[22]

Obama talvez tenha compreendido o público mais do que seus críticos à esquerda e à direita. Depois de 10 anos de guerra no Iraque e no Afeganistão, que gerou um custo de trilhões de dólares e milhares de vidas – demonstrando mais uma vez que o poderio militar esmagador dos EUA não era capaz de forçar os iraquianos a adotar a democracia, assim como Woodrow Wilson não conseguira impor à força a democracia sobre os mexicanos cem anos antes –, o povo norte-americano passou a ter aversão ao envolvimento em novas guerras no Oriente Médio ou em qualquer outro lugar do mundo. Assim, embora houvesse vozes insistentes sobre uma atuação mais decisiva contra a Rússia, a Síria, o Irã e até a Venezuela, não havia uma proposta de como os objetivos dos EUA poderiam ser mais bem-sucedidos por essa medida.

A Doutrina Obama na América Latina buscava reforçar a cooperação por meio de vários programas modestos, conduzidos na maior parte na esfera do gabinete e dos ministérios, com a intenção de criar parcerias com os países centrais, como Brasil, Chile e México. O presidente também propôs soluções específicas para as questões intermésticas, em que se exigia uma ação de política interna, como a imigração, por meio de um ato do Poder Executivo que abria a possibilidade de cidadania para milhões de imigrantes ilegais, e também por meio de um pequeno programa de auxílio para a América Central destinado a reduzir o fluxo da imigração ilegal oriunda dos países mais violentos do triângulo norte (El Salvador, Guatemala e Honduras).[23] Em todas essas iniciativas – em relação a tráfico de drogas, imigração, desenvolvimento econômico –, Obama enfrentou dificuldades para incitar uma participação ativa dos "parceiros" na região, e, em alguns casos, não foi capaz de angariar apoio do Congresso, sem o qual os oponentes conseguiam manter o Executivo de mãos atadas nos tribunais.

A jogada mais dramática de Obama foi o anúncio, em dezembro de 2014, de que o governo concluía anos de negociações secretas com o governo de Cuba e que estava pronto para retomar a normalidade nas relações diplomáticas entre os dois países. Essa declaração teve um impacto imediato e profundo na América Latina, e tem o potencial de libertar os EUA e os países da região da terrível animosidade acumulada durante um século de ambições hegemônicas norte-americanas no hemisfério.[24] A reaproximação entre Cuba e os EUA e a reintegração do país na comunidade hemisférica são centrais para o atual debate sobre como expressar autonomia e protagonismo na América Latina. Com a transição para a democracia e uma aguda valorização do "*soft power*", firmou-se um crescente reconhecimento de que se opor às pretensões hegemônicas não é mais suficiente para justificar a política externa.[25] Como disse o ex-presidente do Chile, Ricardo Lagos, a normalização das relações entre Cuba e EUA terá um impacto "transcendental" na América Latina e em suas relações com os EUA.[26]

O fim da hegemonia vem abrindo espaço para a ação autônoma seja no comércio, na exploração de recursos naturais, ou na formação de novas organizações regionais sem os EUA.[27] Os latino-americanos têm a oportunidade de formular suas próprias políticas e obter o controle de seu próprio destino.²⁸ O dilema é como lidar com os EUA. Hegemônico ou não, o país permanece sendo o mais poderoso do hemisfério, e vários países da região estão ligados com os EUA via comércio, investimento, imigração ou violência do tráfico ilegal de drogas. Ainda hoje, o regionalismo sem os EUA, exceto como meio de construir consenso ou de reforçar regimes existentes de cooperação, continua sendo mais um sonho bolivariano do que um instrumento multilateral de ação coletiva.²⁹

A iniciativa mais importante de construir uma arquitetura hemisférica sem os EUA é a Celac (Comunidade de Estados Latino-Americanos e Caribenhos), formada a partir de um encontro do Grupo do Rio no México, em 2010, e formalizada na reunião de cúpula em Caracas, em julho de 2011. O Grupo do Rio, em si mesmo, já era parte de um dos empenhos informais das nações da América do Sul e da América Central para operar de modo independente dos EUA na preservação da paz na região quando consideravam que a militarização norte-americana era inapropriada, constituindo uma ameaça aos seus interesses nacionais. Nesse sentido, a Celac representa uma continuidade de esforços anteriores para criar um espaço de ação coletiva latino-americana. O Canadá e os EUA foram excluídos do organismo, assim como os territórios europeus no Caribe; mas Cuba foi integrada. Os presidentes da Bolívia, do Equador, da Nicarágua e da Venezuela tentaram imprimir uma veia ideológica à iniciativa, manifestando a esperança de que a Celac fosse uma arma para pôr fim à hegemonia dos EUA. Mas não foi por esse motivo que Felipe Calderón, presidente do México e anfitrião do encontro original do Grupo do Rio em 2010, apoiou a iniciativa; ele alegou que a região não poderia permanecer tão dividida. E, na reunião de Caracas em dezembro de 2011, Chávez e o presidente do Chile, Sebastián Piñera, que representavam os dois polos extremos do espectro ideológico da região, foram nomeados para formular os regulamentos da nova organização. O recado da maioria dos membros da Celac, liderada pelos brasileiros, foi abafar o teor ideológico. Para levar algo de valor da OEA, que até então havia sido a única organização hemisférica antes da criação da Celac, os membros deram continuidade aos esforços de toda uma década para apoiar a democracia na região, e assinaram a Declaração sobre Democracia na Cúpula de 2013.

Nesse ponto, um dos problemas da Celac foi posto em evidência. Com a inclusão de Cuba, os membros assentiram em fechar os olhos em relação à natureza do regime: não há democracia em Cuba. A mesma questão surgiu quando a oposição na Venezuela fez a denúncia de que o regime estava sistematicamente reduzindo o espaço para expressar divergências. Em várias ocasiões, houve violentos embates entre a oposição e o governo, em que foi observado que este último dependia em demasia de assessores militares cubanos que não tinham experiência com uma contestação política pacífica. Quando a violência escalou em fevereiro de 2014, foi a Unasul que tentou intervir e promover uma negociação entre os oponentes, não a Celac.

Enquanto organização que declara ser hemisférica e defender a democracia como o único modo legítimo de governança para seus membros, a Celac já nasceu com dois problemas: ela exclui os EUA e o Canadá, tornando difícil uma discussão dos verdadeiros assuntos regionais; e inclui Cuba em uma organização que prega a democracia como a única forma legítima de governo. Apesar desses problemas, ela pode funcionar bem como uma organização regional que proporciona o contexto para que uma identidade latino-americana seja formada. Há outros casos, como o do Equador e da Bolívia, em que o espaço para a contestação está encolhendo. A Celac ainda não deu uma resposta a esse dilema.

Diante dos vários atritos que dividem os países da América Latina, os grupos sub-regionais aparentemente proporcionam a melhor possibilidade de alcançar consenso e convergência em curto prazo. O mais importante deles é a União de Nações Sul-Americanas (Unasul), criada em 2008. Houve algumas tentativas de institucionalizar a Unasul com a criação de um secretariado com um mandato e a formação de um conselho de defesa. Ao lidar com a crescente violência na Venezuela, a Unasul foi imobilizada pela adoção de seus membros da meta histórica da não intervenção, que nesse caso ia de encontro com o compromisso da governança democrática. E, quando os EUA declararam em fevereiro de 2015 que iriam impor sanções a vários membros do governo venezuelano, a Unasul se pronunciou contra a intervenção norte-americana nos assuntos internos das nações da região. A convergência em meio à diversidade é uma meta louvável, mas a única regra que os membros da Celac/Unasul parecem dispostos a impor é a não intervenção dos EUA em seus assuntos internos.

Nem a Unasul nem a Celac parecem ter interesse em lidar com atores de fora do hemisfério, como a China, capaz de desempenhar um papel no isolamento das nações latino-americanas em relação à hegemonia dos EUA. O novo banco de desenvolvimento comandado pelos chineses pode bem representar um fator decisivo na evolução do regionalismo na América Latina. Por enquanto, não há evidência de que a China pretenda enfraquecer a posição dos EUA no hemisfério.[30] O Mercosul, que é um grupo menor com uma agenda mais restrita, engaja-se com a União Europeia em negociações comerciais. Em meados de 2016, o diálogo continua emperrado porque os dois membros principais, Argentina e Brasil, não conseguem chegar a um acordo sobre suas barreiras comerciais e a extensão delas.

No cômputo geral, aparentemente a criação de novas organizações regionais na América Latina ajudará todos os países da região a resolver a questão de seu protagonismo no sistema internacional. No momento, novas organizações, como a Celac, são tratadas com otimismo, como se pudessem finalmente alcançar o sonho bolivariano da unidade latino-americana. É mais provável que o crescimento na confiança mútua entre os membros levará tempo e esforço. Nesse processo, é importante ter em mente que as nações da região têm tantas questões que as separam umas das outras quanto elementos de uma identidade em comum capazes de uni-las. No entanto, cada uma das novas organizações torna-se um fórum para trabalhar as divergências e rivalidades históricas, possibilitando a resolução das disputas territoriais remanescentes que impedem uma verdadeira integração na região. Isso vale também para as reuniões de cúpula realizadas a cada dois anos. Mesmo nesse curto período de existência da Unasul e da Celac, ambas já demonstraram o potencial de lidar com a instabilidade regional por meio da mediação.[31] Heraldo Muñoz, ministro das Relações Exteriores do Chile, desempenhou um papel decisivo para a Carta Democrática Interamericana da OEA, em 1991, e para que a Celac incluísse uma declaração sobre a democracia, em 2013. Ele tem sido um ávido e constante defensor do regionalismo latino-americano. Para Muñoz, apesar dos problemas vindouros, a iniciativa é libertadora e a direção que toma é, em geral, positiva. Conforme Muñoz já esclareceu, para o Chile, o regionalismo faz parte de seu protagonismo multifacetado dentro da comunidade internacional. Para o país, o regionalismo latino-americano deve fortalecer o protagonismo da região nos assuntos mundiais.

O presidente da Costa Rica, Luis Guillermo Solís, tem adotado quase que a mesma perspectiva, de que todas as novas organizações regionais propiciam às nações da região uma voz e um fórum no qual podem exercer seu protagonismo. Solís não vê conflito entre a Celac e a OEA, e prevê que todas elas terão uma influência positiva na região, ajudando os países membros a encontrar saídas para reconciliar suas divergências. Ele não demonstra simpatia pela Alba.[32] A agressiva retórica antiamericana serve mais como uma espécie de código entre sócios. À medida que as nações do hemisfério tornam-se mais confiantes na expressão de seu protagonismo para alcançar seus objetivos e interesses, elas não devem aceitar um confinamento dentro de formas restritivas de protagonismo coletivo. Esse é o desafio a ser enfrentado pelas novas organizações regionais. A chave para lidar bem com essa questão é a forma de criar comunidades. O Chile e a Costa Rica são duas entre as nações da América Latina – Uruguai e Brasil também – que se sentem confortáveis em lidar com comunidades de fora do hemisfério. Aprenderam agora a participar na formulação de regras e conseguiram lidar bem com as regras de uma comunidade mais ampla. Para todas essas nações, as organizações regionais ou hemisféricas são instrumentos úteis para alcançar suas metas e proteger seus interesses.

No fim, o modo como cada país aproveita a oportunidade de protagonismo nos assuntos internacionais depende de sua própria capacidade e ambições. Na América do Sul, o país-chave é o Brasil. É o único que granjeou para si o *status* de potência mundial, considerando-se o poder hegemônico na região. Quando Fernando Henrique Cardoso assumiu o governo em janeiro de 1995, tinha certeza de que o Brasil deveria ser um formulador de regras global, e que para desempenhar esse papel o país precisava livrar-se da dependência da importação de energia e tecnologia, as principais *commodities* estratégicas, e reduzir a desigualdade, que impedia o país de ter a influência ("*soft power*") necessária para integrar o time das demais potências mundiais. Estava também determinado a manter a estabilidade política e o equilíbrio econômico que considerava indispensáveis em uma economia global. De forma impressionante, ele teve sucesso.[33] Tanto sucesso que seu sucessor, Lula, deu continuidade aos programas sociais, expandindo-os, o que elevou o índice de bem-estar social, e prosseguiu com as políticas fiscais que garantiam a estabilidade da moeda, respeitando as regras do jogo para que a estabilidade política fosse mantida. Foi apenas em relação à energia que Lula escorregou. Seu partido, o PT, não resistiu à tentação de usar a Petrobras como fonte de dinheiro. Fernando Henrique havia aberto a Petrobras para investimentos externos e dentro de poucos anos a *joint venture* transformou o Brasil em uma potência energética, com reservas em águas profundas disponíveis para exploração. Depois de um pouco mais de dez anos de uma rápida expansão na produção, a Petrobras foi vítima de um enorme escândalo, e em meio ao alvoroço causado por pagamentos ilegais ao PT e a políticos da liderança, sua produção estagnou. Durante o mandato de sua sucessora, Dilma Rousseff, o escândalo na Petrobras, em 2015, já ameaçava atingir sua capacidade de governar.

O escândalo na Petrobras exacerbou o crescente mal-estar no país resultante do desaquecimento geral da economia, causado originalmente por uma queda na demanda chinesa pelas *commodities* brasileiras. Esse mal-estar, que teve início em 2013, levou centenas de milhares de pessoas às ruas do país e quase comprometeu a reeleição de Dilma em 2014. Com os desdobramentos do escândalo na Petrobras, os protestos de rua voltaram, com pedidos de *impeachment* de Dilma. Essa crise na Petrobras, a companhia nacional de petróleo mais endividada do mundo, dificultou a entrada do investimento estrangeiro necessário para a exploração das grandes reservas de águas profundas (pré-sal). A queda do preço do petróleo prejudicou o lucro que o governo teria com exportação, e a fraqueza da economia, ao lado da polarização da política brasileira em geral geraram um cenário complexo para o governo Dilma. Esse cenário, por sua vez, debilitou a capacidade do Brasil de projetar sua influência no exterior. De fato, com problemas internos tão graves, Dilma deu muito pouca atenção à política externa.

Com todos esses problemas, o Brasil ainda é o país mais poderoso da América Latina. Lula julgou que o plano de seu antecessor para transformar o país em uma potência mundial era uma excelente ideia. No entanto, seus assessores divergiam entre si em relação ao modo de exercer esse novo protagonismo. Um dos grupos, liderado pelo Itamaraty, defendia que a influência global seria mais bem alcançada com a expansão da influência histórica do país na América do Sul, o assim chamado modelo de Rio Branco. Outros, do grupo de pessoas íntimas de Lula, que eram velhos colegas da época da Guerra Fria, recusavam a ideia de uma atuação do Brasil no cenário global que desse a entender que o país seguia a liderança dos EUA. Esse grupo estava mais interessado na ideologia do antiamericanismo do que no pragmatismo do modelo de Rio Branco. Em um episódio crucial, Lula foi convencido a juntar-se a seu colega turco Erdogan para negociar com o governo do Irã uma suspensão de seu programa nuclear. A viagem de Lula ao Irã em 2010 ocorreu em má hora, justamente quando os EUA tentavam passar pelo Conselho de Segurança da ONU uma resolução para impor sanções ao Irã por não permitir a fiscalização internacional de seu programa nuclear. Em vez de projetar Lula como um novo líder mundial, a viagem acabou com qualquer expectativa que ele tinha de exercer maior influência em um âmbito internacional.[34]

O debate sobre como ou de que maneira o Brasil deveria exercer sua influência regional e globalmente vem sendo feito por mais de uma década. O fracasso em atingir um consenso, tanto nos dois mandatos de Lula quanto nos de Dilma, tem prejudicado as tentativas do Brasil de usar seu indiscutível poderio econômico, sua Marinha de guerra oceânica e o respeito de que goza para fortalecer seu protagonismo. Aparentemente, a questão para o Brasil é se deve manter seu papel histórico como o país dominante na América do Sul ou se deve ambicionar ter uma atuação no Conselho de Segurança da ONU e mais amplamente nos assuntos mundiais, seja através do BRICS ou de outras organizações.[35] As aspirações hegemônicas do Brasil na América do Sul são um *leit motif* na Unasul e em outras organizações regionais. A Argentina, mais proeminentemente, opõe-se às ambições brasileiras. Segundo um estudo recente, a Argentina não está sozinha na tentativa de alcançar um "*soft balance*" com o Brasil, e a única coisa que impede esse equilíbrio é uma falta de capacidade do Estado e de estabilidade interna na Argentina e em outros países.[36] A percepção do Brasil de seu próprio poder e de como usá-lo reflete uma junção heterodoxa de avaliação realista de poder e interesses com uma forte dependência de valores históricos e culturais.[37]

Um estudo detalhado do processo da política externa brasileira também nos recorda da ênfase que Ernest May dava à influência de líderes fortes e do papel dos pesadelos nacionais para o processo de tomada de decisão. De Rio Branco a Fernando Henrique e a Amorim, a marca de personalidades fortes está registrada em toda a política brasileira, e enfatiza o grande valor da diplomacia em detrimento do uso dos instrumentos mais agressivos do "*hard power*". Entre os membros do PT, incluiu-se a noção de que o Brasil pode desempenhar um papel de liderança no movimento de contestação do sistema dominante, o que é uma forma de "*soft power*" atraente aos países do grupo do BRICS, mas que tem pouquíssima ressonância na Europa e nos Estados Unidos. Nesse debate, não há dúvidas de que o Brasil é uma nação plenamente consciente de seu protagonismo, e que o exerce de modo proposital em fóruns ou regimes em vários níveis geográficos e em uma diversidade de áreas temáticas, usando seu *"hard power"* e seu *"soft power"* com a mesma confiança.[38] A participação militar do Brasil na MINUSTAH – uma iniciativa chilena à qual Lula reagiu com entusiasmo – foi crucial para o papel latino-americano nesse esforço da ONU de manutenção da paz.

O Chile é outro caso na América Latina em que o novo regionalismo deve complementar, e não substituir ou restringir, os esforços de exercer protagonismo no cenário global. O país continua usando seu *"soft power"* para exercer influência internacional considerável no âmbito regional e global. Depois de anos de negociações, o Chile acatou a decisão do Tribunal Internacional de Justiça que definiu sua fronteira marítima com o Peru.[39] Heraldo Muñoz, o ministro das Relações Exteriores da presidente Bachelet, vem agindo para que o Chile consolide seu papel de formulador de regras na região. Quando a violência na Venezuela disparou no início de 2014, ele organizou um grupo de ministros da Unasul para mediar o conflito. Muñoz afirmou que essa iniciativa visava conferir uma identidade latino-americana à intervenção.[40] Por implicação, ele observou as oportunidades inerentes ao novo regionalismo sem os EUA, embora tenha deixado claro que a identidade à qual se referia não seria de modo algum antiamericana. O Chile representa uma visão moderada do futuro do regionalismo latino-americano. O país atua na Celac e na Unasul enquanto mantém seu apoio à OEA. Solitariamente, entre as nações da América Latina, o Chile busca momentos em que sua influência pode ser percebida e em que os interesses nacionais possam se fortalecer pelo exercício do protagonismo no cenário global. O país tem demonstrado que está disposto a pagar o preço da influência global e avalia seu protagonismo dentro desse quadro.

Como o Brasil, o Chile segue uma abordagem neorrealista modificada em relação à projeção de seu poder, usando a defesa da ordem baseada em regras e sua participação energética em uma ampla variedade de redes relacionais, uma estratégia que demonstra um alto grau de capacidade do Estado. O país mantém uma Marinha de guerra oceânica, e o Exército e a Aeronáutica são muito bem equipados.[41] Participa dos programas da ONU de manutenção da paz e colabora ativamente em muitas organizações multilaterais. Sua principal fraqueza na projeção do poder consiste na dependência de energia e na crescente desigualdade. Em seu segundo mandato, a presidente Bachelet apresentou um programa ambicioso de reformas econômicas e educacionais destinado a reduzir a desigualdade e ampliar o acesso da classe trabalhadora e da classe média – que se expande rapidamente – aos benefícios do desenvolvimento econômico do país nas três últimas décadas. As discussões sobre essas reformas e uma série de escândalos financeiros ameaçam levar o Chile à mesma polarização e paralisia que vem prejudicando o Brasil, e que teria o efeito de enfraquecer seu protagonismo.[42] Mesmo assim, o *"soft power"* que fora um bem tão valioso nos últimos governos democráticos continua beneficiando o país como um formulador de regras em nível global. O Chile usa também uma estratégia comercial que distribui o risco por uma ampla gama de mercados. É membro fundador da Aliança do Pacífico, ao lado do Peru, da Colômbia e do México, e desempenha um papel ativo na mais ampla Parceria Transpacífico. O país é um parceiro e um formulador de regras confiável em uma ampla variedade de comunidades baseadas em regras em nível regional e global. Um dos muitos modos em que o Chile ganha influência por meio de uma junção de *"hard power"* e de *"soft power"* é por ser o único país da região com um verdadeiro Fundo Soberano de Riqueza com dinheiro suficiente para fazer a diferença, embora não o suficiente para reduzir a desigualdade enquanto o preço do cobre permanece baixo. A criação desse fundo fazia parte do empenho do governo da Concertación para manter as Forças Armadas chilenas sob controle civil. Desde a década de 1950, as Forças Armadas tinham o domínio de um *royalty* especial sobre a exportação de cobre, um valor que não precisava ser fiscalizado publicamente. No primeiro mandato de Bachelet, esse *royalty* passou a ser controlado pela esfera civil, embora as Forças Armadas ainda tenham o privilégio de reivindicar primeiro o dinheiro. A legislação feita para a transferência do *royalty* criou também o Fundo Soberano de Riqueza.[43]

A incapacidade de solucionar a disputa com a Bolívia em relação ao território que o país foi forçado a sacrificar ao fim da Guerra do

Pacífico continua sendo uma mancha no currículo do *"soft power"* da nação. O Peru ficou satisfeito; a Bolívia, não. Essa é a agenda territorial pendente na América do Sul. Ao fazer o sacrifício político de negociar com a Bolívia, o governo de Bachelet demonstra-se disposto a abrir mão do território que conquistou na Guerra do Pacífico, com a intenção de fortalecer sua estatura na região e no mundo, mostrando que o país é confiável no cumprimento de seus valores centrais. Quando lhe perguntaram se o Chile acataria a decisão do Tribunal Internacional sobre a disputa com a Bolívia, Muñoz respondeu perguntando se a Bolívia acataria a decisão. O Chile constantemente segue as regras.

O caso da Argentina – como tem se repetido ao longo do último século – é exemplo de como o protagonismo pode ser antiprodutivo quando a política externa, por ser mal calculada e mal executada, ou distorcida por necessidades internas de curto prazo e pelo forte senso de excepcionalidade do país, falha ao alcançar seus objetivos específicos. Cristina Fernández de Kirchner, que assumiu o poder depois de seu marido, deu continuidade ao que seus apoiadores chamam de "projeto Kirchner" contra o americanismo. Nestor Kirchner fez uma aliança de seu governo com Chávez, na Venezuela, como parte de seu projeto. Na IV Cúpula das Américas em Mar del Plata, em 2005, ele fez de tudo para envergonhar o presidente Bush, que suportou a afronta com uma elegância incomum. Os dois Kirchners trataram a política externa principalmente como um instrumento de políticas internas, e usaram seus vizinhos, como o Uruguai, para demonstrar à sua base política o quão independente e decisiva a Argentina podia ser.[44]

No seu segundo mandato, Cristina Kirchner alardeou como símbolo de sua resistência ao imperialismo a longa disputa com credores de títulos que se recusavam a aceitar os termos da reestruturação da dívida nacional negociada em 2005 e em 2010, depois do gigante calote de 2001. Esses credores – Cristina Kirchner referia-se a eles como "Fundos Abutres", ou "Oportunistas" (*"Vulture Funds"*, em inglês) – processaram o governo argentino para que pagasse os títulos originais que possuíam. Em uma longa série de batalhas jurídicas, os tribunais de Nova York e depois dos EUA deram causa aos credores, insistindo que a Argentina deveria pagá-los caso fosse continuar pagando os donos dos títulos reestruturados.⁴⁵ Nos primórdios da batalha jurídica, Cristina Kirchner declarou publicamente que a Argentina nunca negociaria com os "abutres". Ao final da disputa, depois que uma apelação à Suprema Corte dos EUA foi negada, o juiz original do processo, Thomas Griesa, sentenciou que os bancos que prestavam o serviço de pagar os títulos reestruturados não poderiam usar fundos argentinos sem violar a lei dos EUA. Os argentinos protestaram dizendo que isso feria a soberania de seu país, e pediram uma reforma do sistema financeiro internacional para que as disputas não fossem resolvidas nos tribunais dos EUA. Para fortalecer sua posição na disputa, quando assinaram um acordo com o governo da China para a construção de diversas hidrelétricas no sul do país, os argentinos insistiram para que o acordo contratual fosse arbitrado pela lei britânica, em Londres. Essa tentativa de enfraquecer a influência dos EUA sobre o direito internacional relativo a processos de títulos indica a ineficácia de sua ação. De certa forma, a comunidade financeira globalizada é mais solidária aos interesses dos credores do que era na época em que Calvo advertia contra o uso arbitrário do poder pelos fortes contra os fracos. Os credores dos títulos usaram os tribunais – de Nova York, Las Vegas e Gana – para vencer a disputa; não estavam acionando as Forças Armadas de seu governo para proteger seus direitos.⁴⁶ A solução de controvérsias no atual sistema tornou-se complicada, mas ainda há mecanismos baseados no mercado para coagir Estados soberanos a terem uma certa conduta que consideram contrária aos interesses nacionais. Por isso, o governo de Chávez na Venezuela cancelou sua participação no programa de solução de controvérsias do Banco Mundial em 2004, enquanto cancelava contratos com algumas empresas internacionais de petróleo. Dez anos depois, em uma tentativa de aumentar a produção da companhia nacional de petróleo, a PDVSA, o governo de Maduro consentiu em reintegrar o país naquele programa, e comprometeu-se com um acordo contratual com algumas das mesmas empresas, sabendo que a solução de controvérsias seria resolvida por meio de procedimentos internacionais específicos.

O governo Kirchner levantou uma questão interessante, até mesmo importante, sobre o fato de o mercado financeiro internacional ser dominado por poucos Estados poderosos que o manejam para seus próprios interesses, aplicando a disciplina jurídica do Estado de Direito em alguns centros financeiros importantes, como Nova York e Londres. Essa foi uma das questões consideradas na criação de instrumentos financeiros propostos pelo BRICS. E, com uma grande dose de ironia, a embaixada argentina em Washington juntou-se ao professor Joseph Stiglitz, um dos heróis do FSM, e à Universidade de Nova York, para promover um concurso de melhor ensaio sobre a busca de reformas no sistema financeiro internacional.[47] Apesar dessa iniciativa, a influência argentina tem sofrido uma queda dramática resultante da abordagem do governo no exercício do protagonismo nos assuntos mundiais. De forma análoga, a Argentina está fazendo oposição à pretensão brasileira de ter uma cadeira permanente no Conselho de Segurança da ONU, o que não tem ajudado a consolidação regional no âmbito do Mercosul e do conselho de defesa da Unasul. A conduta argentina em relação ao Uruguai na disputa de fábricas de papel construídas com capital finlandês no Rio da Prata tem enervado os países que defendem a solução pacífica de controvérsias. Dentro de apenas uma geração desde o retorno à democracia em 1984, a Argentina conseguiu dissipar a influência e o bem-estar que tinha na década de 1980, como também o vínculo de proximidade com os EUA, formado na década de 1990. A obstinação do país nessas disputas tem abalado o empenho do governo argentino em angariar apoio internacional na tentativa de retomar as ilhas Malvinas, anacronicamente ainda sob controle britânico e sob o nome de Falkland.

Pelo lado positivo, os Kirchner empregaram o boom extraordinário no preço das *commodities* para investir pesado em programas sociais. O foco foi o combate à pobreza e os subsídios para impulsionar a classe média. O sucesso foi arrebatador. O índice de pobreza teve queda de 25% no período de 2003 a 2010, e o crédito de casa própria subiu quase 100%. Para aproveitar o crescente preço do combustível, a companhia nacional de petróleo, YPF, então controlada pela gigante espanhola REPSOL, estava produzindo um excedente que poderia ser exportado, ampliando assim os rendimentos do governo para manter um orçamento balanceado e uma taxa de câmbio estável. As reservas de moeda forte dispararam. A fase boa teve fim quando eclodiu a crise financeira nos EUA e o crescimento econômico da China refreou. O preço das *commodities* estagnou e o preço do petróleo despencou em 2014-2015, de modo que os cofres públicos deixaram de superfaturar. Para dar continuidade aos generosos programas sociais, o governo adotou políticas de fixação de preços, principalmente para os serviços públicos e energia, e também para a monetização. Consequentemente, a REPSOL parou de investir e a produção estagnou. O governo reagiu, voltando a nacionalizar a YPF. Dentro de cinco anos, a Argentina deixou de ter uma exportação de energia com excedentes no valor de cerca de US$10 bilhões ao ano, em 2007, e passou a ter uma conta de importação de energia de quase US$ 15 bilhões, em 2013. As reservas do Banco Central despencaram para um nível assustador, a inflação acelerou e, devido às disputas com os credores de títulos, a Argentina e a YPF foram forçadas a pegar empréstimos com taxas a quase o dobro do valor do que as atuais no mercado internacional. Nestas primeiras décadas do século XXI, a capacidade do país de influenciar os assuntos internacionais é pouca, e está encolhendo.

Os argentinos têm demonstrado grande sensibilidade em relação às normas internacionais quando são do seu interesse, repetidamente em resposta a necessidades de políticas internas de curto prazo. Cristina Kirchner foi extremamente intolerante com a imprensa que fazia oposição a seu governo, embora tenha aproveitado muito de seu histórico de respeito aos direitos humanos e tenha continuado a processar os militares por crimes contra a humanidade. O juiz espanhol Baltazár Garzón, que sentenciou prisão domiciliar a Pinochet em Londres e pressionou o governo chileno a dar início aos procedimentos jurídicos contra o ex-ditador, havia processado um oficial da Marinha argentina por crimes contra a humanidade, na época em que ele ainda era protegido pela lei de anistia que o governo Kirchner depois derrubou. Garzón foi em seguida afastado do cargo por zelo excessivo ao processar oficiais espanhóis que haviam atuado sob o ditador Francisco Franco, por crimes contra a humanidade. Como se devolvesse o favor que Garzón fez à Argentina quando processou o capitão da Marinha, uma juíza do país, Maria Romilda Servini de Cubria, emitiu ordens de prisão contra vinte oficiais espanhóis, evocando o princípio da jurisdição universal por violação de direitos humanos.

A oposição a Cristina Kirchner, assim como a oposição dentro do peronismo, frustraram sua tentativa de mudar a Constituição para permitir um terceiro mandato, e sua influência no movimento sofreu uma rápida queda, juntamente com o impacto de sua política externa sobre as políticas internas. Por ter negado apoio ao Brasil e ao Chile em suas aspirações no cenário global e pela pouca confiança que inspira em seu comportamento diante de outros membros da Unasul, a influência da Argentina dentro da região também vem sofrendo um forte declínio. Enquanto a política externa servir apenas para alcançar objetivos de políticas internas de curto prazo, não é provável que esse baixo nível de influência se recupere.

Desde o fim da Guerra Fria, nenhum país na América Latina fez mais para fortalecer seu protagonismo nos assuntos mundiais do que o México. Depois da política externa inibida e introspectiva do PRI durante os 75 anos de seu governo semiautoritário, e depois da frustração da iniciativa de Fox/Castañeda para reformar a arquitetura da segurança hemisférica, Fox e seus sucessores, Felipe Calderón e Enrique Peña Nieto, adotaram uma abordagem mais cautelosa e modesta. Porém, em nenhum momento houve um retrocesso em relação à convicção de que o país tem um papel a desempenhar nos assuntos mundiais. Os líderes do país fundamentaram seu protagonismo global com uma relação forte com os Estados Unidos e uma gestão bem-sucedida nas suas parcerias com a América do Norte. A jornada em direção a um relacionamento mais profundo de confiança mútua com os EUA foi longa e difícil de atravessar.[48] Primeiro, houve a tarefa de eliminar a certificação de seu empenho na Guerra contra as Drogas, que foi concluída em 2001. Em seguida, houve a iniciativa bem-sucedida de mudar a atitude dos EUA em relação ao controle da imigração ilegal ao demonstrar o compromisso do México em assumir suas responsabilidades nacionais de uma maneira séria e dedicada. A política externa e o papel do México no mundo tornaram-se tema de pesquisas no meio acadêmico mexicano e um assunto de debate na imprensa e em outras mídias.[49] Assim que ficou claro que o México poderia e deveria desempenhar um papel nos assuntos mundiais, uma séria discussão sobre questões estratégicas passou a posicionar o país em um contexto mais amplo. Por exemplo, houve um debate em relação ao México ter ou não uma Marinha de guerra oceânica, principalmente depois de o país integrar a Aliança do Pacífico, com o Chile e a Colômbia. Os EUA apoiaram essa mudança de doutrina estratégica, considerando que a força naval do México seria útil para o combate do tráfico de drogas e do tráfico ilegal de pessoas e importante para o Pacífico em termos gerais.

Ao lidar com o fluxo de drogas do México para os EUA, Calderón tomou a histórica decisão de acionar as Forças Armadas, e não a polícia local ou federal, e o sistema judicial. Essa iniciativa conseguiu reduzir, depois de certo tempo, a violência e o fluxo de drogas. Considerando que o consumo de drogas nos EUA não teve uma alteração significante, o empenho mexicano resultou no desvio de boa parte do tráfico de volta para o Caribe, como ocorria no início da década de 1990. Conforme a campanha contra o cartel de drogas começava a produzir efeito, os cartéis migraram para a América Central, causando aumentos dramáticos na imigração para o México e do México para os EUA. Com seu compromisso de protagonismo, os governos de Calderón e de Peña Nieto fortaleceram o vínculo com as nações menores da América Central e trabalharam ao lado dos EUA para resolver os dois problemas. O fluxo migratório atingiu índices críticos em 2014, quando quase 50 mil crianças, majoritariamente de Honduras e da Guatemala, foram levadas através do México para os EUA, gerando um grave problema nacional para o governo Obama.⁵⁰ Em um grau nunca antes alcançado, esse problema foi tratado por meio da colaboração dos governos do México e dos EUA, enquanto a maior parte dos governos da América Central permanece em estado de negação.⁵¹ Juntamente com os EUA, o México tenta lidar com a falta de capacidade de Estado dos países centro-americanos. O país garantiu agir como um ator regional responsável, como parte de seu plano estratégico para se tornar um ator mais relevante no âmbito global.

Ao discutir seu novo protagonismo no cenário mundial, o governo mexicano e os analistas do país têm levado em conta as mesmas questões de importância para as comunidades de política externa da América do Sul: energia, *commodities* estratégicas, informação, qualidade da governança democrática, Estado de direito e os elementos do "*soft power*". Ao lidar com energia e tecnologia da informação, o México é prejudicado pelo capitalismo clientelista criado durante os longos anos de domínio do PRI. A Pemex, companhia nacional de petróleo, tornara-se inchada pelos apadrinhamentos e usada por muito tempo como fonte de capital para o Estado. O presidente Peña Nieto promoveu reformas radicais na Pemex – juntamente com programas ambiciosos de reforma educacional – para permitir um retorno do capital estrangeiro ao setor energético pela primeira vez desde a expropriação das companhias controladas por estrangeiros em 1938, em uma tentativa de aumentar a produção. O primeiro leilão de exploração dos lotes na Bacia do Caribe, em 2015, foi uma decepção, mas o processo de abertura havia começado. Nas tecnologias de informação e comunicação, o processo é lento por causa da tentativa do monopólio de manter a concorrência no mínimo grau possível. Ao lidar com a pobreza e a desigualdade, o Estado mexicano criou um conjunto de programas que proporciona serviços e subsídios sociais para os mais necessitados. Embora a situação esteja longe do ideal, enquanto houver crescimento econômico, mesmo em grau moderado, o Estado será capaz de manter os programas que combatem a pobreza, reduzindo lentamente a desigualdade.

A questão mais séria que afeta o exercício do protagonismo internacional do México é a governança democrática – o nível de crime e de impunidade associado ao tráfico de drogas e à corrupção. Ao longo das duas últimas décadas, milhares de mexicanos foram mortos em consequência do crime organizado. Em cooperação com os EUA, o governo de Peña Nieto promoveu um grande programa de reforma da polícia e criou uma nova corporação de polícia federal, em uma tentativa de abrandar a atuação das Forças Armadas. Embora o número de mortos tenha diminuído nos últimos anos, há ainda episódios horríveis de violência com indícios perturbadores de envolvimento da polícia local e federal, seja por cometer atos de violência contra os cidadãos, seja por aceitar propina para fazer vistas grossas à atuação violenta das organizações criminosas. A percepção da impunidade e o fracasso do Estado de direito, principalmente em relação às forças policiais e judiciais, são profundamente inquietantes para o povo mexicano. A maior repercussão ocorreu logo depois que "El Chapo", líder do cartel de drogas "Sinoloa", fugiu dramaticamente da prisão. Esse fato terá também forte impacto sobre as ambições do México de se tornar um grande ator nos assuntos mundiais, de certa forma semelhante ao modo como o escândalo monumental da Petrobras contribuiu para debilitar o governo Dilma no Brasil.[52]

O problema na América Central é que, com exceção da Costa Rica e da Nicarágua, todos os países continuam agindo de certo modo como sistemas políticos penetrados, como ocorre desde os primeiros anos do século XX. Guatemala e Honduras continuam presas ao padrão tradicional de embates internos de facções dentro de uma elite que controla a economia, o Estado e as Forças Armadas. Nessas condições, a política externa permanece muda. Os dois países perderam o controle de certas regiões para os cartéis de drogas mexicanos. Pelo lado positivo, parte das elites demonstra hoje mais sensibilidade em relação aos assuntos externos, e pode conferir um aspecto mais cosmopolita a esse domínio, levando a um senso maior de participação nos assuntos mundiais. Por certo tempo, parecia que no novo século El Salvador seguiria essa direção, porque ex-membros do movimento de guerrilha esquerdista, a FMLN (Frente Farabundo Martí de Libertação Nacional), foram eleitos para o governo; mas a capacidade de dominar seu próprio território tem sido prejudicada pelo câncer do crime organizado, principalmente das gangues urbanas. O Panamá tem começado a adotar uma política externa mais autônoma e a expandir um pouco a contestação política, com o impulso da grande atenção internacional dada ao país pela vasta expansão do canal, cuja conclusão está prevista para 2016. A Nicarágua assinou um acordo com um investidor chinês para construir um canal, mas aparentemente isso vai demorar muitos anos.

Um caminho para o progresso foi criado desde o fim da Guerra Fria, o que alguns chamam de um novo estágio no desenvolvimento centro-americano: a diáspora e as remessas de fundos feitas por imigrantes, ao lado de um novo padrão de comércio e investimentos na região.[53] A crescente importância da comunidade internacional fortalece a oportunidade de protagonismo, abrindo essas sociedades para a influência externa. Mesmo na Guatemala e em Honduras – assim como no Paraguai, os Estados mais atrasados do hemisfério –, os atores não estatais e os códigos de conduta que permeiam a comunidade são importantes, embora sua aplicação seja inconstante. Esses atores trazem à tona redes e normas transnacionais, as quais exercem uma força particular no nível sub-regional.

A Costa Rica e o Uruguai representam uma nova categoria interessante de Estados muito pequenos, um na América Central, o outro na América do Sul, que hoje exercem uma influência significativa na comunidade internacional em consequência de sua estabilidade, de sua defesa pública de valores centrais como direitos humanos e democracia, e de seu exercício deliberado de protagonismo baseado nessa influência e postura. Os dois países rejeitam explicitamente a intervenção militar na solução de conflitos. A Costa Rica não tem exército; o Uruguai é muito pequeno para avaliar a extensão de seu "*hard power*"; os dois são democracias sociais e seguem as regras do mercado internacional para atrair investimentos estrangeiros; e ambos foram fortes aliados dos EUA durante a Guerra Fria.[54] O Uruguai foi o único país do hemisfério a socorrer o governo Obama com a retirada de prisioneiros de Guantánamo. O presidente da Costa Rica, Luis Guillermo Solís, já demonstrou seu apoio à Celac, embora San José continue sendo sede do Tribunal Interamericano de Direitos Humanos. O Uruguai também apoia a Celac, mas o ex-ministro das Relações Exteriores, Luis Almagro Lemes, foi eleito em 2015 para suceder José Miguel Insulza no cargo de secretário geral da OEA. Almagro reiterou que a OEA e a Celac se complementam, e prometeu fortalecer as instituições hemisféricas. Esses dois países, com sua acirrada defesa dos valores centrais, talvez venham a ser atores decisivos na formação de uma ponte entre a OEA, com seu vínculo aos EUA, e as mais novas organizações regionais.

As nações da América Latina estão lidando de forma variada com seu novo senso de protagonismo e com o impacto que têm sobre as relações com os EUA. Ainda não se sabe se os EUA serão capazes de abrir mão de sua hegemonia de um século; mas, em qualquer cenário, a autonomia e o protagonismo dos países da região têm atingido índices históricos, sem retroceder. Está claro que todos os países, pequenos e grandes, entendem que têm papéis a desempenhar na comunidade mundial. No âmbito regional, há uma percepção de que todos são capazes de formular regras e que suas recentes organizações regionais podem ajudar a manter a paz e a estabilidade, mesmo com as persistentes divergências entre os países. Também está claro que o antiamericanismo vem perdendo força como política externa, embora o legado histórico da intervenção norte-americana e do senso de excepcionalidade dos EUA tenha forte impacto sobre a tomada de decisão em muitos países latino-americanos, e continue a inibir o exercício de seu protagonismo fora do hemisfério.[55] Enquanto as organizações hemisféricas continuarem detendo-se na conciliação das diferenças, elas serão úteis na criação do senso de identidade e de comunidade, e menos úteis na definição de regras de conduta.

O fato de as novas organizações da região não terem uma atribuição clara para definir regras também inibe o exercício do protagonismo latino-americano fora do hemisfério, onde o processo de definição de regras implica consequências e custos. Na maior parte, os latino-americanos, embora protestem vigorosamente contra a hegemonia dos EUA, têm sido *"free riders"* na comunidade global por muitos anos. Principalmente agora que o processo de políticas públicas é tão importante na maioria dos países, como também a discussão e o debate públicos, eles precisam decidir se estão dispostos a pagar o preço da participação ativa na comunidade global e a forma como essa participação trará benefícios para sua população. Trata-se de questões raramente levantadas na época da independência, dois séculos atrás. São perguntas que a maioria dos latino-americanos não ousava fazer quando estava sob o domínio da hegemonia dos EUA. Agora, os países criaram o hábito de levantar essas questões e de lidar com as consequências de suas decisões.

Há fundamento para um otimismo precavido. É inegável que os efeitos revolucionários da globalização levaram as nações latino-americanas e seu povo a uma maior e mais constante proximidade com os assuntos mundiais do que ocorria antes. O mercado mundial das *commodities*, principalmente com o extraordinário crescimento da China e de sua demanda por produtos, trouxe enormes rendimentos a muitos países da região na primeira década deste século. Hoje, com os preços das *commodities* estagnados ou em declínio, o modelo de desenvolvimento para os países exportadores desses bens está novamente sendo alvo de intensas discussões, dentro de um quadro mais democrático do que no passado. Todos os países da região entendem que devem se beneficiar desses lucros inesperados; ainda assim, apenas o Chile foi capaz de estabelecer um verdadeiro Fundo Soberano de Riqueza. A Colômbia e o México empenharam-se em criar instituições de poupança compensatória para economizar seus recursos ou usar o dinheiro para os programas de bem-estar social. A Venezuela e a Argentina usaram o dinheiro principalmente para comprar apoio político interno para o atual governo, e com a queda no preço do combustível e da soja, muito pouco restou em seus fundos de reserva. Na metade de 2015, os dois países chegaram à beira de um colapso financeiro.

A rápida expansão da classe média em muitos dos países da região não produziu apenas um crescimento explosivo do consumo. Levou também a um aumento histórico da demanda interna por capital, tanto na forma de dívidas individuais e financiamentos de casa própria quanto na forma de empréstimos para abrir ou expandir pequenos e médios negócios. A tecnologia da informação facilitou as inovações, e a demanda por capital de investimento vem crescendo em ritmo sem precedentes, justamente no momento em que se disponibilizam quantidades absurdas de capital privado por meio de alguns toques nas teclas de um computador. O capital irá aonde se antecipam lucros ou se garante certa segurança. Novamente com a notável exceção da Venezuela e da Argentina, a maioria dos países tem assegurado a estabilidade macroeconômica com baixa inflação, o que facilita sua participação no mercado internacional. Com a liderança do Chile, muitos países na América do Sul fizeram progressos no Estado democrático de Direito e na criação de mecanismos regulatórios mais transparentes, tornando os investimentos nacionais e estrangeiros legalmente viáveis. A maioria dos países hoje se encontra em boa condição para formular e manter políticas que impulsionem o crescimento e melhorem a qualidade de vida de sua população. O capital e a tecnologia de comunicação, dois dos três bens estratégicos que conduziram a política dos EUA no hemisfério até a Segunda Guerra Mundial, são hoje facilmente acessíveis a qualquer país. O terceiro item do triunvirato mágico, a energia, também é mais abundante hoje na região do que em qualquer outro momento histórico.

As novas tecnologias tornaram economicamente viável a exploração de certos depósitos de petróleo e combustível, algo considerado impossível em 2005. Até o final da década de 2010, prevê-se que os EUA se tornarão um dos maiores exportadores de energia do mundo, e que a OPEP perderá sua influência geopolítica.⁵⁶ Isso significa que os países com grandes depósitos inexplorados, como Bolívia e Argentina, terão grande potencial de crescimento econômico, caso consigam e queiram colocar seus recursos no mercado internacional. Significa também que os países com reservas comprovadas, como Venezuela, Colômbia e Argentina, ou aqueles que têm indícios de reservas, como Brasil e México, devem decidir como querem pagar pelos enormes investimentos necessários para a exploração das reservas. Em outras palavras, como a independência de energia afetará seu protagonismo? No momento, três dos maiores produtores de energia da América do Sul deram um tiro no pé por meio de más decisões políticas. A Argentina e a Venezuela praticamente se excluíram do mercado de capitais internacionais. No Brasil, a Petrobras tornou-se temporariamente inoperável devido ao grande escândalo de corrupção. Enquanto a crise não for resolvida, a Petrobras não pode acionar os mercados internacionais para obter o capital necessário para explorar o imenso depósito de petróleo pré-sal. O México, que apenas em 2014 criou a estrutura jurídica para empregar capital estrangeiro na indústria de petróleo pela primeira vez desde a expropriação em 1938, talvez seja capaz de aumentar sua produção até o fim desta década, mas não antes disso. O Equador assegurou a produção e o mercado de petróleo por meio de um imenso contrato firmado em 2013 com a companhia estatal de petróleo chinesa, abrindo mão da independência em energia para obter os recursos financeiros necessários para manter seu governo populista no poder.

 O novo ator no jogo do desenvolvimento é a China. Desde sua extraordinária expansão no fim do século XX e início do século XXI, a demanda chinesa por matéria-prima literalmente transformou as economias de vários países. A compra dos grãos de soja argentinos pagou os programas populistas de Nestor e Cristina Kirchner. A venda de cobre proporcionou um sólido fundamento para o crescimento do Chile. A compra das *commodities* brasileiras facilitou muito o trabalho de Lula e forneceu o capital necessário para manter ativo o banco nacional de desenvolvimento. A Venezuela e o Equador hipotecaram seu petróleo para a China em troca de capital para manter seus governos no comando. Os bancos, as empreiteiras e as companhias estatais de todo tipo da China são atores decisivos para o desenvolvimento econômico de praticamente todos os países do hemisfério. O papel que a China vai desempenhar não está completamente determinado. Mesmo nesse primeiro estágio, porém, fica claro que os chineses trouxeram um novo ator para a jogada. Até agora, sua participação não tem sido política ou geopolítica, mas isso pode mudar.[57]

A Bolívia tem o mesmo potencial com seus depósitos imensos de lítio, considerados os maiores do mundo. Até o momento, o governo do país decidiu não explorar o lítio ou aumentar significantemente a produção de suas vastas reservas de gás natural. O governo de Evo Morales tem conseguido renegociar contratos existentes com companhias de energia estrangeiras para aumentar em muito os pagamentos de *royalties* ao Estado. Mas o governo não se sente confiante – pois ficou preso à retórica de vitimização da Alba – de que será capaz de controlar o maciço investimento de capital estrangeiro necessário para a exploração de lítio no deserto a oeste dos Andes. O fato geológico de que o lítio se distribui em territórios do Chile e da Argentina, e não só da Bolívia, talvez explique em parte a cautela de Morales. Um otimista veria no lítio uma oportunidade de proporções históricas para uma cooperação regional entre esses três países. No mesmo espírito, a decisão final da reivindicação da Bolívia por uma saída para o mar pode bem configurar uma grande mudança para toda a região. Será que o acordo que implicou em uma saída para o mar, para a Bolívia, e na garantia de energia, para o Chile, poderia levar a uma parceria dinâmica entre os países para a exploração dos depósitos de lítio?

A globalização, juntamente com o recente boom nos preços das *commodities*, evidenciou que as nações da América Latina estão em condição hoje de controlar seu próprio destino de desenvolvimento pela primeira vez na história. Ao realizar essa tarefa, a nova experiência de protagonismo trará imensos benefícios. Nenhum dos países da região continua escravizado pela divisão internacional do trabalho ou pela industrialização de substituição de importações, e nem é vítima de uma dependência de um mercado internacional manipulado. Há um amplo consenso na região de que o Estado é um ator legítimo no mercado, que ele pode tomar decisões para aumentar as produções e que é capaz de agir para proteger os elementos mais vulneráveis da população do país sem recorrer a políticas inflacionárias ou populistas que enfraquecem a economia. Esse cenário provavelmente não mudará tão cedo. Ao acumular experiência em uma variedade de regimes comerciais e em agrupamentos de mercado regionais ou sub-regionais, o Estado-nação tem a sua disposição um arsenal de instrumentos de política pública mais variado e mais potente do que em qualquer outro momento histórico. E, pela primeira vez na história, sua participação como membros em regimes internacionais abre oportunidades para discutir as regras que governam o intercâmbio. Calvo estaria orgulhoso. Será que os governos vão prestar contas? Será que vão responder às necessidades e à vontade de sua população?

Em dezembro de 2014, o presidente Obama declarou que os EUA e Cuba irão buscar a retomada da normalidade nas relações diplomáticas. Não será fácil fazer isso. A falange republicana de cubano-americanos que tem mantido a política norte-americana congelada desde o governo Reagan, apesar do fim da Guerra Fria, ocupa hoje posições decisivas no Congresso dos EUA. O embargo é resultado de legislação, e só será suspenso por uma ação do Congresso. O Executivo pode atuar em direção a uma normalidade nas relações, mas enquanto o embargo não for suspendido, a tarefa será cumprida apenas parcialmente. Uma coisa que o Executivo pôde fazer para agradar os cubanos foi retirar Cuba da lista de países que ajudam o terrorismo. Isso não foi difícil, já que as instâncias mais envolvidas do governo dos EUA têm considerado Cuba isenta dessa acusação há vinte anos. Ao fazer sua declaração, Obama deixou claro que a avaliação por trás de sua política levou fortemente em conta estes dois fatores: a necessidade de aperfeiçoar a influência e os interesses dos EUA na América Latina e o reconhecimento de que o embargo fracassou no alcance de seus objetivos declarados. Ele afirmou que é errado permitir que a minoria de uma pequena minoria distorcesse a avaliação racional dos interesses dos EUA. Para dar seguimento à decisão, oficiais dos dois governos se encontraram para amenizar o atrito entre eles, e em seguida os dois presidentes se encontraram durante a VII Cúpula das Américas no Panamá, em abril de 2015, o primeiro encontro do tipo em mais de meio século, para discutir sua reconciliação. O segundo obstáculo que prejudica uma relação fácil é o fato de Cuba não ser uma democracia. Não é uma economia de mercado, portanto, mas isso aparentemente não compromete o acordo. A ausência de liberdade política e de respeito pelos direitos humanos será difícil de ser ignorada no hemisfério, e será duro para a elite governante de Cuba lidar com seus críticos mais de perto. Na longa trajetória de retomada das relações normais, as nações da América Latina terão de decidir qual será o peso de sua defesa da democracia em relação a seu apoio a Cuba e ao combate da hegemonia dos EUA.

Ao longo de meio século, os latino-americanos têm visto Cuba, mesmo que com olhares furtivos em certas ocasiões, como exemplo de protagonismo nos assuntos mundiais. Hoje, eles são praticamente unânimes em apoiar a readmissão de Cuba na comunidade regional e têm sido também unânimes no apoio das resoluções anuais de Cuba na ONU para pôr fim ao nocivo embargo imposto pelos EUA. A política norte-americana de banir Cuba da OEA é um fator decisivo para a queda de influência daquela instituição e para a criação da Alba e da Celac. O novo secretário-geral da OEA, Luis Almagro, já indicou que vai atuar para trazer Cuba de volta à organização. Embora pareça quase milagroso a essa altura, com a velhice e a aposentadoria de Fidel e com seu irmão, Raúl, envelhecendo rapidamente ao lado dos que restaram da geração revolucionária, e com a economia sofrendo diversos prejuízos, Cuba permanece representando um protagonismo bem-sucedido em um mundo em mudança. O país resolveu sua dependência de energia ao se colocar como indispensável para a liderança da Venezuela. Granjeou gratidão e apoio do Brasil ao fornecer milhares de médicos em um momento em que a falta de primeiros cuidados na saúde pública representava um dos principais fatores de reprovação do governo Dilma. Em troca, o capital brasileiro, com apoio do Banco Nacional de Desenvolvimento (BNDES), deu início à construção de um novo porto de águas profundas que talvez venha a ser um fator decisivo para a economia da região. E silenciosamente, sem gerar conflito com outras nações, Cuba enviou centenas de agentes de saúde para a África Ocidental para auxiliar no combate da terrível pandemia do ebola em 2014-2015. Com coragem, convidou os EUA a participarem de uma reunião de nações da Alba no país para coordenar uma estratégia regional de prevenção e controle do ebola. O governo cubano dispôs-se a coordenar um programa hemisférico de treinamento de profissionais da área de saúde para implementar a prevenção e um plano de controle do ebola no hemisfério. Sua iniciativa angariou elogios do conselho editorial do *New York Times* e apoio público do Centros de Controle de Doenças dos EUA (U.S. Centers for Disease Control).[58]

Não é fácil construir uma comunidade internacional. As nações separam-se umas das outras por seus interesses, sua cultura e sua história. Não é apenas o hemisfério ocidental que encontra dificuldade para organizar-se de forma colegiada em benefício da comunidade. Tome-se como exemplo um assunto ou problema, a imigração. Ela rompe o próprio tecido da fábrica social nos Estados Unidos. Não há consenso sobre como lidar com um acúmulo migratório que produziu uma população de residentes sem documentação estimada em 11 milhões de pessoas. Agora, tome como exemplo a onda migratória na Europa. Durante décadas, há um fluxo constante de imigrantes ilegais do norte da África que entram pelo sul da Europa. Hoje a situação é radicalmente distinta. Dezenas de milhares de pessoas se deslocam do Oriente Médio e do Cáucaso para a Europa, atravessando as fronteiras da Hungria, da França, e jogando-se em trens de carga que passam pelo túnel do canal da Mancha até a Inglaterra. Estima-se que há milhões de pessoas em deslocamento por causa dos conflitos que vão do Afeganistão até a Síria e que expulsaram pessoas das nações da África. Os europeus não parecem lidar melhor com a questão que os líderes dos EUA. Diversas pessoas propuseram a construção de muros como os que os EUA começaram a fazer na fronteira entre o México e o Texas. As tentativas de reintegrar os imigrantes ilegais não levaram a nada. E não é apenas um problema europeu. E as milhões de pessoas deslocadas no sul da Ásia?

Há conflitos em muitas partes do mundo. Grupos insurgentes, grupos terroristas e outras organizações armadas estão em guerra com governos desde a Síria até a Tailândia. Há violência armada em vários países africanos. Como a comunidade internacional será capaz de lidar com isso? A visão de uma comunidade baseada em regras que impõe a paz, como o presidente Obama vem tentando compartilhar com outros líderes parece que é só isso: uma visão. Aparentemente, não há nações suficientes dispostas a participar da solução do problema. Em um discurso público, o general Martin E. Dempsey, presidente do Estado-Maior Conjunto dos EUA, exortou os Estados membros da ONU a aumentar sua participação na manutenção da paz. Não há preocupação o bastante sobre os levantes violentos e as múltiplas guerras ao redor do mundo.[59] De fato!

Há muitos modos de estar no mundo. Nos EUA, onde há uma disfunção política que caracteriza a relação entre o Congresso e o Executivo, houve uma série de medidas que restringem a influência norte-americana, o que Moisés Naím chamou de "autogoles" (metas para si mesmo).[60] O Congresso recusou o financiamento do fundo do Banco de Exportação e Importação, recusou o financiamento das reformas no FMI, recusou o aumento de capital do Banco Interamericano de Desenvolvimento e vem dificultando a participação em todas as negociações de livre-comércio (embora em 2015, o governo Obama tenha conseguido concluir as negociações para a Parceria Transpacífico; caso aprovada pelo Congresso, será o maior acordo comercial de todos os tempos). Essas ações contribuíram para que a China criasse o novo Banco Asiático de Investimento em Infraestrutura, no qual os

EUA não quiseram se envolver. Não é possível participar da formulação das regras de uma comunidade sem se envolver.

Na América Latina, Cuba tem mais experiência no exercício de protagonismo na comunidade global do que qualquer outra nação da região, mas isso pode mudar nos próximos anos.[61] Agora que o processo da política externa tornou-se tão importante e tão proeminente na maioria dos países da América Latina, com a grande exceção de Cuba, pode-se esperar que quando o processo for transparente e o fluxo de informação não for obstruído, os ministros das Relações Exteriores vão começar a formular – e a tornar público – o que pensam sobre a crise global, como a violência no Oriente Médio, sobre a estrutura do sistema financeiro internacional, a neutralidade da internet e a forma de lidar com as pandemias mundiais. Eles também vão adquirir mais confiança ao tratar de questões problemáticas dentro do hemisfério, como a violência política na Venezuela, o tráfico internacional de drogas e a violência criminosa. No momento, com exceção do Chile e do Brasil, as nações da América Latina parecem incertas sobre o papel que devem desempenhar fora do hemisfério. Nesse caso, os otimistas estão certos: é impossível frear a globalização e está cada vez mais difícil negar às pessoas da região sua ambição por uma vida melhor e mais liberdade, mesmo naqueles países em que os líderes esperam perpetuar-se no poder e limitar a contestação política e a expansão do espaço democrático. Ao lidar com essas questões fundamentais, as novas organizações regionais ainda não têm oferecido soluções e ninguém parece estar na condição de solucionar as divergências históricas que dividem os países ou eliminar as diferenças entre eles. Como otimistas cautelosos, podemos esperar que isso mude, à medida que as organizações regionais proporcionem fóruns para um diálogo aberto sobre problemas em comum. Como realistas e institucionalistas, é positiva a crescente evidência de que a globalização, principalmente no fluxo de informação e de dinheiro, vem possibilitando a participação de todas as nações do hemisfério em uma ampla gama de regimes e redes, e, de uma maneira recíproca, tornando todos os governos e a sociedade civil permeáveis à influência de atores externos estatais e não estatais. Todas as nações estão no mundo. A globalização abre para todos um crescente leque de oportunidades de protagonismo. Conforme a hegemonia norte-americana vai diminuindo e Cuba vai deixando de ter importância como símbolo, será que as nações da América Latina estão preparadas para expandir seu protagonismo? Será que vão querer fazer isso? Será que pagarão o preço?

NOTAS

[1] Citação no *New York Times*, 6 de fevereiro de 2015, A7. Litwak examina a política de engajamento com Estados hostis, em *Outliers*, op. cit. O documento na íntegra está disponível em <www.whitehouse.gov/sites/default/files/docs/2015_national_security_strategy.pdf>.
[2] Joseph S. Nye, Jr., *Bound to Lead* (NY: Basic Books, 1990).
[3] Discurso proferido por Muñoz, "Diálogo sobre integración Regional: Alianza del Pacífico y Mercosur", 24 de novembro de 2014. Esse documento, entre outros, está disponível em <www.minrel.gob.cl/site/politica_exterior>.
[4] Uma introdução acessível à vasta literatura sobre esse fenômeno é Thomas L. Friedman, *The Earth is Flat* (NY: Farrar, Straus and Giroux, 2005).
[5] Um exemplo importante é o projeto conduzido por Guadalupe González no CIDE, no México. Ver González et al., eds., *The Americas and the World, 2010-2011 Public Opinion and Foreign Policy in Brazil, Colombia, Ecuador, Mexico, and Peru* (México, DF: CIDE, 2011), e González et al., eds., *México, Las Américas y el Mundo, 2012-2013* (México, DF: CIDE, 2013). Esse projeto pode ser acompanhado online em <http://mexicoyelmundo.cide.edu>. Sobre o crescente debate teórico, ver J. G. Tokatlian, Juan Gabriel e Leonardo Carvajal, "Autonomía y política exterior en América Latina: Un debate abierto, un futuro incierto", *Revista CIDOB D'Afers Internacionals*, v. 28 (1995), pp. 7-31, e Tokatlian e Roberto Russell, "From Antagonistic Autonomy to Relational Autonomy: A Theoretical Reflection from the Southern Cone", *Latin American Politics and Society* v. 45, n. 1 (2003), pp. 1-24.
[6] Joseph Stiglitz, *Globalization and its Discontents* (NY: Norton, 2003); Mario Rapoport e Noemí Brenta, *Las grandes crisis del capitalismo contemporáneo* (Buenos Aires: Le monde diplomatique, 2012); José Luis Fiori, et al., *The Myth of the Collapse of American Power* (Rio de Janeiro: Record, 2008); Thomas Muhr, ed., *Counter-Globalization and Socialism in the 21st Century* (London: Routledge, 2013); Roger Burbach, Michael Fox e Federico Fuentes, *Latin America's Turbulent Transitions: The Future of Twenty-First Century Socialism* (NY: Zed Books, 2013).
[7] Para uma análise do pensamento geopolítico na China, ver Edward Friedman, "Succeeding in the Third World, Except Asia", em Lowell Dittmer e Maochun Yu, eds., *Routledge Handbook of Chinese Security* (NY: Routledge, 2015). Sobre o novo papel da China, ver Ariel Armony, "China in Latin America", (University of Miami, online, 2013) e o projeto da Unam, <www.economia.unam.mx/cechimex/index.php/>.
[8] Federico de la Balze, em "En la fase menguante de la globalización," *Clarín*, 4 de outubro de 2014, considera que forças centrífugas ameaçam a globalização, e diz que é preciso haver "uma arquitetura política que a sustente: uma nação hegemônica ou um conjunto de grandes potências que defina e administre as regras do jogo". Moisés Naím, em "El fin de poder", *El País*, 29 de julho de 2012, enxerga nessas forças uma queda da capacidade de exercer poder, mas um aumento da capacidade de impedir ou de anular o exercício de poder. Tanto De La Balze quanto Naím indagam quem irá impor as sanções exigidas pelos Estados Unidos e pelas nações europeias como castigo aos países que contrariem as regras da comunidade internacional.

9   Os resultados produzidos pelas cúpulas estão disponíveis em www.brics6.itamaraty.br. Ver também Fátima Mello, "¿Hacia donde van los BRICS?", *Nueva Sociedad*, agosto de 2014; Simon Romero, "Emerging Nations Bloc to Open Development Bank", *New York Times*, 16 de julho de 2014, A9; e Francis A. Kornegay, Jr. e Narnia Bohler-Muller, eds., *Laying the BRICS of a New Global Order: a Conceptual Scenario* (Pretoria: Africa Institute of South Africa, 2013). Até o momento em que este texto foi escrito, o banco do BRICS ainda não entrou em atividade; a criação do novo banco de investimentos pelos chineses sugere que talvez permaneça inativo. Pode apenas ser simbólico, mas em novembro de 2015 a Goldman Sachs fechou o fundo destinado a investir nos países do BRICS. Ver www.folha.uol.com.br/mercado/2015/11/1704033.
10 O corpo editorial do *New York Times* não aprovou a postura de Obama em relação ao novo banco, afirmando que o presidente não tinha planos para contra-atacar a jogada dos chineses. Ver "U.S. Allies, Lured by China's Bank", *New York Times*, 22 de março de 2015, A26; e as seguintes matérias do jornal, "Rush to Join China's New Asian Bank Surprises All, Even the Chinese," *New York Times*, 3 de abril de 2015, e "New China-Led Bank Pledges to Fend off Graft", *New York Times*, 12 de abril de 2015, A10, A5. Embora ainda seja cedo para ter certeza, é plausível que, com a entrada da China em uma instituição baseada em regras definidas coletivamente pelos membros, os EUA fortaleçam em longo prazo sua segurança ao fazer da China um membro mais estável da comunidade internacional.
11 Ver, por exemplo, artigo de Jorge Heine e Sergio Bitar, "Chile y lo que esta en juego en Siria", *El Mercúrio*, 13 de setembro de 2013, e de Olga Pellicer, "Lo que no se informa", *Proceso*, 15 de setembro de 2014. Para uma crítica da reticência latino-americana, ver Carl Meacham, "Where is Latin America in the Fight Against ISIL", <http://csis.org/10/31/14>.
12 O livro de Nicco Mele, *The End of Big* (NY: St.Martins, 2013), assemelha-se à noção de Moisés Naím do fim do poder. Litwak, em *Outliers*, trata da questão da imposição das regras.
13 Friedman mudou sua perspectiva com o tempo. No início, considerou as manifestações populares como um forte impulso por liberdade, ao qual chamou de Primavera Árabe. Já em 2014, ele admitia o fato de que os protestos populares por si só não eram capazes de criar um governo democrático. Friedman passou a ver um mundo dividido em forças de ordem e desordem: "Order vs. Disorder, Part 2", *New York Times*, 16 de julho de 2014, A23. A afirmação clássica do impulso inexorável em direção à liberdade e à decência humana foi feita por Albert Camus, *The Rebel* (NY: Doubleday, 1965).
14 Friedman elogiou a "economia compartilhada" ao notar que o Airbnb fez reservas para mais de 120 mil pessoas no Brasil durante a Copa do Mundo de 2014, oriundas de 150 países diferentes, e que os anfitriões do Airbnb receberam em média US$4.000 por seus quartos; ver "And Now for a Bit of Good News....'", *New York Times*, 20 de julho de 2014, p. SR1,11. Um ano depois, logo após o presidente Obama anunciar a intenção de retomar a normalidade das relações com Cuba, o Airbnb declarou que tinha 100 mil ofertas em Cuba à espera de turistas norte-americanos. Friedman também admira o Uber, um serviço de negociação de caronas que em 2014 já operava em 20 países. Moisés Naím, em "Una visita al futuro", *El País*, 2 de novembro de 2014, compartilha o otimismo de Friedman em relação ao poder de inovação e à capacidade que as novas gerações de empresas de tecnologia têm de mudar a vida de milhões de pessoas ao redor do mundo.
15 Como exemplo, ver Thierry Cruvellier, "The Flaw in Human Rights Trials", *New York Times*, 28 de julho de 2015, A21.
16 Laos, "Destination in Illegal Ivory Trade, So Far Eludes Global Crackdown", *New York Times*, 2 de agosto de 2015, A10.
17 Evan Osnos, "In the Land of the Possible", *The New Yorker*, 22 e 29 de dezembro de 2014, p. 90 et passim.
18 *New York Times*, 13 de março de 2015, A4.
19 "Is Democracy in Decline", *Journal of Democracy*, 26, 1 (2015).
20 Joseph Nye propôs que o governo dos EUA assumisse uma postura mais agressiva, embora construtiva, em relação à China; ver seu artigo "Work with China, Don't Contain it", *New York Times*, 26 de janeiro de 2013, A19. Anne-Marie Slaughter julgou ineficaz a política de Obama em relação à Síria; ver "Don't Fight in Iran and ignore Syria", *New York Times*, 18 de junho de 2014, A25. Ela insistia para que os EUA agissem com força contra Gaddafi; ver "Fiddling While Libya Burns", *New York Times*, 14 de março de 2011, A21. Para uma perspectiva europeia, ver Clemens Wergin, "Is Obama's Foreign Policy Too European?", *The International New York Times*, 9 de julho de 2014. Mas Nye manteve a crença de que os EUA eram o país mais poderoso do mundo; ver *Is the American Century Over?* (Cambridge: Polity Press, 2015). O uso que Obama fez de sanções contra a Rússia e o Irã, entre outros, provocou um debate acirrado entre acadêmicos sobre a eficácia de tais medidas.

21 Robert Kagan, "Superpowers Don't Get to Retire", *New Republic*, 26 de maio de 2014.
22 Frank Bruni, "Obama's Messy Words", New York Times, 2 de setembro de 2014, A19; Nicholas Kristof, "Critique from an Obama Fan", New York Times, 11 de setembro de 2014; Gail Collins, "A Man with a Plan", New York Times, 11 de setembro de 2014. Alguns na América Latina perceberam essa tendência como indício de que os EUA haviam perdido influência na região; ver Patricio D. Navia, "Vanishing U.S. Influence in Latin America", *Buenos Aires Herald*, 10 de junho de 2014. Outros advertiam contra o equívoco de confundir retraimento político com declínio do poder dos EUA; ver Josef Jaffe, *The Myth of America's Decline: Politics, Economics and a Half Century of False Prophecies* (NY: Liveright/Norton, 2013).
23 Thomas L. Friedman, "The Obama Doctrine and Iran", New York Times, 6 de abril de 2015, A19; Joseph R. Biden, Jr., "A Plan for Central America", New York Times, 30 de janeiro de 2015, A21; e, mais abrangentemente, Richard Feinberg, Emily Miller e Harold Trinkunas, *Better than you think: Reframing Inter-American Relations* (Washington, DC: Brookings Institution, março de 2015).
24 Ricardo Lagos, "Cuba-Estados Unidos y nuestra generación", *El País*, 5 de janeiro de 2015.
25 Gian Luca Gardini e Peter Lambert, *Latin American Foreign Policies: Between Ideology and Pragmatism* (London: Palgrave, 2011); Gerhard Drekonja, "La Autonomía periférica redefinida", em Maria Mercedes Gomes, Drekonja, Juan Gabriel Tokatlian, Leonardo Carvajal, "Redefiniendo la Autonomía en política internacional", *Documentos Ocasionales*, CEI [Colômbia] n. 31, 1993; Roberto Russell e Juan Gabriel Tokatlian, "From Antagonistic Autonomy to Relational Autonomy", *Latin American Politics and Society*, v. 45, n. 1, 2003; Adalberto Rodriguez Giavarini, "Oportunidad para América Latina", *Agenda Internacional* 1, n. 1, 2004.
26 Ricardo Lagos, "Cuba-Estados Unidos y nuestra generación", *El País*, 5 de janeiro de 2015.
27 Diana Tussie, com Sanoussi Bilal e Philippe de Lambaerle, *Asymmetric Commercial Negotiations* (London: Ashgate, 2011); e com Maria Pia Riggirozzi, *The Rise of Post Hegemonic Regionalism* (Place: United National Univ. Series, 201); e Marcelo Saguier com Diana Tussie, "Emerging trade politics: the continuous pendulum from multilateralism to asymmetric trade negotiations", *Estudos Internacionais* v. 2, n. 1 (2014); Saguier, "Minería para el desarrollo integral en la estrategia de Unasur," *Revista Conjuntura Austral*, v. 5, 21-22 (dezembro de 2013-março de 2014). Saguier identificou um novo regime, chamado de Economia de Solidariedade Social, em "Regional Policy Framework of Social Solidarity Economy in South America", (Geneva: RISD, Occasional Paper Series, n. 6, 2011).
28 Roberto Russell e Juan Gabriel Tokatlian, "From Antagonistic Autonomy to Relational Autonomy: A Theoretical Reflection from the Southern Cone'", *Latin American Politics and Society*, v. 45, n. 1 (2013). O mesmo argumento foi feito uma década antes em Tulchin e Espach, eds., *América Latina en el nuevo sistema internacional* (Barcelona: Bellaterra, 2004).
29 Andrés Serbin, et al., eds., *El regionalism "post-liberal" en América Latina y el Caribe: Nuevos actores, nuevos temas, nuevos desafíos. Anuario de la Integración Regional de América Latina y el Gran Caribe 2012* (Buenos Aires: CRIES, 2012). A CRIES (Coordinadora Regional de Investigaciones Económicas y Sociales) e sua revista Pensamiento Próprio são veículos importantes dessa perspectiva. O anuário inclui diversos artigos de cubanos. A inclusão de Cuba é o código de base da noção do Grande Caribe. Uma perspectiva semelhante pode ser vista em Adrián Bonilla, "La Celac y su III Cumbre: Identidad Estratégica y Diferencias con la OEA", *Novedades FLACSO*, 26 de janeiro de 2014. As duas melhores sínteses sobre a história recente do regionalismo na América Latina são os textos de Juan Gabriel Tokatlian, "Latinoamerica y el Complejo integracionista: un concepto a debate", *Desarrollo Económico*, v. 51, n. 204 (2012); e de Carlos Portales, "A donde va el multilateralismo en las Américas? Proyectos superpuestos en un periodo de cambios globales", *Pensamiento Próprio*, v. 39 (2014).
30 Ver www.lapoliticaonline.com, 19 de julho de 2014. Sobre o papel da China na América Latina, ver www.universityofmiami/latinamericancenter/china, <www.economia.unam.mx/cechimex> e <www.bu.edu/perdeeschool/gegi/program-area/china>.
31 Rodrigo Tavares, *Security in South America: The Roles of States and Regional Organizations* (Boulder: Lynne Rienner Publishers, 2013); Daniel C. Thomas, "Boomerangs and Superpowers: International Norms, Transitional Networks and US Foreign Policy," *Cambridge Review of International Affairs*, v. 15, n. 1 (2002); Brigitte Weiffen et al., "Overlapping security institutions in South America: The case of Unasur and

OAS," texto apresentado no congresso da LASA, em 2012; e a entrevista com o presidente da Costa Rica, Luis Guillermo Solís, sobre a Celac como o "Futuro da América Latina", <http://actualidad.rt.com/actualidad/view/124649-entrevista>. Sobre o lento desenvolvimento das normas e regimes em assuntos setoriais, ver José Barbero e Rodrigo Rodriguez Tornquist, "Transporte y cambio climático: hacia un desarrollo sostenible y de bajo carbono", <http://www.rtt.filo.uba.ar/RTT00602008>. Os autores descrevem novos modos de cooperação em nível regional que ignoram ou contornam os conflitos políticos.

32 Entrevista com Solís em <www.WorldReview.info/content/costa-rica-latin-america-important-voice-international-community>.

33 Para uma resenha da política externa de FHC, ver o capítulo de Carlos Eduardo Lins da Silva, em Lamounier et al. (org.), op. cit.

34 Em seu livro de memórias, Hilary Clinton dá seguimento a essa narrativa da interferência brasileira. Ver Clinton, op. cit. O ministro das Relações Exteriores do Brasil na época, Celso Amorim, publicou suas memórias, em que afirma que a secretária de Estado sabia com antecedência sobre o plano brasileiro e nada fez para alterar o *timing* da viagem de Lula. Ver *Breves narrativas diplomáticas* (Rio de Janeiro: Benvirá, 2013).

35 A literatura brasileira sobre política externa tornou-se enorme. Há várias revistas dedicadas aos assuntos internacionais e uma crescente produção de livros e artigos comentando o debate corrente. Ver, por exemplo, Gelson Fonseca Jr., "Notes on the Evolution of Brazil's Multilateral Diplomacy", *Global Governance*, v. 17, n. 1 (2011); Luis L. Schenoni, em "Brasil en América del Sur", *Nueva Sociedad*, n. 250 (2014), nega que o Brasil seja verdadeiramente hegemônico; José Augusto Gilhon Albuquerque, "A Liderança do Brasil na América do Sul", em Bernardo Sorj e Sérgio Fausto, eds., *O Brasil e a Governança da América Latina: Que Tipo de Liderança é Possível?* (São Paulo: Fundação iFHC e Centro Edelstein, 2013) argumenta que o esquema de usar a influência regional como alavanca para um protagonismo global é confuso. Ver também as publicações online da SOBREET (Sociedade Brasileira de Estudos de Empresas Transnacionais e da Globalização Econômica, da Fundação Getúlio Vargas); e Rubens Barbosa, *The Washington Dissensus: A Privileged Observer's Perspective on US-Brazilian Relations* (Nashville: Vanderbilt Univ. Press, 2014). Há mais de uma década, Guilhon Albuquerque, uma figura crucial da comunidade epistemológica hemisférica, editou um boletim pioneiro sobre relações exteriores, a *Carta Internacional*, como parte do programa de pós-graduação em Relações Internacionais da Universidade de São Paulo. A *Carta* foi retomada pela Associação Brasileira de Relações Internacionais, ABRI, e está disponível online no site da *Scielo*.

36 Luís Leandro Schenoni, "The Brazilian Rise and the Elusive South American Balance", GIGA *Working Papers*, n. 269 (março de 2015). Em uma entrevista concedida durante sua estadia em Harvard, o ex-ministro Celso Amorim, ao referir-se ao papel do Brasil na América do Sul, disse que "[o Brasil] é uma potência hegemônica gentil", sugerindo que os Estados Unidos não sejam gentis. Ver "Celso Amorim discusses Brazil's role in the world and US-Brazil ties", 8 de julho de 2011. Um resumo argentino gentil das dificuldades do Brasil em alcançar suas pretensões globais pode ser visto em Federico Merke, "Brasil y tres leciones para los emergentes", *La Nación*, 1 de novembro de 2015, A5.

37 Alguns analistas chamariam isso de cultura estratégica.

38 Sean Burges, "Consensual Hegemony: Theorizing Brazilian Foreign Policy", International Relations, v. 22, n. 1 (2008); e "Brazil's International Development Cooperation: Old and New Motivations," Development Policy Review, v. 32, n. 3 (2014). A riqueza do debate acadêmico e midiático fortalece a influência brasileira.

39 Tulchin, "New Peru-Chile Maritime Boundary Ends Century-Old-Dispute", <http://gisweb.rapidpublish.info/en/geopolitics/new-peru-chile-maritime-bondary-ends-cnetury-old-dispute>.

40 Muñoz teve êxito agindo da mesma forma uma década antes quando formou a MINUSTAH, a iniciativa de manutenção de paz da ONU no Haiti.

41 O ministro da Defesa do Chile (2015) nega que tenha uma Marinha de guerra oceânica. Enfatiza que sua força naval é própria para missões de resgate, e não para projeção de poder. O chefe das operações navais dos EUA lista o Chile como um dos dois países do hemisfério que possuem uma marinha de guerra oceânica.

42 É justo lembrar que a polarização e a disfunção política às vezes também enfraquecem o exercício do protagonismo dos EUA.

43 Os únicos outros fundos desse tipo no hemisfério são o da Venezuela, que usa a PDVSA (Petróleos de Venezuela) como banco, e o da Colômbia, que ainda não depositou nenhum dinheiro no fundo.

44 O uso da política externa como instrumento de políticas internas é examinado em detalhe no estudo da FIU sobre cultura estratégica; ver "Argentina's Strategic Culture" (Miami: FIU-ARC Studies, 2010).

45 O conceito do *pari passu*, de tratamento igual para todos, é precisamente o que preocupava Carlos Calvo, no século XIX, no sentido de ser usado como justificativa para a intervenção de países mais poderosos.

46 A Suprema Corte de Gana embargou o navio de treinamento argentino, Libertad, a pedido de um dos fundos. A Corte Federal em Las Vegas investiga se os Kirchner são culpados por lavagem de dinheiro.

47 Ver "Reforma Internacional da Reestruturação da Dívida Pública", ver undergradessay@embassyofargentina.us e gradessay@embassyofargentina.us.

48 Dois mexicanos, Carlos Rico e Arturo Sarukhan, merecem ser mencionados por sua atuação na formulação de políticas mexicanas em relação aos EUA e pelo sucesso que tiveram em lidar com o Congresso norte-americano.

49 O projeto de opinião pública do CIDE (Centro de Investigación y Docencia Económicas) já foi mencionado. A mudança na discussão sobre segurança foi estudada em Sérgio Aguayo Quezada e Raúl Benítez Manaut, eds., *Atlas de la seguridad y de la Defensa de México*, 2012 (México, DF: CASEDE, 2012). Sobre o debate atual de política externa, ver Guadalupe González e Olga Pellicer, eds., *La política exterior de México. Metas y obstáculos* (Mexico, DF: ITAM e Siglo XXI, 2013); e Humberto Garza Elizondo, et al., eds., *Balance y Perspectivas de la Política Exterior de México, 2006-2012* (México, DF: El Colegio de México, 2014). Diante do ressurgimento desse interesse, o CIDE retomou seu velho centro de estudos dos Estados Unidos, e deu início a uma nova série de publicações; ver Luis Maira e Gustavo Vega, eds., *El Segundo mandato de Obama* (México, DF: CIDE, 2013).

50 Andrew Selee, "¿Una estratégia hacia centroamérica?", *El Universal*, 19 de julho de 2014; Randal C. Archibold, "Trying to slow the illegal flow of young migrants", *New York Times*, 21 de julho de 2014, A7.

51 Ver, por exemplo, a afirmação do novo presidente de Honduras, Juan Orlando Hernández, "La guerra al narco es una guerra que no es nuestra" ("A guerra contra o narcotráfico é uma guerra que não é nossa"), *El País*, 4 de outubro de 2014.

52 A discussão que define o problema mexicano de crime e violência aparentemente não leva em conta o fato de que o tráfico depende da demanda por drogas nos Estados Unidos, assim como a demanda por trabalho braçal é elemento decisivo para a imigração ilegal dos centro-americanos e dos mexicanos para os Estados Unidos.

53 Cristina Eguizabal, "Central America", em Jorge Dominguez e Rafael Fernández de Castro, eds., *Contemporary U.S.-Latin American Relations: Cooperation or Conflict in the 21st Century* (NY: Routledge, 2010).

54 Conferir <www.Globalfirepower.com/countries-listing.asp>. O Uruguai ocupa a posição 109 dos 126 países da lista. O Brasil, na posição 22, é o país latino-americano com o índice mais alto; o México ocupa a posição 31 e o Chile a 43.

55 Michael Shifter, "Hay menos lugar para la retórica antiimperialista en la región", *El Deber*, 25 de abril de 2015. Para uma perspectiva totalmente diferente, que expressa um forte antiamericanismo, ver *Voces en el Fénix*, n.44 (2015).

56 Joe Nocera, "A World Without OPEC?", *New York Times*, 21 de outubro de 2014, A25; Edward Glab, "Changing Global Energy Markets and the Impact on the Americas," *Perspectives on the Americas*, University of Miami, 9 de abril de 2015.

57 "China's Global Ambitions, Cash and Strings Attached", *New York Times*, 26 de julho de 2015, A1, 10, 11, 12. O Inter-American Dialogue, a Boston University e a Unam têm sites ativos que monitoram os investimentos chineses na América Latina.

58 O editorial do *New York Times* é de 20 de outubro de 2014, A24; o relatório sobre a reunião em Cuba pode ser visto em <www.nytimes.com/reuters/2014/10/29/world/africa>.

59 "Too Few carry Efforts for Peace", *New York Times*, 29 de julho de 2015, A7.

60 Naím, "Los autogoles de la superpotencia", *El País*, 9 de maio de 2015.

61 O índice de presença global mais usado na América Latina não inclui Cuba na lista de países importantes. Talvez devesse fazê-lo. Na lista, o México é o país latino-americano mais "presente", na posição número 20, seguido do Brasil (25), da Venezuela (38), da Argentina (39), do Chile (43) e da Colômbia (44). *Elcano Global Presence Index* (2011), <http://www.realinstitutoelcano.org/wps/portal/rielcano/EGPI>.

Posfácio

Este projeto teve início de fato na década de 1960, quando frequentei como ouvinte, durante minha pós-graduação, um curso sobre relações hemisféricas ministrado por Ernest R. May. Ainda na graduação, já havia feito um estudo sobre a disputa de fronteira da Venezuela com a Grã-Bretanha no século XIX e fui para Harvard estudar História da Diplomacia com May. Ele não era especialista em América Latina; havia se oferecido para dar o curso apenas uma vez, como parte de uma iniciativa do Harvard College de aumentar sua oferta de disciplinas sobre a região. May mergulhou em uma investigação profunda sobre história da América Latina e ia encaixando o que aprendia dentro de seus próprios moldes de como entender as relações internacionais. Naquele curso e em muitas conversas posteriores que tivemos, May me passou duas ideias sobre relações interamericanas que afetaram a minha leitura e os meus trabalhos sobre o assunto ao longo dos anos. Também criou em mim um interesse vigoroso sobre a teoria das relações internacionais, algo que não era típico dos historiadores da época. May via a teoria como uma fonte de ideias possivelmente fértil e estimulava os alunos de assuntos internacionais a serem ecléticos no uso da teoria para explicar os acontecimentos, em vez de se amarrarem a uma única abordagem dentro da qual tudo teria de se encaixar.

    A primeira ideia que ele me passou foi a de que as nações e os líderes nacionais podem ter uma visão de mundo muito diferente, e que essa diferença, independentemente de ser ou não correta, afeta o modo de formular políticas e tomar decisões. Ademais, May deixou claro que era tarefa do historiador entender essas diferenças, já que elas possivelmente levam a decisões muito distintas em relação a uma mesma realidade. Na base dessa ideia está a premissa de que todas as nações entendem que são parte de uma comunidade maior de nações. Embora isso possa parecer óbvio, é um assunto que tem peso para um estudioso de História Latino-americana. Há claros exemplos no século XIX – Paraguai e Guatemala são apenas dois – de que alguns dos líderes dos países deliberadamente deram as costas para o resto do mundo. Há ainda mais exemplos – como no caso do governo de Juan Manuel de Rosas na Argentina – de governos que simplesmente se recusavam a ouvir as exigências de outros governos, como as dos franceses no Rio da Prata na década de 1830. Em nenhum desses casos, os líderes tiveram sucesso absoluto, e em todos eles podemos achar provas de que havia pelo menos um debate sobre o mundo maior que os cercava quando tomaram a decisão de se isolar. A insistência de May de que a perspectiva latino-americana sobre os assuntos mundiais era tão válida quanto a dos Estados Unidos representava uma proposição radical no âmbito corrente dos estudos de Relações Internacionais. As avaliações dos assuntos entre Estados Unidos e América Latina feitas por historiadores e cientistas políticos naquela época privilegiavam a perspectiva norte-americana.[1] Até hoje existem positivistas que julgariam a visão de May problemática. Alguns proponentes da teoria da escolha racional descartam visões alternativas ou divergentes, julgando-as menos racionais. May não se conformava com esse grau de certeza por parte de um analista.

Preparando o curso, May foi muito influenciado por Felix Gilbert, que investigou como os chamados "pais da pátria", fundadores dos Estados Unidos, entendiam o papel da nova nação na comunidade mundial no momento da independência.[2] May não encontrara nenhuma síntese semelhante sobre um país da América Latina, o que considerou uma prova de que os Estados Unidos e os países latino-americanos tinham de fato nascido com diferenças marcantes de visão sobre seu lugar na comunidade internacional e a função que sua política externa teria na luta pela estabilidade nacional.[3] Ao mesmo tempo, havia semelhanças: líderes no Norte e no Sul acompanhavam com afinco o que ocorria no mundo ocidental e acreditavam que poderiam usar esse conhecimento para proteger os interesses de suas novas nações. Ao norte e ao sul, viam-se como realistas na crença de que países e grupos tinham interesses, os quais eles tentariam proteger. Ao mesmo tempo, todos falavam abertamente de valores que julgavam distingui-los de outras nações e que, de alguma forma, justificavam seus interesses racionais.

A diferença de perspectiva perturba as relações entre os Estados Unidos e os outros países da América Latina nos mais de dois séculos desde a independência. Hoje, em uma tentativa de explicar essa diferença, os críticos latino-americanos de esquerda e de direita afirmam que a dicotomia realista-idealista na teoria de Relações Internacionais tem sido em si mesma prejudicial para a América Latina e constitui um elemento de controle hegemônico sobre países mais fracos.[4] Mas o historiador de assuntos hemisféricos sabe que os Estados Unidos não exerceram nenhuma hegemonia sobre a América Latina na independência e que era um país tão fraco e vulnerável quanto qualquer outro do hemisfério nos primeiros anos de independência nacional. Por essa razão é necessário estudar a diferença de perspectiva antes de a hegemonia entrar em cena no fim do século XIX, reconhecendo, ao mesmo tempo, que certa ansiedade em relação aos Estados Unidos tem marcado a política externa latino-americana desde pelo menos os preparativos para o Congresso do Panamá de 1826.

Vale notar que ainda não há nada semelhante ao livro de Gilbert sobre qualquer um dos próceres da independência latino-americana.[5] Nem na farta literatura sobre o período de independência há muito debate acerca de como a política externa foi formulada. Este livro tem como um de seus objetivos apresentar pelo menos um panorama da evolução das políticas externas latino-americanas desde a independência até o presente. Nessa tarefa, indico uma série de problemas que o historiador pode resolver usando instrumentos ou *insights* da teoria de Relações Internacionais.[6]

A segunda ideia que May me deu foi a de que, ao tomar decisões, todos os atores – indivíduos, grupos, governos – fazem distinção entre crenças profundamente enraizadas ou padrões de longa duração, aos quais May chamava de *axiomas* que subjazem às políticas, e aquilo que se *calcula*, o que via como uma reação às oportunidades e ao contexto do momento.[7] Em sua opinião, era completamente plausível que um governo tomasse uma decisão calculada que parecia ir contra um axioma de políticas. Mais adiante em sua carreira, May envolveu-se em um projeto ambicioso de ensinar planejamento estratégico em diversos programas de pós-graduação nos Estados Unidos, tendo essa distinção como conceito central.[8] Em sua abordagem para ensinar planejamento estratégico, ele unia seu fascínio por tomadas de decisão, com foco na função das ideias e na ação de indivíduos, ao interesse que tinha sobre o impacto da memória histórica no pensamento individual e coletivo.[9] Independentemente de os conflitos serem entre Estados ou empresas, May argumentava que os pesadelos de uma nação ou de um indivíduo dão corpo ao modo como os indícios são colocados na balança e como os fatores são avaliados em uma tomada de decisão. Ele mostrava como esses pesadelos podiam distorcer ou subverter uma avaliação racional dos interesses em uma situação específica de decisão. Como veremos, o pesadelo da hegemonia dos Estados Unidos e o legado histórico do antiamericanismo afetam processos decisórios na América Latina hoje, e configuram uma dimensão importante mesmo na avaliação mais escrupulosamente realista de fatores na tomada de decisão da política externa.

Para perceber o peso da História, pergunte a um mexicano como os Estados Unidos usurparam metade de seu território. Ou pergunte a um boliviano sobre o acesso ao mar que o país perdeu para o Chile no século XIX e que até hoje tenta resgatar. De forma análoga, todos se lembram, em diversas partes do hemisfério, da ocupação norte-americana na Nicarágua na década de 1920 e do apoio dado pelos Estados Unidos ao golpe militar contra o governo eleito na Guatemala na década de 1950. Esses exemplos indicam como é difícil para os latino-americanos libertarem-se da memória do anti-imperialismo na formulação de suas políticas, como também para os norte-americanos desprenderem-se do manto de uma pretensão hegemônica. As "lições" que a História nos dá nem sempre são as mesmas para os dois lados de uma negociação.

Para Gilbert, a ênfase no processo tinha implicações ideológicas claras e muito fortes. Os fundadores dos Estados Unidos queriam ter a certeza de que se distinguiriam dos regimes monárquicos autoritários da Europa. Julgavam que os líderes autoritários eram irresponsáveis e até mesmo ilegítimos porque representavam apenas seus próprios interesses, e não aqueles do povo. Para assegurar que seu governo fosse visto como legítimo, os fundadores dos EUA insistiam que ele deveria ser produto de um processo democrático no qual os interesses divergentes fossem ouvidos e reconciliados, de forma que os responsáveis pelas decisões prestassem conta delas a seus eleitores. Nenhum dos fundadores latino-americanos deu a mesma atenção à importância do processo político para conferir maior legitimidade a suas decisões. Bolívar tinha sempre certeza de que entendia a vontade do povo, embora nunca tenha se empenhado muito para verificar esse fato. A legitimidade do processo político é um elemento central na origem da arrogância dos líderes norte-americanos ao se enxergarem como excepcionais e superiores a seus vizinhos. Na ausência de tal processo de legitimidade, líderes no Chile, na Argentina e no Brasil, ao longo do século XIX, justificavam sua afirmação de superioridade em relação a seus vizinhos com uma arrogância semelhante, mas seguiam uma orientação positivista europeia quando manifestavam uma superioridade racial e cultural em relação aos demais. Assim como fizeram Theodore Roosevelt e seus colegas nos Estados Unidos, os chilenos, argentinos e brasileiros insistiam que eram mais civilizados que seus vizinhos, e, portanto, superiores. O processo político só se tornou importante para legitimar as ações governamentais na América Latina na transição para a democracia na década de 1980 e com o fim da Guerra Fria.

O papel da memória histórica no processo político de governo não se resume de modo algum a um fetiche de historiadores. Por muitos anos, pesquisadores acadêmicos e outros intelectuais referiam-se ao comportamento coletivo como "cultura", significando muitas vezes um código para "inferior" ou "menos moderno", assim como os termos "civilizado" e "moderno" eram usados como parâmetros positivistas para medir sucesso e fracasso, Bem e Mal, nos séculos XIX e XX. Isso mudou na década de 1970, quando estudiosos progressistas em várias disciplinas começaram a usar o termo "cultura" – como em "estudos culturais" – para defender perspectivas incomuns ou progressistas. Estudiosos de Língua e de História tomaram o conceito emprestado de seus colegas da Antropologia para justificar o diferente sem pressupostos pejorativos. O conceito entrou na discussão de RI como "cultura estratégica" para ajudar a entender determinados comportamentos de países ao longo dos tempos. Os estudiosos de cultura estratégica encontraram padrões de comportamento nacional – o que May chamava de axiomas de políticas – e como esses padrões afetavam decisões específicas – aquelas que May chamava de políticas calculadas. Durante a Guerra Fria, os principais entusiastas do uso da cultura estratégica para investigar assuntos internacionais foram os estrategistas militares e de Geografia política.[10] May não aceitava bem o modo como a cultura estratégica passou a ser usada, pois julgava-a inflexível. Esse modo não incentivava os principais líderes a ajudar a criar uma cultura estratégica e também a mudá-la. Neste livro, pretendo identificar indivíduos que foram decisivos para o processo de política de governo e explicar como foram capazes de mudar as políticas ao longo do tempo.[11]

Outro objetivo deste livro é explicar como, dois séculos depois da independência, os conflitos recorrentes e persistentes entre os EUA e a América Latina vêm produzindo um legado doloroso e amargo que compromete a tentativa de criar uma comunidade no hemisfério, mesmo nos casos em que há uma ampla gama de interesses e valores específicos em comum e uma vontade declarada de colaboração. O legado histórico de conflito prejudica os esforços das nações latino-americanas de criar um regionalismo eficaz, e também prejudica a tentativa de estabelecer uma colaboração entre os EUA e a América Latina. Há vários exemplos disso na administração Obama, em que contrapartes na América Latina não são literalmente capazes de ouvir uma mudança de retórica na fala do presidente dos Estados Unidos.

Para enfrentar esses problemas, um estudioso das relações com a América Latina nos Estados Unidos deve certificar-se de que está levando em conta a perspectiva latino-americana. Pouco foi escrito sobre as políticas externas da América Latina antes da Guerra Fria, e quase tudo sobre as relações entre os EUA e a América Latina se pauta em uma perspectiva norte-americana. Os poucos livros de latino-americanos que tratam das relações interamericanas no século XX são na maior parte discursos anti-Estados Unidos.[12] Uma exceção expressiva – e uma baliza na minha jornada como estudioso – é um livro escrito por meu ex-colega na UNC, Federico G. Gil, que confere tanta atenção aos países latino-americanos quanto aos EUA, embora não tenha dado ênfase ao processo político.[13] Ao enfatizar a importância da perspectiva latino-americana, Gil dava seguimento ao conselho de May.

O passo seguinte na minha jornada de prezar a perspectiva latino-americana se deu na organização de um seminário com Heraldo Muñoz e o livro que editamos em seguida na década de 1980, *Latin America in World Politics* ("A América Latina na Política Mundial").[14] O argumento de Muñoz de que não há país sem poder – seja "*soft*" ou "*hard power*" – e de que o propósito da política externa é fazer o máximo possível com a cota de poder de que cada país dispõe me atingiu com a força de uma epifania.[15] Sua proposta era particularmente atrativa porque, como resultado de minha própria pesquisa sobre imperialismo norte-americano, estava convicto de que a hegemonia dos EUA não deve ser entendida como controle absoluto. Mesmo quando estudei os notórios casos de intervenção militar na bacia do Caribe nas primeiras décadas do século XX, em que as Forças Armadas dos EUA tinham total domínio, fiquei surpreso ao ver a frequente frustração dos EUA nas tentativas de manipular povos que eram considerados marionetes e a dificuldade de impor uma agenda norte-americana em regiões que tinham seus próprios planos. O poder não deve ser considerado uma categoria de soma zero nas relações interamericanas.[16] Muñoz inaugurou outra dimensão nos estudos da hegemonia: ela não estava lá na origem, nunca foi absoluta, sempre permitiu um espaço de manobra. O segredo, portanto, é entender a percepção de hegemonia na América Latina e a consciência que os formuladores de políticas latino-americanos tinham do quanto havia de espaço de manobra. Em termos mais formais, devemos indagar o quanto de espaço os líderes latino-americanos acreditavam que tinham no sistema internacional. A forma como anteciparam o uso desse espaço é o que chamo de exercício de *agency*,[17] ou de protagonismo.*

Obtive maior formação na perspectiva latino-americana quando participei das reuniões anuais do Rial, o Conselho de Relações Internacionais da América Latina (*Consejo de Relaciones Internacionales de América Latina*, em espanhol).[18] Também na década de 1980, tive a oportunidade de ministrar cursos na América Latina sobre relações interamericanas. Naquele contexto, era impossível não levar a perspectiva latino-americana em conta. Porém, quanto mais estudava a história das relações internacionais latino-americanas, quanto mais lia as biografias de seus líderes, quanto mais interagia com estudiosos e formuladores de políticas da América Latina, mais me surpreendia com a limitação das expressões desses líderes sobre o alcance do protagonismo que seus países tinham no sistema internacional, pelo menos até o fim da Guerra Fria. O argumento de Muñoz sobre a existência de poder mesmo na mais fraca das nações não era óbvio para muitos de nossos colegas no Rial. Alguns, é claro, usavam-no como um fórum para expressar sua raiva em relação aos EUA e tentavam representar seus países como vítimas impotentes do domínio hegemônico. A maioria não se contentava com o antiamericanismo como uma expressão de política externa; queria entender como diversos países da região, tanto os governados por regimes militares quanto por regimes civis, empenhavam-se tão pouco na formulação de políticas externas que protegessem os interesses nacionais.

O Rial foi origem de uma comunidade epistemológica, um grupo interessado em entender como as nações da América Latina definiam e defendiam seus interesses. Era um grupo que valoriza-

---

* N.T.: Na ausência de uma tradução corrente do termo *agency* para a língua portuguesa, na acepção que o autor articula, optou-se aqui pelo uso do termo "protagonismo", por preservar os sentidos de "atuação proeminente" e "autonomia consciente". Todas as ocorrências do termo "protagonismo", neste livro, substituem o original *agency*.

va a honestidade intelectual e buscava participação ativa em uma comunidade acadêmica mais ampla que estimasse a sofisticação teórica. Muito mais que seus colegas europeus e norte-americanos, os membros do Rial decididamente queriam que seus estudos de Relações Internacionais fossem úteis para ajudar a causa em comum da democracia e do desenvolvimento. E tinham tanto interesse quanto eu em estimular o protagonismo na América Latina. Esse objetivo em comum levou-nos, a mim e a Heraldo Muñoz, a organizar nossa conferência sobre política externa dos países latino-americanos com a participação de muitos de nossos colegas do Rial.

Neste livro, procurei comprovações históricas de protagonismo em textos publicados e em discussões de governo gravadas, que mostram que cada país tinha uma percepção de sua identidade no sistema internacional e que poderia exercitar essa identidade por meio de uma ampla gama de instrumentos, inclusive o que hoje chamamos de "*soft power*", valores ou influência.[19] Uma vez definida, é fácil ver que a articulação do protagonismo na América Latina varia de país para país e mesmo dentro de um único país ao longo dos tempos. Há poucos exemplos de uma discussão pública sobre isso no século XIX, conforme descreverei no capítulo "Do Império à Independência". Além desses exemplos, há muito pouca expressão na América Latina até a metade do século XX do que May chamava de axiomas de política externa, e muito pouca discussão consciente na região sobre formulação de políticas, sem dúvida em parte porque o Legislativo e a opinião pública tiveram papéis menores na governança[20] da maioria dos países até a segunda metade do século XX. Tudo isso mudou com o fim da Guerra Fria.

Esse cenário contrasta bruscamente com a experiência histórica dos Estados Unidos. Desde a independência, os EUA, mesmo preocupando-se com suas fronteiras, viam-se como um país emaranhado em um sistema de poder global, em que o local e o global se entrecruzavam. Na América Latina, os primeiros sinais de participação no sistema internacional foram atos de desespero: pediam ajuda a alguma potência europeia para protegê-los de outra, ou pediam ajuda aos Estados Unidos para protegê-los de interferências europeias. Há pouquíssima evidência de países recém-independentes tendo posições proativas na busca de um lugar no sistema internacional. As referências a uma comunidade mais ampla até o fim do século XIX consistiam em vagas propostas de uma união maior dos Estados americanos, o que podemos entender como ecos de um sonho bolivariano mais do que como propostas específicas de política externa. As únicas exceções a essa regra foram os textos de vários especialistas em Direito Internacional advertindo que as potências dominantes da Europa (a inclusão dos Estados Unidos na lista ocorreu só no fim do século XIX) estavam formulando normas para assuntos internacionais que prejudicavam os interesses da América Latina. Por outro lado, estudiosos de cultura e literatura escreviam comentários sobre o sentimento europeu de civilização e como seus países estavam tão atrasados nesse sentido.

O primeiro exemplo nítido de raciocínio geopolítico e afirmação do protagonismo é a guerra do Chile com a Bolívia e o Peru na segunda metade do século XIX. Os chilenos tinham uma ideia muito sólida do lugar que desejavam no mundo. Restringiram intencionalmente suas ambições à costa oeste da América do Sul. Seu protagonismo era regional, circunscrito geograficamente, e eles conscientemente afastavam ameaças hegemônicas em sua região. O exemplo seguinte, cronologicamente, é a definição brasileira de seu modelo de política externa no fim do Império e no início do período republicano. Os brasileiros expressaram seu protagonismo na extensão de suas fronteiras por meio da diplomacia, deixando perfeitamente claro que não queriam competir com os EUA nem intrometer-se com a política europeia. Embora percebessem sua hegemonia como regional, assim como os chilenos, os brasileiros não se limitavam tanto em suas pretensões. No caso do México, havia nítidas expressões de protagonismo na construção de uma defesa contra a intervenção francesa na metade do século e na tentativa de proteção contra a invasão norte-americana no fim do século; assim, o protagonismo mexicano no sistema internacional era defensivo, e permaneceu dessa forma até o fim da Guerra Fria. Quando os argentinos expressaram seu protagonismo no fim do século XIX, foi de forma global, ou pelo menos europeia, mas restrita quase inteiramente ao comércio e ao investimento. Sua percepção de protagonismo restringia-se por conta própria a aspectos específicos de poder. Estavam seguros de que tinham um papel para desenvolver nos assuntos internacionais, como bloquear os planos dos EUA para uma comunidade hemisférica, afirmando sua superioridade em relação a outros países da América Latina e potencializando suas trocas com o Reino Unido e outros países da Europa.

Essas primeiras expressões de protagonismo na América Latina, parciais e autoconfinadas, surgem na época em que Alfred Thayer Mahan, Brooks Adams, Theodore Roosevelt e outros estavam testando os EUA em relação às potências mundiais e planejando uma forma de adquirir os atributos de poder necessários para competir com essas potências. Nos primeiros anos do século XX, a Argentina e o Brasil compraram navios de guerra para aumentar seu poderio, mas a discussão se concentrava na competição de um com o outro, e não em algo maior, como propunha a política no estilo de Mahan de comparar seu país às grandes potências mundiais.

A relativa falta de protagonismo por tanto tempo depois da independência na América Latina é em si a diferença mais importante entre os EUA e a América Latina em suas abordagens com o mundo. Essa falta relativa de protagonismo na América Latina e o processo pelo qual ele progride e se desenvolve em diferentes países é o fio condutor da narrativa deste livro. Quando surge, na América Latina, um protagonismo autoconsciente no âmbito dos assuntos internacionais e qual é o catalisador desse surgimento? Desde o início do século XX até o fim da Guerra Fria, as ambições hegemônicas dos EUA moldaram as relações interamericanas e criaram problemas para a expressão latino-americana de protagonismo.

Com frequência, as expressões latino-americanas de protagonismo no século XX se configuram mais como estratégias contra a tirania dos EUA do que como princípios axiomáticos de interesse nacional ou expressões de protagonismo em assuntos internacionais. Não é sempre fácil distinguir antiamericanismo de protagonismo depois dos primeiros anos do século XX. Minha abordagem é considerar o antiamericanismo como uma distorção do protagonismo. Em outros termos, quando está nítido que os líderes dos países restringiam seu conceito de assuntos internacionais a gerar resistência contra os Estados Unidos, a política externa não era muito mais que agradar ou antagonizar os EUA, sem muita evidência de que havia um propósito de usar as políticas como meio de potencializar os interesses nacionais. Considero que esses sejam casos de protagonismo parcial. Isso não significa que a subserviência ou a oposição aos EUA não fossem políticas racionais. Sugere que, na ausência de evidências de que o governo buscava potencializar seu protagonismo através de tal subserviência ou oposição, o protagonismo de um país não podia se completar ou se realizar por inteiro através dessas expressões. A única exceção verdadeira é Cuba depois da revolução de 1959; há ampla evidência de que os líderes concentravam sua energia em proteger o país dos EUA enquanto buscavam potencializar sua influência no sistema internacional mais amplo.

Meu interesse acadêmico na investigação do processo de política externa e das origens do protagonismo na América Latina tornou-se pessoal e muito pragmático quando ingressei no Woodrow Wilson Center em 1990. O processo político tornou-se repentinamente importante na América Latina com a transição para a democracia. A opinião pública e a prestação de contas* do Estado tornaram-se

---

* N.T.: O autor usa em inglês o termo *accountability*, que não tem um equivalente exato em português. Sempre que aparecer neste livro, o termo será traduzido por "prestação de contas". Como o autor o usa, o termo *accountability* refere-se a um governo, agente ou autoridade que, por quaisquer meios, é forçado a prestar contas sobre suas ações, seja ao povo ou aos poderes judiciais do Estado.

centrais. O processo político sempre foi importante nos EUA, gerando um forte contraste em relação à ausência de processo e legitimidade na América Latina. A transição para a democracia trouxe consigo uma sensação de direito e abriu caminho para o protagonismo. O modo como ele seria moldado era o objetivo de um projeto firmado pelo Wilson Center com a FLACSO (Faculdade Latino-Americana de Ciências Sociais), do Chile.[21]

Não é vergonha admitir que o grupo de acadêmicos que reunimos, oriundos de várias partes do hemisfério, compartilhava a euforia geral depois da Guerra Fria de que havia uma nova ordem mundial surgindo, uma comunidade baseada em regras centrada nas Nações Unidas e em outras organizações que representavam a nova sociedade civil internacional e o impulso internacional inevitável em direção à democracia.[22] Éramos otimistas. A ideia era trabalhar diretamente com quem tomava decisões, inclusive os militares e membros do Legislativo e da mídia, para explorar os modos pelos quais os países da região poderiam aperfeiçoar o processo de formulação de políticas, fortalecer a confiança mútua e criar uma sensação de comunidade no hemisfério. Buscávamos caminhos para os países trabalharem juntos em objetivos comuns, para se conscientizarem na definição das metas políticas nacionais, para darem transparência ao processo de formulação de políticas e para iniciarem debates acerca de como os países da região poderiam aproveitar a transição para a democracia e se inserir com maior vantagem na comunidade internacional. A coordenação de pesquisas desse grupo e o trabalho próximo com agentes do governo em várias partes do hemisfério para impulsionar o processo político permitiram que nosso grupo de pesquisadores acadêmicos tivesse uma participação ativa e nos transformou em atores desse processo político.[23]

No início desse projeto colaborativo, primeiro batizado de *Paz e Segurança nas Américas* e depois rebatizado como *Criando Comunidade nas Américas*, parecia evidente que o desafio central era elevar o nível de oportunidade para que os países da América Latina desenvolvessem uma ação autônoma no sistema internacional que se abriu com o fim da Guerra Fria. Isso se provou mais difícil do que havíamos antecipado. Foi surpreendente para nós a força do obstáculo criado pelo duro legado da história das relações interamericanas. Por outro lado, foi um choque ver a quantidade de tomadores de decisão nos Estados Unidos que era incapaz de entender por que os países da América Latina queriam manter suas Forças Armadas. Recorrentemente, no Departamento de Estado, no Congresso, no Comando Sul, perguntavam-nos por que os latino-americanos simplesmente não desarmavam seus militares autoritários, aproveitando a proteção garantida pelos Estados Unidos. A ideia de que Estados soberanos queriam suas próprias Forças Armadas, agora sob controle civil, e de que a hegemonia dos EUA era considerada um anátema para os latino-americanos constituía algo incompreensível para muitos no governo dos EUA e até hoje gera muita resistência.

Por outro lado, e igualmente perturbador, os tomadores de decisão na América Latina relutavam em se dedicar a formular políticas externas autônomas porque não tinham prática nisso e também porque temiam que manifestações de independência pudessem antagonizar os Estados Unidos. O conceito de ação colegiada no hemisfério não era intuitivamente óbvio. E, entre intelectuais e acadêmicos latino-americanos, havia tanto aqueles prontos para denunciar a hegemonia dos Estados Unidos quanto os que queriam pensar na importância da autonomia para seus países. Ao mesmo tempo, e tão destruidor quanto para a colaboração regional, os tomadores de decisão pareciam mais interessados em devotar sua energia para velhas disputas de fronteira engavetadas durante a Guerra Fria do que em explorar a atuação que seus países poderiam ter fora do hemisfério em uma comunidade mais ampla de nações.

O projeto no Wilson Center operou em múltiplas frentes. Nosso foco era criar confiança entre os tomadores de decisão de vários países para que discutissem suas diferenças e percebessem o que poderia uni-los. Graças às reuniões que fizemos com eles, aumentamos a permeabilidade do Estado para as ideias da comunidade acadêmica. Contamos com a mídia para facilitar a comunicação sobre o processo político e intensificar a sensação de responsabilidade mútua entre o público e seus representantes. E, por meio de nossas publicações, adaptávamos conscientemente o que se discutia no meio acadêmico europeu e norte-americano à realidade da América Latina, contribuindo para o crescente debate entre acadêmicos da região. Embora a expressão "redes relacionais" e o termo "regime" não fossem amplamente usados, parecia lógico para nós que multiplicar os pontos de contato entre os tomadores de decisão e seus eleitores e promover o contato entre as partes interessadas aperfeiçoaria o processo político.[24]

A transição para a democracia ao redor da América Latina nas décadas de 1980 e 1990, juntamente com o fim da Guerra Fria, tornou o protagonismo mais acessível para todas as nações. A competição bipolar da Guerra Fria havia restringido o protagonismo por décadas, quando os EUA forçavam as nações a optar entre aliança e subordinação, sob o risco de serem consideradas aliadas da União Soviética. Os EUA também haviam mantido sob panos quentes velhas disputas territoriais e antigos antagonismos, gerando animosidade entre os Estados da região. Havia pouco espaço para o protagonismo fora da disputa bipolar, embora vários países encontrassem alguma medida de conforto dentro do âmbito do movimento das nações não alinhadas. O esforço mais eficaz de criar influência foi feito pela Costa Rica, que, sob a liderança de José Figueres, uniu um forte anticomunismo – o qual angariou o respeito de Washington – a um apoio igualmente intenso da social democracia. Depois da Guerra Fria, líderes na Costa Rica usaram essa vantagem para amplificar seu protagonismo no sistema global, intencionalmente viabilizando uma atuação nos assuntos mundiais relativos à cultura estratégica da neutralidade como uma democracia liberal e pluralista.[25]

Cuba representava o mais bem-sucedido exemplo entre as nações que se alinharam contra os EUA e a favor da União Soviética, usando essa posição para exercer um papel importante na América Latina e no mundo fora do hemisfério – na África, no caso de Cuba – e nas organizações internacionais. Um exemplo mais complicado de hostilidade à política externa impulsionada pelos EUA foi a conduta singular da Argentina de votar contra os EUA na ONU em 95% das oportunidades apresentadas entre 1950 e 1990. Tal conduta foi mantida tanto em governos militares quanto civis, governos peronistas e radicais, mesmo naqueles que declararam apoio aos EUA durante a Guerra Fria.[26] Esse comportamento tem um verniz de protagonismo, ainda que uma forma perversa dele, e provocou mais do que um verniz de animosidade em Washington, além de não garantir uma aprovação significativa na região.

Depois da Guerra Fria, houve tentativas feitas pelo ex-presidente venezuelano Hugo Chávez de firmar uma aliança contra os EUA, a qual chamou de Alba – Aliança Bolivariana para os Povos da Nossa América. Chávez tentou construir seu protagonismo em assuntos mundiais cortejando regimes que manifestavam hostilidade aos EUA, como o Irã, a Rússia e a Síria. A filiação na Alba é um caso de protagonismo parcial ou corrompido, pois essa política se formula com o objetivo principal de irritar os EUA, assumindo que tal irritação promoveria os interesses nacionais e sua influência em outros países da região. Nos casos de Cuba e da Venezuela sob Chávez, certamente há protagonismo, porque é o meio pelo qual o país define sua posição na política mundial. No caso de Cuba é evidente que a oposição aos EUA gerou espaço para a nação nos assuntos internacionais; no caso da Venezuela, os resultados são menos nítidos. E, no caso de outros membros da Alba, Nicarágua, Bolívia, Equador e algumas ilhas do Caribe, pouco protagonismo foi gerado por sua filiação.

O mesmo padrão de protagonismo parcial foi seguido por pequenas nações da bacia do Caribe e da América Central ao longo do século XX, com exceção da Nicarágua depois de 1979. Sua política externa enfocava a dos EUA, como um instrumento usado pelas elites governantes para manter seu poder interno. Refiro-me a esses casos como governos que têm sistemas políticos penetrados.* O governo e a oposição faziam *lobby* em Washington para ganhar influência nos EUA para sua disputa de poder contra os adversários. Apenas Estados vizinhos – e ainda assim circunstancialmente – figuravam com destaque na política externa da América Central, com a importante exceção da Costa Rica. As discussões mais amplas de política externa eram extremamente raras, e nunca conduzidas com referência à opinião pública ou como parte de um processo político, já que a governança democrática era não existente ou extremamente imperfeita.

Esse cenário começou a mudar quando as guerras civis em diversos países da América Central nas décadas de 1970 e 1980 provocaram pela primeira vez uma discussão pública sobre política externa.[27] Além disso, a nova sociedade civil – grupos de direitos humanos, tribunais internacionais, agências de ajuda humanitária e organizações multilaterais – configurou um fator importante na promoção de interesse pelo protagonismo em diversos países, como uma tentativa de impedir a militarização dos conflitos civis que foram precipitados ou exacerbados pela intervenção dos EUA. Hoje, os países da América Central formam um espectro de esforços para alcançar protagonismo, desde a Costa Rica, com um senso plenamente articulado de seu papel na comunidade internacional, até Honduras e Guatemala, com um interesse mínimo por protagonismo e que permanecem tendo sistemas políticos penetrados. Os outros países, El Salvador, Nicarágua e Panamá, por motivos muito diferentes, ocupam um tipo de lugar no meio termo, com o início

---

* N.T.: O autor usa aqui a expressão em inglês "*penetrated polities*", referindo-se a tipos de governo em que a política interna é conduzida não só em relação à própria circunstância política local, mas também em função do governo dos Estados Unidos, em Washington, que tem atuação decisiva para a tomada de poder. Um exemplo disso, como o autor analisa em capítulos subsequentes, são os países da América Central e do Caribe na primeira metade do século XX, nos quais a disputa de poder entre facções das elites dominantes quase sempre envolvia a participação e o arbítrio do governo norte-americano, principalmente pela ação de lobistas em Washington. Na ausência de uma expressão equivalente em português, optou-se aqui por traduzi-la como "sistemas políticos penetrados".

de um processo de busca por protagonismo nos assuntos internacionais e de inclusão do debate sobre política externa na pauta das políticas públicas. Em todos os países da América Central, há uma aliança informal entre aqueles que defendem a expansão do espaço de contestação democrática e a sociedade civil internacional. Esses grupos defendem laços mais estreitos com a comunidade internacional e organizações institucionais mais fortes para unir as nações. O fato de a imigração, o tráfico de drogas e a violência de gangues serem internacionais em escopo os tornam parte do novo debate sobre política externa em toda a sub-região.[28]

No Caribe, as ex-colônias anglófonas estendem sua estabilidade política e seu respeito por valores centrais a uma atuação de relevo em todas as organizações internacionais disponíveis. O conjunto anglófono forma o maior bloco homogêneo na OEA e exerce uma influência considerável na ONU. A República Dominicana, depois de um longo período de instabilidade a que se seguiu à queda da ditadura de Trujillo, tem se atrelado à América Central para promover o comércio internacional e atrair investimento estrangeiro. O Haiti, tristemente, continua sua longa história de instabilidade e pobreza, apesar dos esforços incessantes da comunidade internacional beneficente.

O Chile, depois de sua transição para a democracia na década de 1990, representa o caso mais evidente de uma busca deliberada e consciente por protagonismo na América do Sul com o propósito de potencializar os interesses nacionais em escala global, ao mesmo tempo levando em conta o papel dos EUA. No caso, a política externa dos governos da Concertación e da Nueva Mayoría estava nas mãos de um grupo extraordinário de ativistas acadêmicos, quase todos tendo residido nos EUA durante o período de ditadura. A maioria aproveitou o período de exílio para obter títulos acadêmicos avançados nos EUA, e eram membros ativos do Rial. Esses chilenos são os heróis dos últimos capítulos deste livro. Coletivamente, eles traçaram o caminho contrário ao antiamericanismo, à dependência e ao senso de vitimização, indo em direção a uma consciência de como potencializar os interesses nacionais nos assuntos mundiais. Levaram o conceito de "*soft power*" aos holofotes do hemisfério. Sem esses chilenos, eu não teria um caso paradigmático para o qual pudesse apontar. Há outros casos de protagonismo no período pós-Guerra Fria e também tratarei deles. Meu objetivo é cobrir todo o processo – da independência até o presente – de como diferentes países passaram a ver a si mesmos no mundo e como formularam políticas externas para defender seus interesses nacionais. Meu método é justapor a postura dos EUA em relação à de países da região em diferentes momentos históricos para entender melhor como se administra a transição da hegemonia para uma comunidade de nações que exercem seu protagonismo.

A maioria das nações da América Latina aproveitou apenas timidamente ou de forma parcial a oportunidade de protagonismo surgida com o fim da Guerra Fria. Até hoje, muitas delas permanecem passivas ou com uma participação incerta na comunidade internacional mais ampla. Na última década, o México vem adquirindo com confiança um papel no sistema internacional, embora o flagelo do tráfico de drogas seja uma forte limitação. Desde a década de 1990, o Brasil atribuiu a si um papel de grande potência, mas tem demonstrado incerteza sobre como exercer essa função. A Venezuela, através da Alba, vem liderando uma tentativa de criar uma organização regional antiamericana, mas apresenta muito pouco em termos de uma agenda real e perdeu influência desde a morte de Chávez em 2013. Mais promissor é o movimento para um regionalismo pós-hegemonia (Unasul e Celac) com a exclusão dos EUA como forma de protagonismo coletivo. O processo desse novo regionalismo é muito recente para ser avaliado, embora se possa dizer que a criação de organizações regionais sem os EUA é mais uma evidência de que o sentimento anti-EUA ainda figura como um forte propulsor de raciocínio sobre política externa na América Latina, e que as organizações criadas para ferir os EUA não têm uma orientação clara de regras para guiar a comunidade.

A globalização força todas as nações da região a terem uma atuação mais ativa no mundo; todas têm um lugar no mundo hoje maior do que em qualquer outro período de suas histórias. E a globalização tem conferido poder a uma comunidade epistemológica em expansão que se ocupa de assuntos internacionais. Impulsionada e alimentada pelo Rial, há hoje uma segunda geração de estudiosos de Relações Internacionais que se ocupam intensivamente do processo político, e que está plenamente informada sobre as atividades de seus pares em outros países. O México e o Brasil são notórios pela efusão de publicações na área, por sites que promovem debates sobre política externa e projetos ambiciosos de disponibilizar *online* documentos governamentais para o público em geral.[29] O Chile e a Argentina também têm desenvolvido projetos de peso para disponibilizar *online* documentos públicos. Cada vez mais, pesquisadores latino-americanos participam de debates profissionais sobre assuntos de interesse comum com colegas nos EUA e na Europa.[30]

Em termos metodológicos, meu objetivo principal é apresentar a narrativa histórica necessária para descrever o surgimento do protagonismo no século XIX e o surgimento da hegemonia norte-americana na virada do século XIX para o XX. A partir disso, a questão é como as nações da América Latina lidaram com essa hegemonia. Com o fim da Guerra Fria e a transição para a democracia na América Latina, o foco se expande e passa a incluir o processo político e o modo como as novas democracias usaram o debate público para fortalecer e legitimar seu protagonismo, assim como fizeram os fundadores dos EUA dois séculos antes. Os primeiros episódios de protagonismo na América Latina desdobram-se com limitada discussão pública e uma mistura de propostas idealistas e realistas. Depois da Guerra Fria, a abordagem predominante é neorrealista ou liberal, conferindo grande atenção ao "*soft power*" juntamente com o crescimento de um interesse sobre a criação de redes relacionais e a participação nelas como a melhor forma de defender os interesses nacionais. Quão mais desenvolvido for o protagonismo, como no Chile, mais flexível e eclética é a abordagem de projetar poder e proteger interesses. Através da História Narrativa, eu apresento as perspectivas tanto dos EUA quanto das principais nações latino-americanas. Em todo o texto, dou atenção aos líderes e ao processo de tomada de decisões. Nuance e sutileza tornam a narrativa mais complexa, o que é melhor para refletir uma realidade complexa.

No capítulo final, enfrento o dilema de como as nações da América Latina estão lidando com o legado da hegemonia dos EUA no hemisfério. O outro lado da moeda desse dilema é como os EUA lidam com o novo momento geopolítico, no qual ambições hegemônicas são contraproducentes. Ainda assim, com hegemonia ou não, os EUA continuarão sendo a nação mais poderosa do hemisfério em um futuro previsível, e as relações entre EUA e América Latina continuarão sendo assimétricas em termos de poderio nacional. Seria possível nessas novas condições pensar em uma comunidade hemisférica de nações? A minha narrativa histórica termina com a decisão dos EUA e de Cuba de restaurar a normalidade nas relações. Nada que o presidente Obama pudesse fazer seria um símbolo mais poderoso de que seu governo, finalmente, está pronto para entrar na era pós-hegemônica. Com essa decisão e com seu discurso na 7ª Cúpula das Américas em abril de 2015, Obama convidou as nações do hemisfério a juntar-se a ele na caminhada para o futuro. A resposta da América Latina foi mais uma babel do que um aplauso.

NOTAS

[1] Talvez o exemplo paradigmático desse excesso de confiança seja Samuel F. Bemis, *The Latin American Policy of the United States* (NY: Harcourt, 1943).
[2] Felix Gilbert, *To the Farewell Address Ideas of Early American Foreign Policy* (Princeton: Princeton UP, 1961).
[3] Vale notar que mais de 50 anos depois ainda não há um estudo equivalente sobre um país da América Latina. Com o crescimento do interesse na América Latina e no processo de política externa, imagino que isso vá mudar logo nos próximos anos.
[4] Autores marxistas, neomarxistas e outros adotam essa visão, como Carlos Escude em *Realismo periférico* (BsAs: Planeta, 1992) e *Foreign Policy Theory in Menem's Argentina* (Gainesville: UP of Florida, 1997). Escude refere-se ao debate acadêmico como teoria de RI anglo-americana. Ele critica ferozmente a teoria da escolha racional.

5   Esse cenário começa a mudar. Pesquisadores mexicanos, com total apoio do Ministério das Relações Exteriores, estão começando a publicar online uma coletânea monumental de documentos e estudos baseados nesses documentos. Pesquisadores na Argentina, no Brasil e no Chile ao longo da última década vêm produzindo histórias revisionistas sobre o início do período nacional tratando das políticas externas. Tudo isso, ao lado de um crescente interesse acadêmico em relações internacionais, deve levar em breve a uma síntese. Trato do crescente interesse em relações internacionais no capítulo "Protagonismo pós-hegemonia: ordem ou desordem?".
6   Um exemplo recente de tentativa de fazer isso é "Soft Balancing avant la Lettre: Latin America and the United States", *International Security*, no prelo, que investiga os empenhos no fim do século XIX para evitar a hegemonia dos Estados Unidos, a partir de um suporte teórico.
7   Ernest R. May, "The Nature of Foreign Policy: the Calculated Versus the Axiomatic", *Daedalus* (Fall), 1962. Outros fazem distinção entre estratégia e tática, e alguns usam o conceito de cultura estratégica para chegar a uma diferença entre valores profundamente arraigados ou metas de longa duração e reações ao momento que levam a tomadas de decisão e definição de políticas. Mais recentemente, na América Latina, as pessoas se referem a *políticas de Estado* como aquelas formadas à base de amplo consenso, acima dos interesses de um único grupo ou governo.
8   Participei de um desses cursos na Faculdade de Administração da Universidade da Carolina do Norte, em Chapel Hill. O curso foi dado em outros programas, como em Direito, Ciências Humanas, Estudos Ambientais e Artes Plásticas. Meu colega, Otis L. Graham, Jr. resumiu nossa experiência em "The Uses and Misuses of History: Roles in Policymaking", *The Public Historian*, v. 5, n. 2 (1983).
9   Ver, por exemplo, May, *"Lessons" of the Past The Use and Misuse of History in American Foreign Policy* (NY: Oxford University Press, 1973); e com Richard E. Neustadt, *Thinking in Time The Uses of History for Decision Makers* (NY: The Free Press, 1986). A influência que May exerceu sobre seu colega da Kennedy School, Graham T. Allison, é evidente em *The Essence of Decision* (NY: Little, Brown, 1971), que foi relançado em uma segunda edição com Philip Zelikow, usando áudios das sessões sobre tomadas de decisão feitos na Kennedy que não estavam disponíveis na primeira edição (NY: Longman, 1999). May explorou esse formato em um livro anterior sobre tomada de decisão por executivos, em *The Ultimate Decision* (NY, George Braziller, 1960).
10 Ver Yosef Lipid e F. V. Kratochwil, eds., *The Return of Culture and Identity to IR Theory* (Boulder: Lynne Rienner Publishers, 1996); C.S. Gray, "Strategic Culture as Context: the first generation of theory strikes back", *Review of International Studies*, v. 25, n. 1 (1999); S. Pore, "What is the context?", *Rev. of International Studies*, v. 29, n. 2 (2003); J. S. Lantis, "Strategic Culture and National Security Policy," *International Studies Review*, v. 4, n. 3 (2003). Para um exemplo de como o Comando Sul dos EUA usou a cultura estratégica para entender as políticas externas das nações latino-americanas, ver as diversas publicações da Florida International University, Strategic Culture, disponíveis online em <www.arc.FIU.edu>. Críticos da cultura estratégica a consideram muito superficial para construir análises densas sem uma pesquisa histórica ou antropológica de verdade.
11 José Figueres e o Barão do Rio Branco são exemplos de tais indivíduos, e serão discutidos nos capítulos "Ascensão da hegemonia dos EUA e resistência da América Latina" e "A Guerra Fria no hemisfério".
12 Ver, como exemplo, Eduardo Galeano, *Las venas abiertas de América Latina* (Buenos Aires: Siglo XXI, 1971); há uma edição em inglês de 1973. Curiosamente, em uma entrevista concedida pouco antes de sua morte em 2015, Galeano renegou seu livro (*New York Times*, 14 de abril de 2015, A17). Para uma análise mais geral do antiamericanismo na América Latina, ver Stephen Haseler, *The Varieties of Anti-Americanism: Reflex and Response* (Washington, DC: Ethics and Public Policy Center, 1985), e Mariano Aguirre e Ana Montes, eds., *De Bolivar al Frente Sandinista: Antologia del pensamiento anti-imperialista en latinoamerica* (Madrid: Ed. de la Torre, 1979).
13 Gil, *Latin American: United States Relations* (NY: Harcourt Brace, 1971). Gil evitou a questão da hegemonia porque não queria se envolver com a imagem espelhada da hegemonia, a sensação de vitimização na América Latina. Como dito, o interesse de pesquisadores latino-americanos pela história dos assuntos internacionais cresceu expressivamente nas duas últimas décadas.
14 Heraldo Muñoz e Joseph S. Tulchin, eds., *A América Latina e a política mundial* (São Paulo: Convívio, 1986). Conheci Muñoz através de Gil e publiquei seu artigo sobre interdependência estratégica quando era editor do *LARR*. Muñoz depois ocupou o cargo de ministro das Relações Exteriores na presidência de Michele Bachelet em 2014.

15 Muñoz inaugurou uma crítica da teoria da dependência como uma política externa distorcida, em "Cambio y Continuidad en el Debate sobre Dependencia", *Estudios Internacionales*, v. 11, n. 44 (1978). Seu argumento de que o poder é maior que zero encontra-se em "The Strategic Dependency of the Centers and the Economic Importance of the Latin American Periphery", LARR, v. XVI, n. 3 (1981).
16 Ver Tulchin, *Aftermath of War* (NY: NYU Press, 1971).
17 O conceito de *agency* é amplamente usado em diversas disciplinas nas Ciências Sociais. O uso que faço teve origem na Psicologia, e refere-se à noção de que um indivíduo tem de sua capacidade de ação. Pressupõe que uma ação ocorra dentro de algum ambiente coercitivo: em uma instituição, um grupo ou sistema. Implica consciência e vontade. Não faz conjeturas sobre poder ou capacidade.
18 O Rial teve um papel decisivo na entrada da teoria de Relações Internacionais na América Latina. Muitos dos principais atores fizeram pós-graduação nos Estados Unidos e levaram seu conhecimento para casa. Esse esforço coletivo foi parte importante da transição da Guerra Fria para um período novo de relações interamericanas; voltarei a esse assunto nos capítulos "A Guerra Fria no hemisfério", "Depois da Guerra Fria: o otimismo prevalece" e "Fim da hegemonia e a evolução do protagonismo".
19 O conceito de *"soft power"* foi introduzido por Joseph S. Nye Jr. e Robert O. Keohane, *World Politics in Transition* (NY: Little, Brown, 1977).
20 O termo "governança" [*governance*, em inglês] significa aqui o sistema inteiro de uma comunidade organizada que concorda com as normas pelas quais é governada. Refere-se às normas do governo, às leis e ao Estado de Direito que regem o funcionamento do Estado, e pelos quais se atribui ao governo a obrigação de prestar contas ao povo que governa.
21 O codiretor do projeto era Augusto Varas, que foi substituído depois por Francisco Rojas. Varas também fez seu doutorado nos EUA durante a ditadura, em Sociologia, pela Universidade de Washington, em St. Louis. Também trabalharam conosco Rut Diamint (Argentina), Cristina Eguizábal (El Salvador), Raúl Benítez, (México), Lilian Bobea (República Dominicana) e Tomás Guedes da Costa (Brasil). Outros colaboraram ao longo dos anos, como Luís Bitencourt, Ricardo Sennes, Ricardo Córdova, Luís Guillermo Solís e Carlos Basombrío.
22 Essa euforia é descrita detalhadamente no capítulo "Fim da hegemonia e a evolução do protagonismo".
23 Os resultados desse projeto se materializaram em boletins, mais de uma dezena de livros e quase cem reuniões com tomadores de decisão e acadêmicos. Todas as publicações, inclusive relatórios de reunião, estão disponíveis no site do Wilson Center.
24 Nosso interesse pelo processo político impulsionou outro projeto no Wilson Center que promovia programas de pós-graduação em políticas públicas em várias universidades.
25 A cultura estratégica da Costa Rica será discutida com mais detalhe no capítulo "Fim da hegemonia e a evolução do protagonismo".
26 Ver Daniel Klickoff, ensaio em manuscrito, *Ministério de Relações Exteriores*, 1994.
27 As exceções são os casos da Nicarágua no episódio de Sandino na década de 1920 e a Guatemala na década de 1950.
28 Essas questões passaram a ser chamadas de "intermésticas" porque são ao mesmo tempo locais e internacionais.
29 Esses estudos são citados em detalhe nos capítulos "Fim da hegemonia e a evolução do protagonismo" e "Protagonismo pós-hegemonia: ordem ou desordem?". Guadalupe González no México, Luis Maira no Chile e no México, e José Augusto Guilhon Albuquerque no Brasil são alguns dos maiores atores desse novo desenvolvimento.
30 Jorge I. Dominguez e Ana Covarrubias, eds., *Routledge Handbook of Latin America in the World* (NY: Routledge, 2015). Trata-se de um exemplo excepcional entre vários nessa nova troca produtiva entre pesquisadores da região.

Bibliografia

ABELSON, Don. *Energy Policy in the Western Hemisphere*. Latin American Program Working Paper 195. Ed. David L. Pumphrey. Washington, D.C.: WWICS, 1991.
AGGARWAL, Vinod K. "Reconciling Multiple Solutions: Bargaining, Linkages, and Nesting", *Institutional Designs for a Complex World: Bargaining, Linkages, and Nesting*. Ed. Vinod K. Aggarwal. Ithaca: Cornell UP, 1998, 1-32.
AGGARWAL, Vinod K. "International Debt Threat: Bargaining Among Creditors andDebtors in the 1980s", *Policy Papers in International Affairs* 29, 1987.
AGGARWAL, Vinod K., Ralph Espach e Joseph S. Tulchin, eds. *The Strategic Dynamics of Latin American Trade*. Stanford: Stanford UP, 2004.
AGUAYO QUEZADA, Sergio e Raul Benitez Manaut, eds. *Atlas de la seguridad y de la Defensa de México, 2012*. México, D.F.: CASEDE, 2012.
AGUIRRE, Mariano e Ana Montes, eds. *De Bolivar al Frente Sandinista: Antologia del pensamiento anti-imperialista latinoamerica*. Madrid: Ed. de la Torre, 1979.
ALFONSÍN, Raúl. Entrevista pessoal, 17 de outubro de 1992.
ALLISON, Graham T. *The Essence of Decision*. New York: Little, 1971.
AMORIM, Celso. *Breves narrativas diplomáticas*. Rio de Janeiro: TAEDA, 2014.
ARCHIBOLD, Randal C. "Trying to slow the illegal flow of young migrants". *New York Times* 21 July 2014: A7.
ARMONY, Ariel C. "China in Latin America". U. of Miami, 2013. Web. 9 Jan. 2015.
ARMONY, Ariel C. *The Dubious Link: Civic Engagement and Democratization*. Stanford: Stanford UP, 2004.
ARMONY, Ariel C. e Hector E. Schamis. "Babel in Democratization Studies". *Journal of Democracy* 16.4 (2005): 113-28.
ARMONY, Ariel C. et al., eds. *Repensando la Argentina: Antes de diciembre de 2001 y más allá de mayo de 2003*. Wilson Center Reports on the Americas 7. Washington, D.C.: WWICS, 2003.
ARNSON, Cynthia J., ed. *Comparative Peace Processes in Latin America*. Washington, D.C.: Wilson Center Press, 1999.

ARNSON, Cynthia J. e Tamara Taraciuk, eds. *Argentina-United States Bilateral Relations*. Wilson Center Reports on the Americas 8. Washington, D.C.: WWICS, 2003.
ARRIAGADA, Genaro. Entrevista pessoal em 24 de setembro de 1994.
AZCARATE, Pablo de. *La Guerra del 98*. Madrid: Alianza, 1968.
BAILEY, Norman A. *The Inter-American System for the Maintenance of Peace and Security in the Western Hemisphere*. Diss. Columbia University, 1962.
BAILEY, Norman A. *Latin America in World Politics*. New York: Walker, 1967.
BALZE, Federico de la. "En la fase menguante de la globalization". *Clarin*. Arte Gráfico, 4 Oct. 2014. Web. 9 Jan. 2015.
BARAN, Paul A. *The Political Economy of Growth*. New York: Monthly Review, 1957.
BARBERO, José A. e Rodrigo Rodriguez Tornquist. "Transporte y cambio climático: hacia un desarrollo sostenible y de bajo carbono". *Revista Transporte y Territorio* 6 (2012): 8-26. Web. 9 Jan. 2015.
BARBOSA, Rubens. *The Washington Dissensus: A Privileged Observer's Perspective on US-Brazilian Relations*. Nashville: Vanderbilt UP, 2014.
BAUTISTA DE LAVALLE, Juan. *El Peru y la Gran Guerra*. Lima: Imp. Americana, 1919.
BEELEN, George D. "The Harding Administration and Mexico: Diplomacy by Economic Persuasion". *The Americas* 41.2 (1984): 177-89.
BENÍTEZ MANAUT, Raúl. *Mexican Security and Defense Doctrines: From the 19th to the 21st Centuries*. Woodrow Wilson Center Update on the Americas: Creating Community 9. Washington, D.C.: WWICS, 2002.
BENÍTEZ MANAUT, Raúl. *Seguridad Hemisférica: Debates a inicios del siglo XXI*. Woodrow Wilson Center Update on the Americas: Creating Community 11. Washington, D.C.: WWICS, 2003.
BETHELL, Leslie. *The abolition of the Brazilian slave trade*. Cambridge: Cambridge UP, 1970.
BETHELL, Leslie. "O Brasil entre a Europa, os Estados Unidos e a América Latina no pensamento de Joaquim Nabuco". *Novos Estudos* 88 (2010): 73-87.
BETHELL, Leslie e Ian Roxborough, eds. *Latin America Between the Second World War and the Cold War, 1944-1948*. Cambridge: Cambridge UP, 1992.
BITAR, Sergio. *Un Futuro Comun Chile, Bolivia, Peru*. Santiago: Aguilar, 2011.
BITAR, Sergio e Jorge Heine. "Chile y lo que está en juego en Siria". *El Mercurio*. 13 Sept. 2013. Web. 9 Jan. 2015.
BITENCOURT, Luis. *Defining Brazil's Security Agenda: From Favelas to the United Nations*. Woodrow Wilson Center Update on the Americas: Creating Community 23. Washington, D.C.: WWICS, 2006.
BOBEA, Lilian. *La construcción de la seguridad democrática en el Caribe*. Woodrow Wilson Center Update on the Americas: Creating Community 25. Washington, D.C.: WWICS, 2006.
BOBEA, Lilian. *Gobernabilidad de la Seguridad en el Caribe*. Woodrow Wilson Center Update on the Americas: Creating Community 17. Washington, D.C.: WWICS, 2005.
BOWLES, Samuel et. al. "Estimates of the impact of the Free Trade Agreement on Direct U.S. Investment in Mexico". Trade Policy Staff Committee Public Hearings. Boston, MA. 11 Sept. 1991. Public testimony.
BOX, Pelham H. *The origins of the Paraguayan War*. Champaign: U. of IL Press, 1930.
BRANDS, Hal, *Latin America's Cold War* Cambridge, MA: Harvard UP, 2012.
BRESSER PEREIRA, Luiz Carlos et. al. *Economic Reforms in New Democracies: A Social-Democratic Approach*. Cambridge: Cambridge UP, 1993.
BROCKETT, Charles D. *Political Movements and Violence in Central America*. NY: Cambridge UP, 2005.
BRUM, Baltasar. *American Solidarity*. Montevideo: Nacional, 1920.
BRUNI, Frank. "Obama's Messy Words". *New York Times* 1 Sept. 2014: A19.
BRYAN, Elizabeth, ed. *Understanding Cuba*. Woodrow Wilson Center Update on the Americas: Creating Community 26. Washington, D.C: WWICS, 2007.
BRYAN, Elizabeth et al., eds. *Governance and Security in Haiti: Can the International Community Make a Difference?* Woodrow Wilson Center Update on the Americas: Creating Community 27. Washington, D.C.: WWICS, 2007.
BURBACH, Roger et al. *Latin America's Turbulent Transitions – The Future of Twenty-First-Century Socialism*. New York: Zed, 2013.
BURGES, Sean. "Brazil's International Development Co-operation: Old and New Motivations". *Development Policy Review* 32.3 (2014): 35-374.

CALLEO, David P. *Beyond American Hegemony*. New York: Basic, 1987.
CAMUS, Albert. *The Rebel*. New York: Doubleday, 1965.
CARDONA, Diego et al. *Colombia-Venezuela: Crisis o Negociacion?* Bogota: Fescol, 1992.
CARDOSO, Fernando Henrique. *Charting a New Course: The Politics of Globalization and Social Transformation*. New York: Rowman, 2001.
CARDOSO, Fernando Henrique and Enzo Faletto. *Dependencia y Desarrollo*. Mexico, D.F.: Siglo XXI, 1969.
CARDOZO, Efraim. *El imperio del Brasil y el Rio de la Plata*. Buenos Aires: Librería del Plata, 1961. "CARI / Libros". *Consejo Argentino para las Relaciones Internacionales*. CARI, n.d. Web. 9 Jan. 2015.
CASAR, Maria Amparo e Guadalupe Gonzalez, eds. *Mexico 2010: El juicio del siglo*. Mexico, D.F.: Taurus, 2010.
CAROTHERS, Thomas. *In the Name of Democracy*. Berkeley: U. of CA Press, 1991.
CAVALLO, Domingo. Entrevista pessoal de 22 de setembro de 1991.
"CECHIMEX - UNAM". *Unam – Portal de la Universidad Nacional Autónoma de Mexico*. Unam, 10 Nov. 2012. Web. 9 Jan. 2015.
CHAMBERS, Sarah. *From Subjects to Citizens: Honor, Gender and Politics in Arequipa, Peru, 1780-1854*. State College: PSU Press, 1999.
CHASE, Robert et. al., eds., *The Pivotal States*. New York: Norton, 1999.
CHASTEEN, John C. *Americanos*. New York: Oxford, 2008.
CHASTEEN, John C. *Heroes on Horseback*. Albuquerque: U. of NM Press, 1995.
CHILD, Jack. *The Central American Peace Process, 1983-1991*. Bolder: Lynne Rienner, 1992.
CHINA EN EL CONGRESO. *La Política Online*. La Política Online, 19 July 2014. Web. 9 Jan. 2015.
CHRISTENSEN, Thomas J. *The China Challenge Shaping the Choices of a Rising Power*. NY: Norton, 2015.
CISNEROS, Andres e Carlos Escude. eds. "Historia General de las Relaciones Exteriores de la Argentina, 1806-1989". *Iberoamérica y el mundo*. Portal Iberoamérica y el Mundo, n.d. Web. 9 Jan. 2015.
CISNEROS, Andres e Carlos Escude. *Historia General de las Relaciones Exteriores de la Republica Argentina*. 20 vols. BsAs: Grupo Editor, 2000.
CLINTON, Hillary. *Hard Choices*. New York: Simon, 2014.
CLINTON, Richard L. "The Modernizing Military The Case of Peru". *Inter-American Economic Affairs*, 24:4, 1971.
COATSWORTH, John H. *Central America and the United States: The Clients and the Colossus*. New York: Twayne, 1994.
COATSWORTH, John H., "Structures, Endowments, Institutions and Growth in Latin American Economic History". LARR, 40:3, 2005.
COATSWORTH, John H. "Inequality, Institutions, and Economic Growth", JLAS, 40, 2008.
COHEN, Giselle e Rut Diamint. *La Seguridad Hemisférica: Una mirada desde el sur de las Américas*. Woodrow Wilson Center Update on the Americas: Creating Community 15. Washington, D.C.: WWICS, 2003.
COLLINS, Gail. "A Man with a Plan". *New York Times* 11 Sept. 2014: A27.
CONN, Stetson, e Byron Fairchild. *The Western Hemisphere, the Framework of Hemispheric Defense*. 2 vols. Washington, D.C.: Office of the Chief of Military History, Department of the Army, 1960.
COOLIDGE, Archibald C. *The United States as a World Power*. New York: Macmillan, 1908.
COOPER, Andrew F. e Thomas Legler. *Intervention without intervening?* New York: Palgrave, 2006.
CORRALES, Javier e Richard E. Feinberg. "Regimes of Cooperation in the Western Hemisphere: Power, Interests, and Intellectual Traditions". *International Studies Quarterly* 43.1 (1999): 1-36.
COTLER, Julio e Richard R. Fagen. *Latin America & the United States: The Changing Political Realities*. Stanford: Stanford UP, 1974.
CRAHAN, Margaret E. *Whither Cuba? The Role of Religion*. Woodrow Wilson Center Update on the Americas: Creating Community 14. Washington, D.C.: WWICS, 2003.
DANELSKI, David J. e Joseph S. Tulchin, eds. *The Autobiographical Notes of Charles Evans Hughes*. Cambridge: Harvard UP, 1973.
DARNTON, Christopher. "After Decentering The Politics of Agency and Hegemony. In: Hemispheric Relations". LARR 48: 3 2013.
DEUSTUA, Alejandro. "La Politica Exterior Peruana". *La Republica*. 26 Jan. 2001. Web. 9 Jan. 2015.
DI TELLA, Guido. Entrevista pessoal, 23 de abril de 1995.
DIAMINT, Rut. "América Latina en la agenda global". *América Latina y los Bicentenarios: una agenda de futuro tras 200 años de independencia*. Ed. José Antonio Sanahuja e Celestino del Arenal. Madrid: Siglo XXI, 2010.
DIAMINT, Rut. "Amérique latine: une course aux armements?" *Cahiers d´Amérique Latine* 63 (2010): 117-31.

DIAMINT, Rut. "Conducción civil de las políticas de defensa". *La reconstrucción de la seguridad nacional: Defensa, democracia y cuestión militar en América Latina*. Ed. Marcela Donadío. Buenos Aires: Prometeo, 2010.
DIAMINT, Rut. "Confianza y Conflicto en América Latina". *Los desafíos de la integración en el siglo XXI*. Ed. Julio César Theiler et al. Santa Fé: Universidad Nacional del Litoral, 2011.
DIAMINT, Rut. "La historia sin fin: el control civil de los militares en Argentina". *Nueva Sociedad* 213 (2008): 95-111.
DIAMINT, Rut. "A More Secure Hemisphere?" *Inter-American Cooperation at a Crossroads: 2010 Onwards*. Ed. Gordon Mace et al. Basingstoke: Palgrave, 2011.
DIAMINT, Rut. "Nouveaux profils de pouvoir militaire". *Armees et pouvoirs en Amerique Latine*. Ed. David Mares. Paris: IHEAL, 2004.
DIAMINT, Rut. "Latin America and the military subject reexamined". *Debating Civil-Military Relations in Latin America*. Ed. David Mares. Sussex: Academic Press, 2014.
DIAMINT, Rut. "Regionalismo y posicionamiento suramericano. El papel de Unasur y Alba". *Revista CIDOB des Affairs International* 101 (2013): 55-79.
DIAMINT, Rut. "Security Communities, Defence Policy Integration and Peace Operations in the Southern Cone: An Argentine Perspective". *International Peacekeeping* 17.5 (2010): 662-7.
DIAMINT, Rut. *Sin Gloria*. BsAs: EUDEBA, 2015.
DIAMINT, Rut e Arlene B. Tickner. *Percepciones Hemisféricas sobre la Crisis Colombiana*. Woodrow Wilson Center Update on the Americas: Creating Community 16. Washington, D.C.: WWICS, 2005.
DOMINGUEZ, Jorge I. *To Make a World Safe for Revolution: Cuba's Foreign Policy*. Cambridge: Harvard UP, 1987.
DOMINGUEZ, Jorge I. *Cuba Order and Revolution*. Cambridge: Harvard UP, 2009.
DOMINGUEZ, Jorge I. e Ana Covarrubia, eds. *Routledge Handbook of Latin America in the World*. New York: Routledge, 2015.
DOMINGUEZ, Jorge I. e Rafael Fernandez de Castro, eds. *Contemporary U.S.-Latin American Relations*. New York: Routledge, 2010.
DORNBUSCH, Rudiger e Sebastian Edwards. *Macroeconomia del Populismo en la America Latina*. Mexico, D.F.: Fondo de Cultura Económica, 1992.
DRAIBE, Joseph M. "Social Policy Reform". *Reforming Brazil*. Ed. Mauricio Font. Lanham: Lexington, 2004. Page range.
DREKONJA, Gerhard. "La Autonomia periferica redefinida. Redefiniendo la Autonomia en politica internacional". *Documentos Ocasionales* (CEI) 31 1993.
THE EDITORIAL BOARD. "Cuba's Impressive Role on Ebola". *New York Times* 20 Oct. 2014: A24.
EGUIZÁBAL, Cristina, ed. *America Latina y la Crisis Centro-Americana: en busca de una solucion regional*. Buenos Aires: GEL, 1989.
EGUIZÁBAL, Cristina. *Armies in Times of Peace: The Division of Labor Between the Armed Forces and Police*. Woodrow Wilson Center Update on the Americas: Creating Community 8. Washington, D.C.: WWICS, 2002.
EGUIZÁBAL, Cristina. "Central America". *Contemporary U.S.-Latin American Relations: Cooperation or Conflict in the 21st Century?* Ed. Jorge Dominguez and Rafael Fernández de Castro. New York: Routledge, 2010.
EINAUDI, Luigi. "Revolution from Within Military Rule in Peru since 1968". *Studies in Comparative Development* 8:1 (1973).
ELLIS, L. Ethan. *Frank B. Kellogg and American Foreign Policy*. New Brunswick: Rutgers Univ. Press, 1961.
ESCUDE, Carlos. *La Argentina: ¿Paria internacional?* Buenos Aires: Belgrano, 1984.
FAGEN, Richard R., ed. *Capitalism and the State in U.S.-Latin American Relations*. Stanford: Stanford UP, 1979.
FALS BORDA, Orlando et al. *La violencia en Colombia*. 2 vols. Bogotá: Tercer Mundo, 1962.
FEINBERG, Richard, Emily Miller e Harold Trinkunas. "Better than you Think: Reframing Inter-American Relations". *Brooklings Policy Brief*, March 2015.
FERRELL, Robert H. *Peace in Their Time*. New Haven: Yale UP, 1952.
FINCHELSTEIN, Federico. *Transatlantic Fascism*. Durham: Duke UP, 2010.
FIORI, Jose Luis et al. *O mito do colapso do poder americano*. Rio de Janeiro: Record, 2008.
FITCH, J. Samuel. *Bridging the Conceptual Gap: Latin American Views of Democracy, Politics, and Policy*. Woodrow Wilson Center Update on the Americas: Creating Community 2. Washington, D.C.: WWICS, 2002.
FONSECA, Gelson, Jr. "Notes on the Evolution of Brazil's Multilateral Diplomacy". *Global Governance* 17.3 (2011): 375-97.

FRECHETTE, Myles. "United States-Latin American Relations". *American University*. Washington, D.C. June 1992.
FRIEDMAN, Edward. "Succeeding in the Third World, Except Asia", *Routledge Handbook of Chinese Security*, Ed. Lowell Dittmer e Maochun Yu. New York: Routledge2015.
FRIEDMAN, Max Paul. *Rethinking Anti-Americanism: The Hisotry of an Exceptional Concept in American Foreign Relations*. New York: Cambridge UP, 2013.
FRIEDMAN, Max Paul. *Nazis and the Good Neighor: The United States Campaign Against The Germans of Latin America in World War II*. New York: Cambridge UP, 2003.
FRIEDMAN, Thomas L. *The Lexus and the Olive Tree*. New York: Farrar, 1999.
FRIEDMAN, Thomas L. "Order vs. Disorder, Part 2". *New York Times* 16 July 2014: A23.
FRIEDMAN, Thomas L. "And Now for a Bit of Good News...". *New York Times* 20 July 2014: SR1, 11.
FRIEDMAN, Thomas L. *The World is Flat*. New York: Farrar, 2005.
FUENTES, Claudio, ed. *Bajo la Mirada del Halcon*. Santiago: FLACSO, 2004.
FUKUYAMA, Francis. "The End of History?" *National Interest* 16 (1989): 3-18.
FUKUYAMA, Francis. *The End of History and the Last Man*. New York: Free, 1992.
GALEANO, Eduardo. *Las venas abiertas de American Latina*. Buenos Aires: Siglo XXI, 1971.
GARDINI, GianLuca e Peter Lambert. *Latin American Foreign Policies: Between Ideology and Pragmatism*. London: Palgrave, 2011.
GARDNER, Lloyd. *Safe for Democracy: The Anglo-American Response to Revolution, 1913-1923*. New York: Oxford UP, 1984.
GARRETON, Manuel Antonio et. al. *Latin America in the 21st Century*. Miami: North-South Center, 2003.
GARZA Elizondo, Hunberto et al., eds. *Balance y Perspectivas de la Politica Exterior de Mexico, 2006-2012*. Mexico, D.F.: El Colegio de Mexico, 2014.
GIL, Federico G. *Latin American-United States Relations*. New York: Harcourt, 1971.
GILBERT, Felix. *To the Farewell Address*. Princeton: Princeton UP, 1961.
GINZPARG, Melina. *Diplomacia subregional: Cooperación y seguridad en América del Sur*. Woodrow Wilson Center Update on the Americas: Creating Community 18. Washington, D.C.: WWICS, 2005.
GINZPARG, Melina. *Taller de reflexión: "Diplomacia subregional: Cooperación y seguridad en América del Sur"*. Woodrow Wilson Center Update on the Americas: Creating Community 19. Washington, D.C.: WWICS, 2005.
GLEIJESES, Piero. *Shattered Hope: The Guatemalan Revolution and the United States, 1944-1954*. Princeton: Princeton UP, 1991.
GOBAT, Michel. *Confronting the American Dream: Nicaragua Under U.S. Imperial Rule*. Durham: Duke UP, 2005.
GOLDING, Heather A. *Challenges to Creating Community in the Americas*. Woodrow Wilson Center Update on the Americas: Creating Community 3. Washington, D.C.: WWICS, 2002.
GOLDING, Heather A. *Terrorism and the Triple Frontier*. Woodrow Wilson Center Update on the Americas: Creating Community 4. Washington, D.C.: WWICS, 2002.
GOLDING, Heather A. *U.S. Drug Certification and the Search for a Multilateral Alternative*. Woodrow Wilson Center Update on the Americas: Creating Community 1. Washington, D.C.: WWICS, 2001.
GOMEZ-MERA, Laura. *Power and Regionalism in Latin America: The Politics of Mercosur*. South Bend: U. of Notre Dame Press, 2013.
GOMEZ-MERA, Laura, "The Impact of International Agreements Against Human Trafficking: Evidence from Latin America". Paper presented at the Annual Meeting of the Latin American Studies Association, San Francisco, May 23-26, 2012.
GONZALEZ, Guadalupe. "Mexico en America Latina: entre el Norte y el Sur o el deficil juego del equilibrista". *America Latina: ¿Integracion o Fragmentacion?* Ed. Ricardo Lagos. Buenos Aires: Edhasa, 2008.
GONZALEZ, Guadalupe. "Un siglo de politica exterior mexicana (1910-2010): del nacionalismo revolucionario a la intemperie global". *Mexico 2010: El juicio del siglo*. Ed. Maria Amparo Casar and Guadalupe Gonzalez. Mexico, D.F.: Taurus, 2010.
GONZALEZ, Guadalupe e Olga Pellicer, eds. *La politica exterior de Mexico: Metas y obstaculos*. Mexico, D.F.: ITAM and Siglo XXI, 2013.
GONZALEZ, Guadalupe et. al., eds. *The Americas and the World, 2010-2011: Public Opinion and Foreign Policy in Brazil, Colombia, Ecuador, Mexico, and Peru*. Mexico, D.F.: CIDE, 2011.
GONZALEZ, Guadalupe et al., eds. *Mexico, Las Americas y el Mundo, 2012-2013*. Mexico, D.F.: CIDE, 2013.
GONZALES DE OLARTE, Erain. *El Neoliberalismo a la Peruana*. Lima: Instituto de Estudio Peruanos, 1998.
GRANDIN, Greg. "The Pentagon's New Monroe Doctrine". *The Nation* 8 Feb. 2010: 9-12.

GRANDIN, Greg. "Halfway in with Obama". *New York Times* 24 Apr. 2011: WK1, 5.
GREEN, Rosario. *Encuentros y Desencuentros: Desafíos Iberoamericanos*. Madrid: SECIB, n.d.
GREGARIO-CERNADAS, Maximiliano G. *Vestigios Conceptuales Del Idealismo Kantiano en las ideas e instituciones que confirguraron la política de seguridad eternal del gobierno de Alfonsín*. n.d. Collection of Joseph S. Tulchin, Brookline.
GRINSPUN, Ricardo and Maxwell A. Cameron, eds. *The Political Economy of North American Free Trade*. New York: St. Martin's, 1993.
GUARDINO, Peter. *Peasants, Politics, and the Formation of Mexico's National State: Guerrero, 1800-1857*. Stanford: Stanford UP, 1996.
GUARDINO, Peter. *The Time of Liberty: Popular Political Culture in Oaxaca, 1750-1850*. Durham: Duke UP, 2005.
GUILHON ALBUQUERQUE, José Augusto. "A liderança do Brasil na América do Sul – 2002/2012". *O Brasil e a Governança da América Latina: Que Tipo de Liderança é Possível?* Ed. Bernardo Sorj and Sergio Fausto. São Paulo: Fundação IFHC and Centro Edelstein, 2013.
HAKIM, Peter. "The Enterprise for the Americas Initiative: What Washington Wants". *The Brookings Review* 10.4 (1992): 42-5.
HAKIM, Peter. "President Bush's Southern Strategy: The Enterprise for the Americas Initiative". *The Washington Quarterly* 15.2 (1992): 93-106.
HARDY, Clarissa. *A New Generation of Social Reforms*. Woodrow Wilson Center Update on the Americas: Creating Community 6. Washington, D.C.: WWICS, 2002.
HARRISON, Benjamin T. *Dollar Diplomat: Chandler Anderson and American Diplomacy in Mexico and Nicaragua, 1913-1928*. Pullman: Washington State UP, 1988.
HART, Alberto B. *The Monroe Doctrine: An Interpretation*. Boston: Little, 1916.
HASELER, Stephen. *The Varieties of Anti-Americanism: Reflex and Response*. Washington, D.C.: Ethics and Public Policy Center, 1985.
HERNANDEZ, Juan Orlando. "La Guerra al narco es una Guerra que no es nuestra". *El País*. 4 Oct. 2014. Web. 9 Jan. 2015.
HERRERA, Octavio, and Arturo Santa Cruz. *América del Norte. Historia de las relaciones internacionales de México, 1821-2010 1*. Mexico, D.F.: Secretaría de Relaciones Exteriores, Dirección General del Acervo Histórico Diplomático, 2011.
HERZ, Monica. *The Organization of American States*. New York: Routledge, 2011.
HILTON, Stanley. *Brazil and the Great Powers*. Austin: U. of TX Press, 1976.
HILTON, Stanley. *German Military Espionage and Allied Counter Espionage in Brazil*. Baton Rouge: LA State UP, 1981.
HIXSON, Walter L. *The Myth of American Diplomacy: National Identity and U.S. Foreign Policy*. New Haven: Yale UP, 2008.
HOETINK, Harry. *The Two Variants in Caribbean Race Relations*. New York: Oxford UP, 1967.
HOGAN, Michael and Thomas Paterson, eds. *Explaining the History of American Foreign Relations*. 2nd ed. New York: Cambridge UP, 2004.
HOMELAND SECURITY and the Bilateral Relationship between the United States and Argentina. Woodrow Wilson Center Update on the Americas: Creating Community 24. Washington, D.C.: WWICS, 2006.
HUGHES, Charles Evans. *The Autobiographical Notes of Charles Evans Hughes*. Cambridge: Harvard UP, 1973.
HUNT, Michael H. *The American Ascendency: How the United States Gained and Wielded Global Dominance*. Chapel Hill: U. of NC Press, 2007.
HUNT, Michael H. *Ideology and U.S. Foreign Policy*. 2nd ed. New Haven: Yale UP, 2009.
IRIZARRY Y PUENTE, J. "The Doctrines of Recognition and Intervention in Latin America". *Tulane Law Review* 28.3 (1954): 313-42.
JOFFE, Josef. *The Limited Partnership*. Cambridge, MA: Ballinger, 1987.
JOFFE, Josef. *The Myth of America's Decline: Politics, Economics and a Half Century of False Prophecies*. New York: Liveright; Norton, 2013.
KAGAN, Robert. "Superpowers Don't Get to Retire". *New Republic*. 26 May 2014. Web. 9 Jan. 2015.
KALTENTHALER, Karl and Frank O. Mora, "Explaining Latin American economic Integration: the case of Mercosur". *Review of International Political Economy* 9:1 March 2002.
KAMMAN, William. *A Search for Stability: United States Diplomacy Towards Nicaragua 1925-1933*. South Bend: U. of Notre Dame Press, 1968.

KATZ, Julius. Hearing Before the United States Senate Finance Committee, 102nd Congress, 1st Session. Dirksen Senate Office Building, Washington, D.C. 24 Apr. 1991. Congressional testimony.
KAUFMAN, Robert R., and Joan Nelson. *The Politics of Education Sector Reform: Cross-National Comparisons*. Woodrow Wilson Center Update on the Americas: Creating Community 13. Washington, D.C.: WWICS, 2003.
KECK, Margaret. *Activists Beyond Borders: Advocacy Networks in International Politics*. Ithaca: Cornell UP, 1998.
KENNEDY, Paul. *The Rise and Fall of the Great Powers*. New York: Random House, 1987.
KENWORTHY, Eldon. *America/Americas: Myth in the Making of U.S. Policy Towards Latin America*. State College: PA State UP, 1995.
KISSINGER, Henry. "Unsolved Problems". *Lisbon 1992: The Annual Meeting of the Trilateral Commission*. Paris: Trilateral Commission, 1992.
KLEPAK, Hal. *Confidence Building Sidestepped: The Peru-Ecuador Conflict of 1995*. Ottawa: FOCAL/York UP, 1998.
KNORR, Klaus and James N. Rosenau, eds. *Contending approaches to International Politics*. Princeton: Princeton UP, 1967.
KORNEGAY, Francis A. Jr. e Narnia Bohler-Muller, eds. *Laying the BRICS of a New Global Order*. Pretoria: Africa Institute of South Africa, 2013.
KRIEGER, Joel. *Reagan, Thatcher and the Politics of Decline*. New York: Oxford UP, 1987.
KRISTOF, Nicholas. "Critique from an Obama Fan". *New York Times*, 11 Sept. 2014. Web. 9 Jan. 2015.
LANUS, Archibaldo. "Una perspectiva desde Genebra". Relaciones Argentina-EEUU, FLACSO. Buenos Aires, 6 Mar. 1992.
LEIVA LAVALLE, Patricio, ed., *Analisis del Fallo de la Haya y Perspectivas para las Relaciones entre Chile y Peru* Santiago: Univ. Miguel de Cervantes, 2014.
LEVITSKY, Steven, and Lucan A. Way. *Competitive Authoritarianism*. New York: Cambridge UP, 2010.
LEWIS, David. *Manchester Trade*, 24 May 2014. Web. 9 Jan. 2015.
LINK, Arthur. *The Struggle for Neutrality, 1914-1915*. Princeton: Princeton UP, 1960.
LITWAK, Robert. *Regime Change: U.S. Strategies Through the Prism of 9/11*. Baltimore: Johns Hopkins UP, 2007.
LITWAK, Robert. *Outlier States: American Strategies to Contain, Engage, or Change Regimes*. Baltimore: JHUP, 2012.
LONGLEY, Kyle. *The Sparrow and the Hawk: Costa Rica and the United States during the Rise of Jose Figueres*. Tuscaloosa: U. of AL Press, 1997.
LÓPEZ VALERIO, Ivanosca, and Miguel de Avendaño. *Real Instituto Elcano ES – Elcano*. Real Instituto Elcano, 2002. Web. 9 Jan. 2015.
LOVEMAN, Brian. *No Higher Law: American Foreign Policy and the Western Hemisphere since 1776*. Chapel Hill: U. of NC Press, 2011.
LOWENTHAL, Abraham F. "Obama and the Americas". *Foreign Affairs* 89.4 (2010): 110-24.
MAHAN, Alfred Thayer. *The Influence of Sea Power upon History, 1770-1783*. New York: Little, 1890.
MAHONEY, James. *The Legacies of Liberalism: Path Dependence and Political Regimes in Central America*. Baltimore: John Hopkins UP, 2001.
MAIRA, Luis et al. *CentroAmerica: Crisis y Politica Internacional*. Mexico, D.F.: Siglo XXI, 1981.
MAIRA, Luis e Gustavo Vega, eds. *El segundo mandato de Obama*. Mexico, D.F.: CIDE, 2013.
MALLON, Florencia. "Indigenous Peoples and Nation-States in Spanish America, 1780-2000". *The Oxford Handbook of Latin American History*. Ed. Jose C. Moya. New York: Oxford UP, 2011.
MALLON, Florencia. *Peasant and Nation: The Making of Postcolonial Mexico and Peru*. Berkeley: U. of CA Press, 1994.
MALPASS, David R. Testimony before the International Trade Commission, 1990.
MARCELLA, Gabriel, and Richard Downes, eds. *Security Cooperation in the Western Hemisphere: Resolving the Ecuador-Peru Conflict*. Miami: U. of Miami Press, 1999.
MARES, David R. Marichal, Carlos. *Mexico y las conferencias panamericanas, 1889-1938*. Mexico, D.F.: SRE, 2002.
MARIATEGUI, Jose Carlos. *Siete Ensayos de Interpretación de la Realidad Peruana*. Lima: Biblioteca Amauta, 1928.
MARTIN, Felix E. *Chilean Strategic Culture*. Findings Report 10. Miami: FIUP, 2010.
MARTIN, Felix E. e Marvin L. Astrada. *Argentine Strategic Culture*. Findings Report 9. Miami: FIUP, 2010.
MARTIN, Percy Allen. *Latin America and the War*. Baltimore: John Hopkins UP, 1925.
MATHEWS, Jessica T. "Power Shift". *Foreign Affairs* 76.1 (1997): 50-66.
MAUCERI, Philip, *State Under Siege Development and Policy Making in Peru* Boulder: Westview, 1998.
MAURER, Noel, and Carlos Yu. *The Big Ditch: How America Took, Built, Ran, and Ultimately Gave Away the Panama Canal*. Princeton and Oxford: Princeton UP, 2011.

MAY, Ernest R. *American Imperialism: A Speculative Essay.* New York: Atheneum, 1968.
MAY, Ernest R. *Imperial Democracy.* New York: Harcourt, 1961.
MAY, Ernest R. "Lessons" of the Past: The Use and Misuse of History in American Foreign Policy. London, Oxford, and New York: Oxford UP, 1973.
MAY, Ernest R. "The Nature of Foreign Policy: the Calculated Versus the Axiomatic". *Daedalus* 91.4 (1992): 653-68.
MAY, Ernest R. *The Ultimate Decision.* New York: Braziller, 1960.
MCCANN, Jr., Frank D. *The Brazilian-American Alliance, 1937-1945.* Princeton: Princeton UP, 1973.
MCGANN, Thomas F. *Argentina, the United States and the Inter-American System, 1880-1914.* Cambridge: Harvard UP, 1957.
MCCLINTOCK, Cynthia. *Self Management and Policy Participation in Peru, 1969-1975. The Corporatist Illusion* London: Sage, 1977.
MCPHERSON, Alan. *Yankee No! Anti-Americanism in U.S.-Latin American Relations.* Cambridge and London: Harvard UP, 2003.
MEACHAM, Carl. "Where is Latin America in the Fight Against ISIL?" *Center for Strategic and International Studies.* 21 Oct. 2014. Web. 9 Jan. 2015.
MELE, Nicco. *The End of Big.* New York: St. Martins, 2013.
MELLO, Fatima. "¿Hacia donde van los BRICS?" *Nueva Sociedad.* Ebert, Aug. 2014. Web. 9 Jan. 2015.
MESEGUER, Covadonga, and Abel Escriba-Folch. "Learning, political regimes and the liberalization of trade". *European Journal of Political Research* 50.6 (2011): 775-810.
MIDDLEKAUFF, Robert. *Washington's Revolution: The Making of America's First Leader.* New York: Knopf, 2015.
MOON, Parker T. *Imperialism and World Politics.* New York: Macmillan, 1926.
MOORE, John Bassett. *Collected Papers of John Bassett Moore.* New Haven: Yale UP, 1944.
MONALDI, Francisco J. "Politics hampers Latin America's exploitation of its untapped oil potential". *Geopolitical Information Service.* 26 Jul. 2013. Web. 9 Jan. 2015.
MORENO QUINTANA, L. M. *Politica Americana.* Buenos Aires: Menéndez, 1922.
MORISON, Elting E., ed. *The Letters of Theodore Roosevelt.* Cambridge: Harvard UP, 1951.
MORISON, Elting E. *Turmoil and Tradition.* Boston: Houghton, 1960.
MORLEY, Samuel J., ed. *Poverty and Income Distribution in Latin America.* Washington, D.C.: World Bank, 1997.
MUHR, Thomas, ed. *Counter-Globalization and Socialism in the 21st Century.* London: Routledge, 2013.
MUÑOZ, Heraldo. "Cambio y Continuidad en el Debate sobre Dependencia". *Estudios Internacionales* 11.44 (1978): 88-138.
MUÑOZ, Heraldo. *The Dictator's Shadow: Life Under Augusto Pinochet.* New York: Basic, 2008.
MUÑOZ, Heraldo. "The Strategic Dependency of the Centers and the Economic Importance of the Latin American Periphery". LARR 16.3 (1981): 3-29.
MUÑOZ, Heraldo, and Joseph S. Tulchin, eds. *Latin American Nations in World Politics.* Boulder: Westview, 1984.
MUNRO, Dana G. *Intervention and Dollar Diplomacy in the Caribbean, 1900-1921.* Princeton: Princeton UP, 1964.
MUNRO, Dana G. *The United States and the Caribbean Republics, 1921-1933.* Princeton: Princeton UP, 1974.
MURILO DE Carvalho, Jose. "Political elites and state building: the case of nineteenth century Brazil". *Comparative Studies in Society and History* 24:3 (1982): 378-99.
NAÍM, Moisés. "El fin de poder". *El Pais.* 29 July 2012. Web. 9 Jan. 2015.
NAÍM, Moisés. *Illicit.* New York: Doubleday, 2005.
NAÍM, Moisés. "Una visita al futuro". *El Pais.* 2 Nov. 2014. Web. 9 Jan. 2015.
NAON, Romulo S. "The European War and PAN Americanism". *Columbia University Quarterly* 20 (1919).
NAU, Henry R. *The Myth of America's Decline.* New York: Oxford UP, 1990.
NAVIA, Patricio D. "Vanishing U.S. Influence in Latin America". *Buenos Aires Herald.* 10 June 2014. Web. 9 Jan. 2015.
NELSON, Joan, and Robert R. Kaufman. *The Politics of Health Sector Reforms: Cross-National Comparisons.* Woodrow Wilson Center Update on the Americas: Creating Community 12. Washington, D.C.: WWICS, 2003.
NEUSTADT, Richard E. and Ernest R. May. *Thinking in Time: The Uses of History for Decision Makers.* New York and London: Free; MacMillan, 1986.
NOCERA, Joe. "A World Without OPEC?" *New York Times* 21 Oct. 2014: A25.
NYE, Joseph S. Jr. "Work with China, Don't Contain it". *New York Times* 26 Jan. 2013: A19.
NYE, Joseph S. Jr. *Soft Power: The Means to Success in World Politics.* New York: Public Affairs, 2004.

NYE, Joseph S. Jr. *Bound to Lead*. New York: Basic, 1990.
NYE, Joseph S. Jr. *Is the American Century Over?* NY: Polity Press, 2015.
OBREGON, Liliana. "Should there be an American International Law?".
O'DONNELL, Guillermo. "Reflections on the Patterns of Change in the Bureaucratic-Authoritarian State". *Latin American Research Review* 12.1 (1978): 3-38.
OLARTE, Gonzales de, ed. *Nuevos Rumbos Para El Desarrollo del Peru y America Latina*. Lima: IEP, 1991.
O'NEIL, Shannon. *Two Nations Indivisible: Mexico, The United States and the Road Ahead*. NY: Oxford, 2013.
PAIGE, Jeffrey. *Coffee and Power: Revolution and the Rise of Democracy in Central America*. Cambridge, MA: Harvard UP, 1997.
PALMER, David Scott, *Peru: The Authoritarian Tradition*. New York: Praeger, 1980.
PATRICK, Stewart and Shepard Forman, eds. *Multilateralism & U. S. Foreign Policy*. Boulder: Rienner, 2002.
PELLICER, Olga. "Lo que no se informa". *Proceso*. 15 Sept. 2014. Web. 9 Jan 2015.
PENA, Felix. "Competitividad, Democracia e Integracion en las Americas". Seminário sobre Interligação Hemisférica. Rio de Janeiro: Getulio Vargas, 1992.
PÉREZ, Orlando J. *La agenda de seguridad en Centroamérica*. Woodrow Wilson Center Update on the Americas: Creating Community 20. Washington, D.C.: WWICS, 2006.
PERKINS, Dexter. *The American Approach to Foreign Policy*. Cambridge: Harvard UP, 1952.
PERKINS, Dexter. *A History of the Monroe Doctrine*. Boston: Little, 1963.
PORTER, Robert B. "The Enterprise for the Americas Initiative: A New Approach to Economic Growth". *Journal of Interamerican Studies* 32.4 (1990): 1-12.
PRADO, Eduardo. *A Ilusão Americana*. São Paulo: Brasiliense, 1958.
PREBISCH, Raul. *The Economic Development of Latin America and its Principal Problems*. Lake Success: United Nations Department of Economic Affairs, 1950.
"THE PRESIDENTIAL Debates, Round 2". *NBC News Decision 92*. NBC News. WAVY-TV, Richmond. 15 Oct. 1992. Television.
PRESTON, Andrew. *Sword of the Spirit, Shield of Faith: Religion in American War and Diplomacy*. New York: Anchor, 2012.
RABE, Stephen G. *Eisenhower and Latin America: The Foreign Policy of Anticommunism*. Chapel Hill: U. of NC Press, 1988.
RABE, Stephen G. *The Most Dangerous Area in the World: John F. Kennedy Confronts the Communist Revolution in Latin America*. Chapel Hill and London: U. of NC Press, 1999.
RAPOPORT, Mario, and Neomi Brenta. *Las grandes crises del capitalismo contemporaneo*. Buenos Aires: Le Monde Diplomatique, 2012.
RECUART Y FIGUEROA, Enrique. *The Neutrality of Chile*. Valparaiso: n.p., 1919. *Reform of the United Nations Security Council and the Role of Latin America*. Woodrow Wilson Center Update on the Americas: Creating Community 21. Washington, D.C.: WWICS, 2006.
REID, Michael. *Brazil: The Troubled Rise of a Global Power*. New Haven: Yale UP, 2004.
REID, Michael. *Forgotten Continent: The Battle for Latin America's Soul*. New Haven: Yale UP, 2007.
REUTERS. "U.S. Attends Ebola Meeting in Cuba Called by Leftist Bloc". *New York Times*. 29 Oct. 2014. Web. 9 Jan. 2015.
RICUPERO, Rubens. *Trans Atlantic Futures*. Washington, D.C.: n.p. 1992.
RIGGIROZZI, Pia, and Diana Tussie, Eds. *The Rise of Post-hegemonic Regionalism*. United Nations University Series on Regionalism 4. London and New York: Springer, 2012.
RODRIGUEZ GIAVARINI, Adalberto. "Oportunidad para America Latina". *Agenda Internacional* 1.1 (2004): 67-9.
ROJAS ARAVENA, Francisco. *Arms Control and Limitation in Latin America: An Elusive Goal*. Woodrow Wilson Center Update on the Americas: Creating Community 5. Washington, D.C.: WWICS, 2002.
ROJAS ARAVENA, Francisco, ed. *Cooperacion y Seguridad Internacional en las Americas*. Caracas: Nueva Sociedad, 1999.
ROJAS ARAVENA, Francisco, and Luis Guillermo Solis. *¿Subditos o Aliados?* San Jose: FLACSO, 1998.
ROMERO, Simon. "Emerging Nations Bloc to Open Development Bank". *New York Times* 16 July 2014: A9.
ROSE-ACKERMAN, Susan. *Rethinking the Progressive Agenda*. New York: Free, 1992.
ROSENBERG, Emily S. *Spreading the American Dream*. New York: Hill, 1982.
RUSSELL, Roberto, and Juan Gabriel Tokatlian. "From Antagonistic Autonomy to Relational Autonomy". *Latin American Politics and Society* 45:1 (2003): 1-41.

SABATO, Hilda, ed. *Ciudadania politica y formacion de las naciones*. Mexico, D.F.: Fondo de Cultura Económica, 2002.
SABATO, Hilda. "On Political Citizenship in Nineteenth-Century Latin America". *American Historical Review* 106.4 (2001): 1290-315.
SAGUIER, Marcelo. "Mineria para el desarrollo integral en la estrategia de UNASUR". *Revista Cojuntura Austral* 5.21-22 (2013-14): 39-65.
SAGUIER, Marcelo. *Regional Policy Framework of Social Solidarity Economy in South America*. Occasional Paper Series No. 6. Geneva: UNRISD, 2014.
SAGUIER, Marcelo, and Diana Tussie. "Emerging trade politics: the continuous pendulum from multilateralism to asymmetric trade negotiations". *Estudios Internacionales* 2.1 (2014): 9-26.
SALISBURY, Richard V. *Anti-Imperialism and International Competition in Central America, 1920-1929*. Wilmington: SR, 1989.
SANCHEZ, Luis E., and Peter Croal. "Environmental impact assessment, from Rio-92 to Rio+20 and beyond". *Ambiente y Sociedade* 15.3 (2012): 19-39.
SCHEMAN, L. Ronald, ed. *The Alliance for Progress: A Retrospective*. New York, Westport, and London: Praeger, 1988.
SCHENONI, Luis L. "Brasil en America del Sur". *Nueva Sociedad* 250 (2014): 138-149.
SCHENONI, Luis L. "The Brazilian Rise and the Elusive South American Balance", GIGA *working papers*, 269, March 2015.
SCHLESINGER, Stephen e Stephen Kinzer. *Bitter Fruit*. New York: Doubleday, 1982.
SCHOULTZ, Lars. *Beneath the United States: A History of U.S. Policy Towards Latin America*. Cambridge: Harvard UP, 1998.
SCHOULTZ, Lars. *Human Rights and United States Policy towards Latin America*. Princeton: Princeton UP, 1981.
SCHOULTZ, Lars. *National Security and United States Policy toward Latin America*. Princeton: Princeton UP, 1987.
SCHOULTZ, Lars. "Latin America in the United States". *Latin America After Neo-Liberalism: Turning the Tide in the 21st Century*. Ed. Eric Hershberg and Fred Rosen. New York: Norton, 2006.
SCHULER, Friedrich. *Mexico Between Hitler and Roosevelt*. Albuqurque: U. of NM Press, 1998.
LA SEGURIDAD HEMISFÉRICA: *Perspectivos y Realidades*. Woodrow Wilson Center Update on the Americas: Creating Community 22. Washington, D.C.: WWICS, 2006.
SELEE, Andrew. "¿Una estrategia hacia centroamérica?" *El Universal*. 19 July 2014. Web. 9 Jan. 2015.
SENNES, Ricardo, ed. *Brasil e a política internacional*. São Paulo: IDESP, 1999.
SENNES, Ricardo. *As mudanças da política externa brasileira nos anos 80*. Porto Alegre: UFRGS, 2003.
SERBIN, Andres et. al., eds. *El regionalism "post-liberal" en American Latina y el Caribe: Nuevos actores, nuevos temas, nuevos desafios*. Buenos Aires: CRIES, 2012.
SERRA, Narcís. *Controlling the Armed Forces in Democratic Transitions: Cases from Latin America*. Woodrow Wilson Center Update on the Americas: Creating Community 10. Washington, D.C.: WWICS, 2002.
SHAFER, Robert J. *The Economic Societies in the Spanish World, 1763-1825*. Syracuse: U. of Syracuse Press, 1956.
SHERRILL, Charles Hitchcock. *Modernizing the Monroe Doctrine*. Boston: Houghton, 1916.
SHURBUTT, T. Ray, ed. *United States-Latin American Relations, 1800-1850*. Tuscaloosa: U. of AL Press, 1991.
SIGMUND, Paul. *The United States and Democracy in Chile*. New York: Twentieth Century Fund, 1993.
SIKKINK, Kathryn A. *The Justice Cascade: How Human Rights Prosecutions are Changing World Politics*. New York: Norton, 2011.
SINGER, Hans. "The Distribution of Gains Between Investing and Borrowing Countries". *American Economic Review* 40.2 (1950): 473-85.
SLAUGHTER, Anne-Marie. *A New World Order*. Princeton: Princeton UP, 2004.
SLAUGHTER, Anne-Marie. "Don't Fight in Iraq and ignore Syria". *New York Times* 18 June 2014: A25.
SLAUGHTER, Anne-Marie. "Fiddling While Libya Burns". *New York Times* 14 Mar 2011: A21.
SLAUGHTER, Anne-Marie. "The Real New World Order". *Foreign Affairs* 76.5 (1997): 183-97.
SMITH, Gordon, and Moises Naim. *Altered States*. Ottawa: IDRC, 2000.
SMITH, Peter H. *Talons of the Eagle*. New York: Oxford Univ. Press, 1996.
SOLARI YRIGOYEN, Hipolito. *La dignidad humana*. Buenos Aires: EUDEBA, 1998.
SOLÍS, Luis Guillermo. "Versión completa de la entrevista de RT al presidente electo de Costa Rica Luis Guillermo Solís". RT *en Español – Noticias internacionales*. RT, 8 Apr. 2014. Web. 9 Jan. 2015.

SOTOMAYOR, Arturo, *The Myth of the Democratic Peacekeeper: Civil-Military Relations and the United Nations* Baltimore: Johns Hopkins UP, 2014.
SPENSER, Daniela. "Forjando una nacion posrevolucionaria". *En busca de una nacion soberana*. Ed. Jorge Schiavon, Daniela Spenser, and Mario Vasquez Oliveria. Mexico, D.F.: CIDE, 2006.
STANLEY, William. *Enabling Peace in Guatemala: The Story of MINUSTAH*. Boulder: Lynne Rienner, 2013.
STEPAN, Afred C. *The Military in Politics Changing Patterns in Brazil*. Princeton: Princeton UP, 1971.
STEPAN, Afred C. *The State and Society Peru in Comparative Perspective*. Princeton: Princeton UP, 1978.
STIGLITZ, Joseph E. *Globalization and its Discontents*. New York: Norton, 2002. Summits of the Americas. Organization of American States, n.d. Web. 9 Jan. 2015.
TAVARES, Rodrigo. *Security in South America: The Roles of States and Regional Organizations*. Boulder: Lynne Rienner Publishers, 2013.
THOMAS, Daniel C. "Boomerangs and Superpowers: International Norms, Transnational Networks and US Foreign Policy". *Cambridge Review of International Affairs* 15.1 (2002): 25-44.
THORP, Rosemary. *Latin America in the 1930s: The Role of the Periphery in World Crisis*. London: St. Martins, 1984.
THUROW, Lester. *Head to Head: The Coming Economic Battle Among Japan, Europe, and America*. New York: Morrow, 1992.
TOKATLIAN, Juan Gabriel, and Leonardo Carvajal. "Autonomía y politica exterior en América Latina: Un debate abierto, un futuro incierto". *Revista CIDOB D'Afers Internacionals* 28 (1995): 7-31.
TOKATLIAN, Juan Gabriel, and Roberto Russell. "From Antagonistic Autonomy to Relational Autonomy: A Theoretical Reflection from the Southern Cone". *Latin American Politics and Society* 45.1 (2003): 1-24.
TOKATLIAN, Juan Gabriel, "Latinoamérica y el Complejo integracionista: un concepto a Debate", *Desarrollo Economico* 51: 204 (2012).
TRAMERYE, Pierre de la. *The World Struggle for Oil*. New York: Knopf, 1924.
TRASK, David F. *The War with Spain in 1898*. New York: Macmillan, 1981.
TULCHIN, Joseph S. *The Aftermath of War*. New York: New York UP, 1971.
TULCHIN, Joseph S. *Argentina and the United States: A Conflicted Relationship*. Boston: Twayne, 1990.
TULCHIN, Joseph S. "The Argentine Proposal for Non Belligerency, April 1940". *The Journal of Interamerican Studies* 11.4 (1969): 671-704.
TULCHIN, Joseph S. "Decolonizing an Informal Empire: Argentina, Great Britain and the United States, 1930-1943". *International Interactions* 1.3 (1974): 123-40.
TULCHIN, Joseph S. "Edward Atkinson, The Reformer Who Would Not Succeed". *The Essex Institute Historical Collections* 110.2 (1969): 1-21.
TULCHIN, Joseph S. "The Malvinas War of 1982". LARR 22:3 (1987): 123-41.
TULCHIN, Joseph S. "New Peru-Chile Maritime Boundary Ends Century-Old-Dispute". *Geopolitical Information Service*, 12 Feb. 2014. Web. 9 Jan. 2015.
TULCHIN, Joseph S. "The United States and Latin America in the 1960s". *Journal of Interamerican Studies* 30.1 (1988): 1-36.
TULCHIN, Joseph S., Raul Benitez Manaut and Rut Diamint, eds. *El Rompecabezas*. Buenos Aires: Prometeo, 2006.
TULCHIN, Joseph S., and Gary Bland. *Getting Globalization Right*. Boulder: LRP, 2005.
TULCHIN, Joseph S. and Rafael Hernandez, eds. *Cuba and the United States: Will the Cold War in the Caribbean End?* Boulder: Rienner, 1991.
TULCHIN, Joseph S. et al. *Hemispheric Collective Security in the Post-Cold War Era: Policy and Practice in Latin America*. Woodrow Wilson Center Update on the Americas: Creating Community 7. Washington, D.C.: WWICS, 2002.
TULCHIN, Joseph S., et al., eds. *Strategic Balance and Confidence Building Measures in the Americas*. Stanford: Stanford UP, 1998.
TULCHIN, Joseph S. et al., eds. *Cuba and the Caribbean*. Wilmington: SR, 1997.
TURNER, Mark e Andres Guerrero, eds. *After Spanish Rule: Post Colonial Predicaments of the Americas*. Durham: Duke UP, 2004.
TUSSIE, Diana et al. *Asymmetric Commercial Negotiations*. London: Ashgate, 2011.
U.S. DEPT. OF STATE. *U.S. Statement on Support for Democracy in Chile*. Washington, D.C.: U.S. Dept. of State, 1987. Web. 9 Jan. 2015.

VAKY, Viron P., and Heraldo Munoz. *The Future of the Organization of American States.* New York: Twentieth Century Fund, 1993.
VAN YOUNG, Eric. *The Other Rebellion: Popular Violence and Ideology in Mexico, 1810-1821.* Stanford: Stanford UP, 2001.
VARAS, Augusto, ed. *Hacia el siglo XXI: La Proyeccion estrategica de Chile.* Santiago: FLACSO, 1989.
VEESER, Cyrus. *A World Safe for Capitalism: Dollar Diplomacy and America's Rise to Power.* New York: Columbia UP, 2002.
VELASCO, Jesus. *Neoconservatives in U.S. Foreign Policy under Ronald Reagan and George W. Bush.* Washington, D.C.: WWC Press, 2010.
VI BRICS Summit. BRICS, n.d. Web. 9 Jan. 2015.
WAGNER, R. Harrison. *United States Policy Toward Latin America.* Stanford: Stanford UP, 1970.
WALKER, Vanessa. "At the End of Influence: The Letelier Assassination, Human Rights, And Rethinking Intervention in US-Latin American Relations", *Journal of Contemporary History* 46:1, 2011.
WALTER, Knut. *The Regime of Anastasio Somoza.* Chapel Hill: UNC Press, 1993.
WEIFFEN, Brigitte et. al. "Overlapping security institutions in South America: The case of Unasur and OAS". *International Area Studies Review* 16.4 (2013): 370-89.
WEINTRAUB, Sidney. "The New US Economic Initiative Toward Latin America". *Journal of Interamerican Studies* 33.1 (1991): 1-18.
WEISBROT, Mark. "Hard choices: Hillary Clinton admits role in Honduras coup aftermath". *Al Jazeera America.* 29 Sept. 2014. Web. 9 Jan. 2015.
WELD, Kirsten. *Paper Cadavers: the Archives of Dictatorship in Guatemala.* Durham: Duke UP, 2014.
WELLES, Sumner. *The Time for Decision.* New York: Harper, 1944.
WELLS, Allen. *Tropical Zion.* Durham: Duke UP, 2009.
WERGIN, Clemens. "Is Obama's Foreign Policy Too European?" *New York Times.* 9 July 2014. Web. 9 Jan. 2015.
WHITAKER, Arthur P. *The Western Hemisphere Idea.* Ithaca: Cornell UP, 1954.
WILLIAMS, Mark Eric, *Understanding U.S.-Latin American Relations* NY: Routledge, 2012.
WILLIAMS, W. A. "Brooks Adams and American Expansion". *The New England Quarterly* 25 (1952): 225-8.
WILLIAMSON, John. "What Washington Means by Policy Reform". *Latin American Adjustment: How Much Has Happened?* Ed. John Williamson. Washington, D.C.: Institute for International Economics, 1990.
WIRTH, John D. *The Politics of Brazilian Development, 1930-1954.* Stanford: Stanford UP, 1970.
THE WOLFSONIAN Foundation of Decorative and Propaganda Arts, ed. *The Journal of Decorative and Propaganda Arts* 18 (1992).
WOOD, Bryce. *The Dismantling of the Good Neighbor Policy.* Austin: TX UP, 1985.
WOOD, Bryce. *The Making of the Good Neighbor Policy.* New York: Columbia UP, 1961.
WOOD, Bryce. *The United States and Latin American Wars, 1932-1943.* New York: Columbia UP, 1966.
WOOD, James A. *The Society of Equality: Popular Republicanism and Democracy in Santiago de Chile, 1818-1851.* Albuquerque: U. of NM Press, 2011.
WORKING Group on Development and the Environment in the Americas. *Foreign Investment and Sustainable Development: Lessons from the Americas.* Boston: GDAE, 2009.
ZOOK, David H. *The Conduct of the Chaco War.* New York: Bookman, 1960.

New York Times, 2 May 1992.
New York Times, 2 May 1992: A35.
New York Times 11 Nov. 2001:
www.gis-info.com/Chile
www.universityofmiami/latinamericancenter/china

O autor

Joseph S. Tulchin obteve seu PhD em História pela Universidade Harvard. Especializou-se em História da América Latina, especialmente da Argentina. Foi professor das Universidades Yale e Carolina do Norte. De 1989 a 2005, dirigiu o Programa Latino-Americano do Woodrow Wilson International Center for Scholars em Washington. Foi bolsista da Comissão Fulbright e da Hoover Institution.

GRÁFICA PAYM
Tel. [11] 4392-3344
paym@graficapaym.com.br